GÖPPINGER ARBEITEN ZUR GERMANISTIK
herausgegeben von
Ulrich Müller, Franz Hundsnurscher und Cornelius Sommer

Nr. 298

DIE STELLUNG DER ZAHLWÖRTER IM RAHMEN DER WORTARTEN

EINE DEUTSCH – POLNISCHE KONFRONTATION

von

Ryszard Lipczuk

KÜMMERLE VERLAG 1980

Kümmerle Verlag 1980
Druck: Druckhaus J. Knaack, Darmstadt
ISBN 3-87452-479-5
Printed in Germany

V o r w o r t

Die vorliegende Arbeit ist eine stark überarbeitete Fassung der Doktordissertation, die am 8.3.1977 in der Neuphilologischen Fakultät der Universität Warschau verteidigt wurde.

Ich bedanke mich herzlich bei Herrn Prof. Dr. habil. Jan A. Czochralski für die Betreuung meiner Dissertation sowie für die ständige Anregung und Unterstützung während der Arbeit.

Für wertvolle Bemerkungen möchte ich auch den Leipziger Linguisten danken, vor allem Herrn Prof. Dr. Gerhard Helbig und Herrn Prof. Dr. Gert Jäger.

Mein Dank gilt ebenfalls Frau Dr. Christa M. Böhme - Heilmann und Herrn Dr. Hermann Koch, die mir als Muttersprachler eine wesentliche Hilfe bei der sprachlichen Erschließung des deutschen Belegmaterials erwiesen haben.

Ryszard Lipczuk

Inhaltsverzeichnis Seite

Seite

0. Einleitung

0.1. Zielsetzung und Aufgabe der Arbeit

Die vorliegende Arbeit hat als Hauptziel, die Stellung der traditionellen Zahlwörter innerhalb der Wortarten im Deutschen und Polnischen zu erörtern. Das Problem der Wortartzugehörigkeit der Zahlwörter bildet in der Grammatikforschung seit jeher eine Streitfrage und wird auf verschiedene Weise gelöst. Diese Uneinheitlichkeit in der Behandlung der Zahlwörter ist auf die Schwierigkeiten zurückführbar, die bei der Einteilung der Wörter in Wortarten entstehen. Deswegen wird in der Arbeit zuerst ein Versuch unternommen, eine relativ widerspruchsfreie Wortarteinteilung vorzulegen. Mit Hilfe der ausgearbeiteten Kriterien der Wortartklassifikation werden dann die traditionellen Zahlwörter des Deutschen und Polnischen auf ihre Wortartzugehörigkeit hin untersucht. Als Materialgrundlage dient ein sprachliches Korpus von über 500 Beispielen, meist Sätzen. Abschließend sollen einige Interferenzquellen im Bereich der deutschen und polnischen Zahlwörter besprochen werden.

0.2. Ein Überblick über den Forschungsstand auf dem Gebiet der Zahlwörter im Polnischen und Deutschen

Die Problematik der Wortartzugehörigkeit der polnischen und deutschen Zahlwörter, wie grundlegend sie auch für die Grammatik erscheint, fand bis jetzt außer in Grammatikbüchern nur wenig Beachtung. Die von uns vorgefundenen Arbeiten behandeln meist andere Aspekte der Zahlwörter. So gibt es für das Polnische einige umfangreiche Arbeiten zum Zahlwort, die historisch orientiert sind (H. Grappin[1], A. Kalina[2], Z. Klemensiewicz[3]). Das Heft "Liczba, ilość, miara"[4] enthält Beiträge, die meistens

---

1) H. Grappin, Les noms de nombre en polonais, Kraków 1950.

2) A. Kalina, O liczebnikach w języku staropolskim, in: Rozprawy i sprawozdania z posiedzeń Wydziału Filologicznego Akademii Umiejętności, Bd. VI, Kraków 1878, S.1-73.

3) Z. Klemensiewicz, Liczebnik główny w polszczyźnie literackiej = Prace Filologiczne XV, 1930, Tl.I. S.1-130.

4) Liczba, ilość, miara. Materiały Konferencji Naukowej w Jadwisinie 11 - 13 maja 1972, Wrocław - Warszawa - Kraków - Gdańsk 1973.

die semantische Struktur der Quantitätsausdrücke sowie deren Verbindungsmöglichkeiten mit dem Verb bzw. Substantiv zum Gegenstand haben. Eine recht umfangreiche Arbeit wurde den Wörtern gewidmet, die bald den Substantiven bald dem Numerale zugerechnet werden (M. Schabowska[5]). Der syntaktische Wert der polnischen Nominalgruppen mit Quantitätskonstruktionen (Kongruenz, Rektion) sowie die Form des Prädikats in polnischen Sätzen mit solchen Wortgruppen sind Gegenstand mehrerer Aufsätze (vgl. H. Koneczna[6], S. Szober[7], A. Passendorfer[8]).

Das Problem der Wortartzugehörigkeit der polnischen Zahlwörter ist anhand der Wörter szereg und raz diskutiert worden. Szereg in solchen Fügungen wie Szereg osób wiedziało wurde bald als Numerale, bald als Adverb oder Substantiv betrachtet[9]. Raz wird von P. Zwoliński den Kardinalzahlen, von Klemensiewicz aber den Adverbien zugerechnet[10]. Das Problem der Wortarteinteilung und der Stellung der Zahlwörter im Rahmen des Wortartsystems wird in mehreren Arbeiten zu den Zahlwörtern anderer slawischer Sprachen zur Sprache gebracht. In seiner Abhandlung zur historischen Entwicklung der tschechischen Zahlwörter widmet M. Basaj[11] der Wortartproblematik viel Aufmerksamkeit. Basaj spricht sich für eine Klassifizierung der

---

5) M. Schabowska, Rzeczowniki ilościowe w języku polskim, Wrocław 1967 = PKJ nr 14.

6) H. Koneczna, Tysiące gwiazd świeciło, in: PJ 1949, 6, S. 14-18.

7) u.a.: S. Szober, Formy podmiotu i orzeczenia w zdaniach z podmiotem logicznym określanym przydawką liczebnikową = Sprawozdania z posiedzeń Towarzystwa Naukowego Warszawskiego 1928, Bd. XXI.

8) A. Passendorfer, Z pobojowiska błędów językowych, JP 1930, XV, 3, S. 91 f.

9) vgl. u.a. K. Nitsch, Z wahań bieżącego języka. Szereg "wiele", in: JP 1936, XXI, S. 57.

10) P. Zwoliński, Z. Klemensiewicz, Oboczność raz - jeden w języku polskim, JP, XXVI, 4, S. 109-114.

11) M. Basaj, Morfologia i składnia liczebnika w języku czeskim do końca XVI wieku, Wrocław-Warszawa-Kraków-Gdańsk 1974 = PAN Komitet Słowianoznawstwa, Monografie Slawistyczne 26.

Wortarten nach mehreren Kriterien aus, wobei er dem semantischen Kriterium den Vorzug gibt. Seine Bestimmung des Zahlworts als Wortart stützt sich auf die Auffassung eines anderen polnischen Slawisten, A. Bogusławski, der die Zahlwörter ("liczebniki") von den Zahlwortausdrücken ("wyrażenia liczebnikowe") unterscheidet. So ist nach Bogusławski z.B. das Wort dwa ein Zahlwort, da es einer bestimmten Komponente der abstrakten Zahlenreihe entspricht, allerdings nicht drugi, weil es außer der Zahlbedeutung noch eine zusätzliche Semantik enthält (Reihenfolge)[12].

Die historische Entwicklung der slawischen Zahlwörter ist Gegenstand der Arbeit von J. Šerech[13], wobei der Verfasser auf den historischen Prozeß der Numeralisierung der ursprünglichen Substantive sein Hauptaugenmerk richtet.

Zu den wenigen Arbeiten, in denen die Problematik der Wortartzugehörigkeit der Zahlwörter im Vordergrund steht, gehört in erster Linie der Beitrag von W. Admoni[14], der das Problem des Zentrums und der Peripherie der Wortarten anhand des deutschen Numerale in Angriff nimmt.

Aufschlußreich sind die Beiträge von Z. Saloni[15], der sowohl die Wortartzuordnung der polnischen Zahlwörter wie auch deren

---

12) A. Bogusławski, Semantyczne pojęcie liczebnika i jego morfologia w języku rosyjskim, Warszawa 1966, S. 62.

13) J. Šerech, Probleme der Bildung des Zahlwortes als Redeteil in den slawischen Sprachen, Lund 1952.

14) W. Admoni, Polevaja priroda častej reči (na materiale čislitelnych) in: Voprosy teorii častej reči, S.98-106, Leningrad 1968.

15) Z. Saloni, Kategoria rodzaju we współczesnym języku polskim, in: Kategorie gramatyczne grup imiennych w języku polskim. Materiały Konferencji Pracowni Gramatyki Współczesnej Polszczyzny Instytutu Języka Polskiego PAN, Zawoja 13-15. XII.1974, Wrocław-Warszawa-Kraków-Gdańsk 1976, S.43-78; Z. Saloni, Kategorie gramatyczne liczebników we współczesnym języku polskim, in: Studia gramatyczne I, Prace Instytutu Języka Polskiego 25, Wrocław - Warszawa - Kraków - Gdańsk 1977, S.145-173.

grammatische Eigenschaften erörtert. Rege Diskussionen werden über die Kollektivzahlen im Polnischen geführt.[16]

Einige Arbeiten befassen sich mit der Spezifik der deutschen Zahlwörter, bei denen ja die Schriftfolge mit der Sprechfolge nicht übereinstimmt (die Einer werden vor den Zehnern gesprochen). M. Schellenberger spricht von der Tendenz, die deutschen Zahlen gemäß ihrem Schriftbild zu lesen und unterbreitet seine Vorschläge zur Durchsetzung dieser Tendenz.[17]

Eine große Anzahl der Aufsätze oder Bücher befassen sich mit solchen Problemen wie: Herausbildung der Zahlenreihe, Untersuchung der Zahlwörter und Zahlensysteme in verschiedenen Sprachen als ein Mittel, den Grad der Verwandtschaft der Sprachen sowie die spezifische Weltauffassung eines Sprachvolkes zu erschließen (u.a.: S.Sen Gupta[18], F.Sommer[19], F. Tschirch[20]). Es sind auch Arbeiten in bezug auf Zahlwörter einzelner Sprachen oder Dialekte zu verzeichnen (z.B. K. Buttke[21], F. Hinze[22]). Sie sind meistens historisch orientiert.

Die vorliegende Arbeit wird dagegen lediglich vom synchronischen Standpunkt aus geschrieben.

---

16) vgl. B. Greszczuk, Liczebniki zbiorowe - Kategoria fleksyjna czy słowotwórcza?, in: JP 1978, 1, S.21-29.

17) M.Schellenberger, Das Zahlwort als Problem, in: Muttersprache, Lüneburg 1958, S.299-304.

18) S. Gupta, Number, Numeral and Numeral Classifier in South East Asiatic Languages (Diss.), Berlin 1966.

19) F. Sommer, Zum Zahlwort, in: Sitzungsberichte der Bayerischen Akademie der Wissenschaften, Philosophisch - historische Klasse Jg.1950, H.7, München 1951, S.1-100.

20) F.Tschirch, Weltbild, Denkform und Sprachgestalt = Schriften der Evangelischen Forschungsakademie, H.13, Berlin 1954.

21) K. Buttke, Zur Kongruenz des Prädikats mit der Numeralfügung als Subjekt im modernen Ukrainischen, in: ZfSl, Bd.XVII, H.5, 1972, S.626-635.

22) F. Hinze, Die Besonderheiten des pomoranischen Kardinalzahlworts gegenüber dem des Polnischen, in: ZfSl 1972, Bd.XVII, H.3, S.346-359.

1. Zum Problem der Wortarten

1.1. Zum Wesen der Wortarten

Das Problem der Wortarten gehört zu den zentralen Fragen der Grammatik, da sowohl für die theoretische Sprachbetrachtung als auch für die praktische Grammatik die Handhabung des Begriffes "Wortart" kaum zu vermeiden ist. Nach W. Schmidt ist die Wortart "eine sprachliche Grundkategorie, die Grundlage unseres ganzen Gebäudes der Grammatik, denn Formen und Funktionen der Wörter hängen eng mit der Zugehörigkeit zu einer bestimmten Wortart zusammen"[23].

Dabei bereitet das Problem der Wortartenklassifizierung den Sprachwissenschaftlern große Schwierigkeiten, und man kann J. Vendryes beipflichten, wenn er schreibt: "La difficulté de classer les parties du discours est telle qu'on n'est pas arrivé jusqu'ici à une classification satisfaisante"[24].

Alle Grammatiker erkennen an, daß sich die Wörter einer Sprache in bestimmte Klassen aufteilen lassen, Klassen, die sich voneinander durch bestimmte Merkmale unterscheiden. Uneinigkeit besteht aber in bezug auf solche Fragen wie: Wesen der Wortart, Kriterien der Klassifikation, Zahl der Wortarten usw. Je nachdem von welchem theoretischen Standpunkt man ausgeht, werden diese Probleme in unterschiedlicher Weise behandelt. So unterscheiden z.B.: Vendryes - 2 Wortarten, Kalepky - 3, Sütterlin - 4, Hjelmslev - 5, Glinz - 6, Admoni - 13, Fries - 19, Helbig - 23 Wortarten, wobei die einen eine für alle Sprachen geltende Klassifikation meinen, die anderen dagegen ihre Einteilung auf nur eine Sprache beziehen. Im folgenden seien zunächst einige Auffassungen dargelegt, die das Wesen der Wortart zu erklären versuchen. Was sind eigentlich die Wortarten? So taucht beispielsweise die Frage nach der Beziehung der Wortarten zur außersprachlichen Realität auf. Gibt es einen direkten Zusammenhang zwischen den außersprachlichen Kategorien der Wirklichkeit und den einzelnen

---

23) W. Schmidt, Grundfragen der deutschen Grammatik, Berlin 1973, 4.Aufl., S.39.

24) J. Vendryes, Le langage, Paris 1950, S.136.

Wortklassen? Bejaht wird diese Frage u.a. von V. Brøndal[25], R. Magnusson[26] und J. Łoś[27], die die Wortarten als sprachliche Widerspiegelung der ontologischen Kategorien wie Substanz, Qualität, Relation usw. ansehen. So hält z.B. R. Magnusson für das Adjektiv "the part of speech that consists of expression for pure quality"[28]. Die anderen Linguisten sprechen nicht von einem direkten Zusammenhang der Wortarten mit der Wirklichkeit, die Wortarten seien vielmehr Bezeichnungen für die im Erkenntnisprozeß entstandenen Begriffe. In diesem Sinne bezeichnet W. Schmidt die Wortarten als "die sprachlichen Formhüllen für die wichtigsten Denkkategorien, die wir bei der verallgemeinernden Widerspiegelung der objektiven Realität in unserem Bewußtsein gebrauchen, für die begrifflichen Formen, in die wir die bunte Erscheinungsfülle der Außenwelt gedanklich einfangen"[29].

Von geringen Differenzen abgesehen, stellt man bei den genannten Konzeptionen den gemeinsamen theoretischen Gesichtspunkt fest, daß die Sprache direkte oder indirekte Widerspiegelung der objektiv bestehenden außersprachlichen Wirklichkeit ist. Im Gegensatz dazu wird z.B. von L. Weisgerber die Sprache als eine schöpferische Kraft angesehen, die die Außenwelt zu einer Welt für uns, zu einer "geistigen Zwischenwelt" umgestaltet. Dieser Konzeption entsprechend betrachtet Weisgerber die drei Hauptwortarten (Substantiv, Adjektiv, Verb) als Mittel der sprachlichen Erfassung der Welt, als drei "Bilder der Welt"[30]. Er ist überzeugt, daß "offenbar das

---

25) V. Brøndal, Les parties du discours (Résumé d'un ouvrage danois intitule ORDKLASSERNE), Copenhague 1928.

26) R. Magnusson, Studies in the theory of the parts of speech, Lund 1954.

27) J. Łoś, Podział na części mowy, JP 1919, IV, S.9 ff.

28) R. Magnusson, a.a.O., S.19.

29) W. Schmidt, a.a.O., S.51.

30) L. Weisgerber, Vom Weltbild der deutschen Sprache, 2. Halbband, Düsseldorf 1954, 2.Aufl., S.128.

Problem der Wortarten hauptsächlich darin liegt, zu sehen, in welchen großen Richtungen sie die sprachliche Erfassung der Welt vorantreiben. Diese "drei Bilder der Welt" sind nicht nur Nachbilder, sie sind auch Leitbilder, und es kommt darauf an, die darin beschlossene Prägungskraft zu durchschauen"[31]. Hingewiesen wird von einzelnen Sprachwissenschaftlern ebenfalls auf andere Funktionen der Wortarten. So nennt z.B. F.Slotty neben dem "kategorialen Meinen" die syntaktische Funktion als deren wichtigste Rolle[32]. Ebenso E.Otto, der die Wortarten als "das natürlichste innensyntaktische Beziehungsmittel" betrachtet[33]. Und H.Brinkmann behauptet, daß sich mit jeder Wortart verbinden: 1) eine eigentümliche Auffassung der Welt; 2) eine eigentümliche Formenwelt, die sich in der menschlichen Rede entfaltet.[34]

Für A.V. Isačenko sind die Wortarten "lexikalisch-grammatische Kategorien", da einerseits jede Wortart durch besondere grammatische Merkmale gekennzeichnet ist und andererseits jedes Wort des lexikalischen Bestandes zu einer der bestehenden Wortarten gehört[35]. Auch V. Vinogradow bezeichnet die Wortarten als "leksikogrammatičeskije razriady slov"[36].

In diesem Sinne abgefaßte Definitionen finden wir bei manchen polnischen Sprachwissenschaftlern. So äußert sich S. Jodłowski dazu: "Die Wortarten sind grundlegende allgemeinste Wortklassen, die in Hinsicht auf die ihnen zukommenden Komplexe der semantisch-grammatischen Merkmale ermittelt werden". ("Części mowy są to podstawowe, najogólniejsze klasy

---

31) L.Weisgerber, a.a.O., S.129.

32) F.Slotty, a.a.O., S.39.

33) E.Otto, Sprache und Sprachbetrachtung. Allgemeine Satzlehre unter Berücksichtigung der Wortart, 2.Aufl.,Prag 1944,S.22.

34) H. Brinkmann, Die Wortarten im Deutschen. Zur Lehre von den einfachen Formen der Sprache, in: RNDG, S.101.

35) A.V.Isačenko, Die russische Sprache der Gegenwart, München 1968.

36) nach: V.Žirmunskij, O prirode častej reči i ich klassifikacji, in: Voprosy teorii častej reči, Leningrad 1968, S.17.

wyrazów wyróżniane ze względu na właściwe im zespoły cech semantyczno-gramatycznych"[37]. Ähnliche Definitionen werden von Z.Klemensiewicz[38], T.Milewski[39], J.Stein[40] vorgelegt.

Die anderen Forscher dagegen sprechen den Wortarten lediglich den grammatischen Wert zu und bezeichnen sie als grammatische (formale) Klassen. "Les parties du discours - non celles du systeme traditionel peut-être, mais celles que nous nous proposons d'etablir - sont par nécessité d'ordre formel. Sans cela, elles ne seraient pas de catégories grammaticales" (Hjelmslev)[41].

Formale Definitionen der Wortarten finden wir ebenso noch bei: Ch.F.Hockett[42], F.F.Fortunatov[43], W.Doroszewski[44], W.Flämig[45] und vielen anderen Wissenschaftlern.

Anders dagegen bei M.Sandmann, der eine formale Definition vorzulegen glaubt und im Grunde die Wortarten semantisch interpretiert. Sandmann schreibt: "Vom reinen Formstandpunkt ist das Substantiv die Form der Isolierung: [ ], das Adjektiv die Form der Inferenz: ⟵, das Verb die Form der Konnexion: ⟷ "[46]. Darunter werden aber offensichtlich die Formen verstanden, in denen die Bedeutungen der genannten drei Wort-

37) S.Jodłowski, Substantywizacja przymiotników w języku polskim, Wrocław 1964, S.11.

38) Z.Klemensiewicz, Gramatyka współczesnej polszczyzny kulturalnej w zarysie, Warszawa - Wrocław 1946, S.65 ff.

39) T.Milewski, Stanowisko składni w obrębie językoznawstwa, BPTJ 1952, H.11, S.74-92; auch in: Problemy składni polskiej, Kraków 1971, S.17-36.

40) I.Stein, Gramatyczne funkcje części mowy, JP 1953,1,S.9-19.

41) L.Hjelmslev, Principes de grammaire générale, Kopenhagen 1928/29, S.131.

42) Ch.F.Hockett, A course in modern linguistics, New York 1959, S.221 ff.

43) nach V.M.Žirmunskij, a.a.O., S.17.

44) W.Doroszewski, Podstawy gramatyki polskiej, Tl.1, Warszawa 1952, S.132.

45) W.Flämig, Probleme und Tendenzen der Schulgrammatik. Zur Einteilung der Wortarten im Deutschen, Deutschunterricht, 1966,H.6, S.335.

46) M.Sandmann, Substantiv, Adjektiv und Verb als sprachliche Formen. Bemerkungen zur Theorie der Wortarten, in: RNDG, S.195.

arten seiner Überzeugung nach existieren. So wird durch den Begriff "Isolierung" die Autonomie, Unabhängigkeit der Bedeutung des Substantivs gemeint; die "Inferenz" als Hauptmerkmal des Adjektivs soll als "die in der bedeutungsmäßigen Unselbständigkeit gelegene Beziehungsgebundenheit des Adjektivs"[47] verstanden werden; die "Konnexion" meint als "etwas zwischen anderen Bedeutungen"[48] die verbindende Rolle der Verbbedeutung.
Eine formale Definition der Wortarten liegt dagegen bei J.Kuryłowicz vor. Und obwohl er schreibt: "The parts of speech are therefore doubly charakterized: semantically and syntactically"[49], so meint er damit keine semantischen, sondern morphologisch-syntaktische Merkmale.

Zusammenfassend zum oben Gesagten läßt sich feststellen, daß bei der Definition des Begriffs "Wortarten" in der traditionellen Grammatik ihre Beziehungen zur außersprachlichen Wirklichkeit häufig akzentuiert werden, wobei meistens ebenfalls auf formale Merkmale der Wortarten hingewiesen wird. Die formalen Gesichtspunkte stehen im Vordergrund bei den meisten Vertretern der neueren Linguistik. Das letztere gilt beispielsweise für die Vertreter des amerikanischen Distributionalismus (vgl. weiter Ch.C. Fries) und der Kopenhagener Glossematik (L. Hjelmslev). Die Prager Schule behandelte die Wortarten unter dem Gesichtspunkt des Zentrums und der Peripherie. Im Zentrum des Wortartensystems stehen Wortarten, die durch eine große Anzahl der Wörter und deren hohe Frequenz bzw. eines von diesen Merkmalen charaktisiert sind, während den peripheren Klassen diese Merkmale fehlen. Etwa die Bindewörter (Konjunktionen) gehören nach J. Filipec immer noch zum Systemzentrum, weil ihre geringe Anzahl durch den häufigen Gebrauch kompensiert wird, wogegen die Interjektionen der Peripherie zuzurechnen sind[50]. Die Generative Transformations-

---

47) M.Regula, Grundlegung und Grundprobleme der Syntax, Heidelberg 1951, S.68.

48) M.Regula, a.a.O., S.68.

49) J.Kuryłowicz, The inflectional categories of indo-european, Heidelberg 1964, S.21.

50) J.Filipec, Probleme des Sprachzentrums und der Sprachperi-

grammatik hat die Wortarten von der traditionellen Grammatik übernommen. Auch sie hat jedoch doch einen Beitrag zur Wortarttheorie geleistet: die Subkategorisierung der präterminalen Endsymbole, also lexikalischer Kategorien wie etwa N(omen), V(erb), A(djektiv) usw. Die Regeln zur inhärenten Subkategorisierung der lexikalischen Kategorie N(omen) sehen bei N. Chomsky folgendermaßen aus:

N ⟶ Eigenname
N ⟶ Appellativum
Eigenname ⟶ Eigenname - Menschlich
Eigenname ⟶ Eigenname - Nicht - Menschlich
Appellativum ⟶ Appellativum - Menschlich
Appellativum ⟶ Appellativum - Nicht - Menschlich[51].

Unserer Meinung nach sind die Wortarten Klassen von Wörtern, die gemeinsame grammatische Eigenschaften haben. In Anlehnung an die Auffassungen von Ch.C. Fries[52] und G.Helbig[53], betrachten wir die Wortarten als syntaktische Klassen von Wörtern, denen meistens auch semantische und morphologische Merkmale zukommen. Es erscheint daher nicht notwendig, hier über die Beziehungen der Wortarten zur Außenwelt zu sprechen. In aller Kürze sei allerdings auch zu diesem Problem Stellung genommen. Es ist nicht zu leugnen, daß zumindest einige Wortarten einen gewissen Zusammenhang mit Kategorien der außersprachlichen Wirklichkeit aufweisen. So sind beispielsweise die meisten Substantive (Dingwörter) Bezeichnungen für Dinge in weitem Sinne; Tätigkeiten, Vorgänge und Zustände finden meistens ihren Ausdruck in Verben und Eigenschaften - in Adjektiven. Doch es besteht offensichtlich kein geradliniges Verhältnis zwischen diesen der Wirklichkeit zugeschriebenen Kategorien und den genannten Wortarten, denn die Eigenschaften oder Zustände können beispielsweise durch Substantive ausgedrückt

---

pherie im System des Wortschatzes,TCLP 1966,S.257-275.

51) N.Chomsky, Aspekte der Syntax - Theorie, Berlin 1970,S.83.

52) Vgl. Ch.C.Fries, The structure of Englisch,London 1952,S.65.

53) G. Helbig, Zum Problem der Wortarten in einer deutschen Grammatik für Ausländer, DaF, 1968, H.1, S.1-18.

werden (Güte, Krankheit); darüber hinaus wäre es kaum möglich, in einem solchen Wort wie daß (im Satz: Er sagt, daß es regnet.) einen Zusammenhang mit der Außenwelt zu finden. Obwohl also der Zusammenhang der Wortarten mit der extralinguistischen Realität nicht ganz zu verkennen ist, soll er u.E. nicht überbewertet werden, weil die Wortarten in erster Linie grammatische Klassen sind.

1.2. Kriterien der Wortarteinteilung

Es sei nun die zentrale Frage der Wortartproblematik in Betracht gezogen: Auffindung der Kriterien, nach denen die Einteilung der Wortarten vorgenommen wird. Erstens: welche Kriterien sollen zur Ermittlung der Wortarten dienen? Zweitens: soll die Klassifizierung nach einem einheitlichen Gesichtspunkt oder nach verschiedenen Kriterien erfolgen? Indem man von terminologischen Unterschieden sowie von anderen unwesentlichen Differenzen absieht, lassen sich alle Prinzipien der Wortartklassifizierung auf drei Kriterien zurückführen: 1. das semantische Kriterium, 2. das morphologische Kriterium, 3. das syntaktische Kriterium. Die zwei letzten werden oft formale Kriterien genannt. Wenn alle diese Gesichtspunkte - oder zwei von ihnen - gleichzeitig angewendet werden, sprechen wir von verschiedenen Kriterien der Wortartklassifikation; wird aber lediglich einer der genannten Gesichtspunkte der Einteilung zugrunde gelegt, dann ist von einem einheitlichen Kriterium die Rede. Die traditionelle Unterscheidung von 9 (10) Wortarten: Substantiv (Artikel), Verb, Adjektiv, Adverb, Pronomen, Numerale, Präposition, Konjunktion und Interjektion beruht auf der gleichzeitigen Anwendung verschiedener Einteilungskriterien. So wird etwa für das Adjektiv das semantische Kriterium als primäres angewendet (Adjektive seien Wörter, die Eigenschaften oder Merkmale bezeichnen), die Konjunktion aber wird lediglich aufgrund ihrer verbindenden Funktion im Satz ausgesondert (das syntaktische Kriterium). Gegen solche Einteilungen nach verschiedenen Kriterien werden häufig mit Recht Einwände erhoben,daß sie nämlich unwissenschaftlich seien. Kritisch äußert sich dazu u.a. T. Kalepky, der sich dabei eines anschaulichen Vergleiches bedient: "Wer diese Reihe von Wortklassenbenennungen unbefangen und aufmerksam durchmustert, wird sich am Schlusse einer gewissen Verwunderung darüber nicht erwehren können, daß so viele Generationen von Philologen eine so unsachliche Aneinanderreihung geduldig hinnahmen und sie bedenkenlos den nachfolgenden Generationen übermittelten [...] Übertragen wir das hier festgestellte Verfahren auf die Gattung Menschen, so würden wir etwa folgende Reihe erhalten: 1. Männer, 2. Säuglinge, 3. Knaben, 4. Erwachsene, 5. Hilfsarbeiter, 6. Frauen, 7. Mädchen, 8. Vorreiter, 9. Sklaven, 10. Straßenjungen"[54]. Die anderen Forscher dagegen (z.B. W. Admoni) weisen darauf hin, daß die Wörter als sprachliche Erscheinungen durch einen großen Aspektreichtum charakterisiert seien, was die Klassifizierung nach einem einheitlichen Kriterium unmöglich mache. Admoni fordert "eine eigenartige, aspektmäßige Methodik" bei der Wortarteinteilung gemäß der "eigenartigen aspektmäßigen Natur der sprachlichen Erscheinungen"[55]. M. Regula meint dazu: "Wegen der zahlreichen Übergänge und Überschneidungen sowie der verschiedenen Eigentümlichkeiten einzelner Wortarten bereitet die Aufstellung eines einheitlichen Einteilungs- und Benennungsprinzips unüberwindliche Schwierigkeiten"[56]. Und H. Paul behauptet schlechthin: "Der Versuch, ein streng logisch gegliedertes System aufzustellen, ist überhaupt undurchführbar"[57].

Wenn auch der Aspektreichtum der Sprache sowie die zahlreichen Übergangserscheinungen nicht zu übersehen sind, so halten wir es doch in Übereinstimmung mit solchen Forschern wie L. Sütterlin[58], G. Helbig[59], Z. Saloni[60] für notwendig,

---

54) T.Kalepky, Neuaufbau der Grammatik, Leipzig/Berlin 1928, S. 66 f.

55) W.Admoni, Der deutsche Sprachbau, Leningrad 1960, S.54.

56) M. Regula, a.a.O., S. 72 f.

57) H.Paul, Prinzipien der Sprachgeschichte, 5.Aufl., Halle 1920, S. 352.

58) L.Sütterlin, Die deutsche Sprache der Gegenwart, 5. Aufl. Leipzig 1923.

59) G.Helbig, Zum Problem..., auch: G.Helbig, Zur Klassifizierung der deutschen Wortarten, Sprachpflege, 4, 1969,

bei der Wortarteinteilung von einem einheitlichen Kriterium auszugehen, wenn diese Einteilung nicht willkürlich, sondern konsequent, logisch und nachvollziehbar sein soll. Bevor aber darauf genauer eingegangen wird, seien vorerst die einzelnen Kriterien der Wortarteinteilung sowie ihre Anwendung in verschiedenen Klassifikationen kurz besprochen.

Es wird manchmal versucht, die Wortarten aufgrund ihrer Beziehungen zur Außenwelt zu ermitteln. Den hypothetisch angenommenen Kategorien der außersprachlichen Wirklichkeit - sie werden meistens als logische oder ontologische Kategorien bezeichnet; wir wollen sie hier begriffliche (Begriffs-)Kategorien nennen - sollen einer derartigen Konzeption nach bestimmte Wortarten entsprechen. Als Grundlage für die Einteilung der Wortarten dienen zuweilen bis heute noch die von Aristoteles genannten Kategorien: 1. Substanz, 2. Qualität, 3. Quantität, 4. Relation, 5. Ort, 6. Zeit, 7. Lage, 8. Haben, 9. Wirken, 10. Leiden. So stützt sich V. Brøndal[61] auf die vier ersten aristotelischen Kategorien: Substanz, Qualität, Quantität, Relation. Seiner Meinung nach kommt in einzelnen Wortarten eine sprachliche Widerspiegelung dieser Kategorien und verschiedener Kombinationen zwischen ihnen zum Ausdruck. Beispielsweise bezeichnen nach Brøndal die Adverbien eine einzige Kategorie: Qualität, während das Substantiv eine Bezeichnung für zwei Kategorien: Substanz und Qualität ist. Je nachdem, welche Kombinationen der genannten vier ontologischen Kategorien in der gegebenen Sprache zum Ausdruck kommen, sind nach Brøndal in verschiedenen Sprachen 2 bis 15 Wortarten zu unterscheiden. Ähnlich werden die Wortarten von R. Magnusson ermittelt, obwohl dieser hier und da auf eine andere Weise verfährt. Während Brøndal beispielsweise das Verb als sprachlichen Ausdruck für Relation ansieht[62], wird diese Wortart von Magnusson

---

S.65-71, G.Helbig, Probleme der deutschen Grammatik für Ausländer, 3.Aufl., Leipzig 1974, S.54 ff.

60) Z. Saloni, Klasyfikacja gramatyczna leksemów polskich, JP 1974, 1, S.3 ff., 2, S.93 ff.

61) V. Brøndal, a.a.O., S.20 / 240 ff.

62) V. Brøndal, a.a.O., S. 31 / 251.

mit Hilfe von drei Kategorien definiert: Substanz, Qualität und Relation[63]. Auch H. Paul behauptet, daß "die grammatischen Kategorien Substantivum, Adjektivum, Verbum mit der logischen Substanz, Eigenschaft, Tätigkeit korrespondieren"[64]. Für das Polnische wurde diese Art des semantischen Kriteriums vor allem von J. Łoś[65] angewendet.

Eine solche Einteilungsart kann allerdings den sprachlichen Gegebenheiten nicht Rechnung tragen. Obwohl ein gewisser Zusammenhang der Wortarten mit der außersprachlichen Realität nicht zu leugnen ist - so sind beispielsweise die meisten Substantive (Dingwörter) Bezeichnungen für Dinge in weitem Sinne, Eigenschaften finden meistens ihren Ausdruck in Adjektiven usw. -, so besteht jedoch offensichtlich kein 1 : 1-Verhältnis zwischen diesen außersprachlichen Kategorien und den genannten Wortarten. Wörter wie: Güte, Freude, Gehen sind ontologisch als Eigenschaft, Zustand und Tätigkeit auszuweisen, nichtsdestoweniger werden sie gewöhnlich nicht den Adjektiven und Verben zugeordnet, sondern den Substantiven. Diese Tatsache ist schon seit langem wahrgenommen worden. "Das ist gerade eine Eigentümlichkeit der menschlichen Sprache, und darin liegt eine ungeheure Bedeutung für ihre Verwendung, daß sie etwas Beliebiges, was in der Umwelt gar kein Ding, keine Eigenschaft, keine Tätigkeit usw. ist, die Sprache als Ding, als Eigenschaft, als Tätigkeit, hinstellen kann" (E.Hermann)[66]. Eine solche Meinung führt zur Annahme einer zweiten Abart des semantischen Kriteriums, die in sich einschließt, daß nicht die ontologischen Begriffe für die Wortarteinteilung entscheidend sind, sondern die Art und Weise, in welcher diese Begriffe in den einzelnen Sprachen aufgefaßt werden. G. Helbig sagt in diesem Zusammenhang: "Dasjenige, was unter dem semantischen Kriterium bei der Wortartklassifizierung verstanden

---

63) R. Magnusson, a.a.O., S.76.

64) H. Paul, a.a.O., S.352.

65) J. Łoś, Podział ...., auch: J. Łoś, Gramatyka polska, Tl. II, Słowotwórstwo, Lwów - Warszawa - Kraków 1925.

66) E. Hermann, Die Wortarten, Berlin 1928, S. 6.

wird, ist keineswegs einheitlich. Zumindest muß man ein semantisches Kriterium A (resultierend aus Sachbedeutung, direkte Gleichsetzung von Wortarten und außersprachlichen Sachverhalten) und ein semantisches Kriterium B (resultierend aus allgemeinem Bedeutungsgehalt, begrifflich-kategorialer Prägung u.a., Ableitung der Wortarten - als verschiedenen "Betrachtungsweisen" - aus Denkkategorien) unterscheiden." Und an einer anderen Stelle: "Wortarten ergeben sich nicht mehr unmittelbar aus der Sachbedeutung der Wörter, sondern aus der verallgemeinerten Bedeutung, wie sie im Prozeß des menschlichen Denkens entsteht".[67] Demnach wären Substantive ("Dingwörter") nicht mehr Wörter, die Dinge bezeichnen, sondern Wörter, die vom Denken als "Dinge" oder "Größen" gefaßt und abgebildet werden.[68] E. Otto spricht von der "kategorialen Auffassung der Wirklichkeit"[69] vom Menschen, während nach S. Jodłowski die ontologischen Kategorien als "Gegenstände", "Eigenschaften" usw. von der Sprache aufgefaßt werden[70]. W. Schmidt nennt diese Art der Bedeutung "begrifflich-kategoriale Prägung"[71] und H.Hempel - eine "Bedeutungsweise"[72]. Nach J. Erben wollen wir diese Variante des semantischen Kriteriums "kategoriale Grundbedeutung"[73] nennen.

Das genannte Einteilungsprinzip ist relativ konsequent von H. Glinz in seinen früheren Arbeiten[74] angewendet worden, wo es als "Grundprägung" oder "geistige Grundgestalt" bezeichnet wird. Glinz unterscheidet 6 Wortarten, je nachdem, unter

---

67) G.Helbig, Zu einigen Problemen der Wortartklassifizierung im Deutschen, in: BKW, S.95.

68) G.Helbig, Zu einigen Problemen...., S. 94.

69) E.Otto, Die Wortarten, in: Germanisch-Romanische Monatsschrift, 1928, H.7/8, S. 417 ff.

70) S.Jodłowski, Studia nad częściami mowy, Warszawa 1971,S.25.

71) W. Schmidt, a.a.O., S. 51.

72) H. Hempel, Wortklassen und Bedeutungsweisen, in: RNDG, S.217 ff.

73) J. Erben, Deutsche Grammatik. Ein Leitfaden, Frankfurt/Main, Hamburg 1968, S. 39.

74) H. Glinz, Der deutsche Satz. Wortarten und Satzglieder wissenschaftlich gefaßt und dichterisch gedeutet, Düsseldorf 1957,S.28 ff, auch:H.Glinz, Die innere Form des Deutschen, Bern und München 1968, 5.Aufl., S.455 ff.

welcher Gestalt ein Inhalt in der Sprache erscheint.
1. Erscheint ein Inhalt im Bilde eines Vorgangs, eines Verlaufs, eines Zustandes, eines Geschehens, so haben wir es mit einem Verb zu tun.
2. Werden die Inhalte als Etwas gefaßt, als Einheit, als Größe, im Bilde eines Lebewesens oder gegenständlichen Einheit [75], dann liegt ein Substantiv vor.
3. Eine Abart der substantivischen Prägung bilden Pronomina, die als Begleiter oder Stellvertreter vieler Stücke der Gruppe 2 (Substantive) auftreten. Die als Einheiten erscheinenden Inhalte werden durch die Pronomen nicht genannt, sondern es wird lediglich auf sie verwiesen.
4. Das Adjektiv faßt seine Inhalte als "Merkmal", als Tatbestand von etwas anderem.
5. Keiner der oben besprochenen Prägungsarten gehören die Partikeln an, die nach Glinz "Lage, Situation in Zeit, Raum und anderen Bezugssystemen"[76] darstellen. (Glinz versteht hier sowohl die unflektierbaren Adverbien als auch die Präpositionen und Konjunktionen.)
6. Als sechste Wortart werden die Interjektionen angesetzt; Wörter, die "gar nicht als festgelegte Teile eines Satzes oder einer Wortgruppe gefaßt sind, sondern für sich allein volle Ausdrücke bilden"[77].

Dieses Einteilungsprinzip wird jedoch viel häufiger nicht als das einzige angewendet, sondern es erscheint neben den formalen Kriterien. So führt beispielsweise W. Admoni drei Einteilungskriterien an. Neben dem ersten Kriterium: "die abstrahierte Bedeutung" ("der allgemeine Bedeutungsgehalt"), das der "kategorialen Grundbedeutung" gleichkommt, werden von Admoni ebenfalls die morphologische Struktur und die syntaktische Funktion berücksichtigt.[78] C.P. Sunik schreibt in

---

75) H. Glinz, Der deutsche Satz, S.30.
76) H. Glinz, Der deutsche Satz, S.31.
77) H. Glinz, Der deutsche Satz, S.31.
78) W. Admoni, a.a.O., S.53 ff.

diesem Zusammenhang: "Opredelene specifiki častej reči svoditsa [...] k opredeleniu ich obsčegrammatičeskich značenij, polučivsich v lingvističeskoj nauke svoi terminologičeskije oboznačenia, kak "predmet" ili "predmetnost'", "dejstve" ili "processualnost'", "kačestvo" ili "atributivnost'", itp"[79]. Im Unterschied zu anderen Forschern wie W.Schmidt oder V.Admoni betrachtet Sunik solche Begriffe wie "Gegenständlichkeit" oder "Prozessualität" nicht als semantische Kategorien, sondern als grammatische Erscheinungen. Derartige Wörter wie: dobrota, čestnost', mečta sind für ihn "grammatische Gegenstände"[80].

Alles in allem kann man sagen, daß das semantische Kriterium bei der Wortartklassifizierung eine nicht unbedeutende Rolle spielt, wobei die meisten hierunter "die kategoriale Grundbedeutung" meinen. Die außersprachlichen Begriffskategorien als Grundlage für die Wortarteinteilung werden mit Recht nur von wenigen berücksichtigt.

Unter dem morphologischen Kriterium versteht man die Flexion und gelegentlich auch die Wortbildung als Basis für die Klassifizierung der Wortarten. Konsequent wird dieses Kriterium nur von wenigen angewendet, so z.B. von W. Porzeziński, für den "einzig berechtigt die Einteilung nach einem streng formalen Prinzip" (Übersetzung von R.L.) ist ("jedynie uprawnionym jest podział na zasadzie ścisłe formalnej"). Wenn "in unserer Sprachgruppe einzelne Wörter Formen haben, dann soll man sie gruppieren, indem man als Einteilungsgrundlage dieses Merkmal berücksichtigt" (Übersetzung von R.L.) (Jeśli "w naszej grupie językowej wyrazy poszczególne posiadają formy, należy je grupować biorąc za podstawę podziału tę ich cechę"[81]). Porzeziński teilt in Anlehnung an F.F. Fortunatov alle Wörter in: 1. deklinable Wörter,

---

79) O.P.Sunik, Obščaja teoria častej reči, Moskau-Leningrad 1966, S. 36.

80) O.P. Sunik, a.a.O., S. 36.

81) W.Porzeziński, O tzw. częściach mowy słów kilka, Przegląd Humanistyczny II, S. 135 (nach S.Jodłowski, Studia...S.31).

2. deklinable Wörter mit adjektivischen Genusformen, 3. konjugable Wörter, 4. Wörter, die durch das Fehlen des Abwandelbarkeit charakterisiert sind[82].

Bei den meisten Grammatikern wird aber das morphologische Kriterium mit dem syntaktischen kombiniert. W. Flämig[83] sieht sich, nachdem er die flektierbaren Wörter nach morphologischen Merkmalen eingeteilt hat, gezwungen, bei der Klassifizierung unflektierbarer Wörter (Adverb, Präposition, Konjunktion) die syntaktische Funktion zu Hilfe zu nehmen. Eine Kombinierung der morphologisch-syntaktischen Einteilungskriterien findet man ebenfalls u.a. bei Ch.F. Hockett[84], W.Doroszewski[85], W. Cyran[86], sowie in der "Deutschen Grammatik" von H. Glinz[87].

Das morphologische Kriterium liegt auch in einer Klassifikation vor, die nach grammatischen Kategorien durchgeführt wird. Einzelne Wortarten werden danach ermittelt, über welche grammatischen Kategorien sie verfügen. Ein solches Herangeben ist z.B. bei A.A. Šachmatov[88] festzustellen, der allerdings die grammatischen Kategorien als Unterscheidungskriterien zusammen mit der Semantik nennt.

Häufig angewendet werden bei der Wortarteneinteilung <u>syntaktische Kriterien</u>. Es wird davon ausgegangen, daß die Wörter bestimmte Funktionen im Satz (in der Wortgruppe) ausüben, und - demzufolge - charakterisiert man einzelne Wortarten, indem man z.B. die ihnen zukommenden syntaktischen Verwendungsweisen angibt. Ein solches Verfahren findet sich bei L.Ščerba, der beispielsweise für das Substantiv neben morphologischen Kennzeichen folgende syntaktische Funktionen aufzählt: Fähigkeit,

---

82) W.Porzeziński, Einleitung in die Sprachwissenschaft, Leipzig und Bern 1910, S.134.

83) W.Flämig, a.a.O., S.355 ff.

84) Ch.F.Hockett, a.a.O., S. 221 ff.

85) W.Doroszewski, a.a.O., S. 132 ff.

86) W.Cyran, O częściach mowy w języku polskim, in: RKJŁTN, Bd.XVI, Łódź 1970.

87) H.Glinz, Deutsche Grammatik,Bd.II,2.Aufl.,Frankfurt/Main 1971.

88) A.A.Šachmatov,Sintaksis russkogo jazyka,2.Aufl.Leningrad 1941,S. 422.

adjektivische Bestimmungen anzunehmen, Kongruenz mit dem Adjektiv, Fehlen der Kongruenz mit dem Substantiv, Verbindbarkeit mit dem Verb oder mit der Kopula in der finiten Form[89].

O. Jespersen verwendet seine Rangstufentheorie, um dem Wortartproblem beizukommen. Eine Wendung "extremely hot weather" besteht nach ihm aus drei Rängen ("three ranks"), welche die Hierarchie der Funktionen widerspiegeln. Weather stellt als übergeordnetes Glied das primäre Wort ("primary word, principal") dar, hot - das sekundäre Wort ("secondary word, adjunct"), extremely - das tertiäre Wort ("tertiary word, subjunct"). Das entspräche annähernd den drei Wortarten: Substantiv, Adjektiv, Adverb, obwohl Jespersen selbst davon spricht, daß die einzelnen Ränge mit bestimmten Wortarten nicht immer gleichzusetzen sind. (Z.B. in der Wortgruppe the butcher's shop wird die sekundäre Funktion nicht durch ein Adjektiv, sondern durch ein Substantiv erfüllt.) Als eine Wortklasse mit der sekundären Funktion betrachtet Jespersen neben dem Adjektiv auch das Verb. Der Unterschied zwischen beiden Wortarten soll in der Art der durch sie ausgedrückten syntaktischen Beziehungen bestehen: Adjektiv-junction, Verb-nexus[90].

Eine Hierarchie der Funktionen wird zum Einteilungsprinzip auch bei J.Kuryłowicz, der die Wortarten nach ihren primären syntaktischen Funktionen unterscheidet. So erscheint bei ihm das Substantiv primär als Subjekt, das Verb - als Prädikat, während für Adjektive die Attributfunktion als primär angesehen wird[91].

Nicht zuletzt haben wir es mit der Verwendung des syntaktischen Kriteriums zu tun, wenn die Wortklassen aufgrund ihrer Position oder Umgebung in Syntagmen ermittelt werden.

---

89) nach Jodłowski, Studia...., S. 27.

90) O.Jespersen, A Modern English. Grammar on historical principles, Part II, Syntax, 3.Aufl., Heidelberg 1927, S.2 ff., auch: O.Jespersen, Analytic Syntax, Copenhagen 1937,S.119ff.

91) J.Kuryłowicz, The inflectional..., S.19 ff, auch:J.Kuryłowicz, Esquisses linguistiques, S.41-50, PAN, Prace Językoznawcze, 19, Wrocław-Kraków 1960.

T. Milewski verwendet bei der Worteinteilung den Begriff "Konnotation" ("konotacja"), wodurch die Fähigkeit eines Wortes verstanden wird, andere Wörter in seiner Umgebung zu fordern. Durch konsequente Anwendung dieses Prinzips gelangt Milewski zur Auflösung der traditionellen Verben in drei Wortarten: 1. transitive Verben (Konnotierung für ein Subjekt und ein Akkusativobjekt), 2. intransitive Verben (die nur das Subjekt konnotieren), 3. unpersönliche Verben (z.B. trzeba)[92]. Nicht zu übersehen ist die Klassifikation der Wortarten im Polnischen von H. Misz, der von Syntagmen ausgehend die Distribution der Wörter und ihre gegenseitigen Beziehungen - vor allem Über- und Unterordnung - als Grundlage nimmt[93].

Es seien schließlich die Wortartklassifikationen von Ch. C.Fries (für das Englische) und G. Helbig (für das Deutsche) dargestellt, auf die wir uns in großem Maße stützen. Um das formalsyntaktische Vorgehen bei der Wortarteinteilung von Fries zu verdeutlichen, sei zuerst einiges zu seinem theoretischen Standpunkt angedeutet. Fries will in seinem Werk "The structure of English" die englischen Sätze vom strukturellen Gesichtspunkt beschreiben. Er geht dabei von formalen Strukturen aus (etwa: Wortstellung, Flexionsensendungen, Wortklassen), gelangt dann zur strukturellen Bedeutung (die grammatische Bedeutung der Satzglieder, der Satzarten usw.) und schließlich auch zur Bedeutung ("meaning"), die er außersprachlich versteht (Agens, Empfänger usw.). Die gesamte Bedeutung eines Satzes besteht aus der lexikalischen Bedeutung ("lexical meaning") und der strukturellen Bedeutung ("structural meaning"). Dabei sei die Kenntnis der lexikalischen Bedeutung keine notwendige Voraussetzung, um die strukturelle Bedeutung zu erschließen (vgl. seine Nonsens-Sätze). Fries behauptet: "An English sentence then is not a groupe of words

---

92) T.Milewski, Stanowisko składni...., BPTJ, S. 74.

93) H.Misz, Opis grup syntaktycznych dzisiejszej polszczyzny pisanej, Bydgoszcz 1967, S. 22 ff.

but rather a structure made up of form-classes or parts of speech".[94] Es seien also in erster Linie die Wortarten (Wortklassen) und deren Position im Satz, die die strukturelle Bedeutung des Satzes konstituieren und signalisieren. Daraus schlußfolgert Fries, daß die Wortarten aus konkreten Strukturen gewonnen werden sollen, entsprechend ihrer Rolle, die sie innerhalb der strukturellen Bedeutung der ganzen Äußerung haben. Zu derselben Wortklasse gehören alle Wörter, die in einem Substitutionsrahmen ("minimum free utterance") dieselbe Stelle einnehmen können (Substitutionsprobe). Es wird dabei vorausgesetzt, daß die strukturelle Bedeutung der ganzen Äußerung gleich bleibt. Können also z.B. im Testrahmen The concert was good für das Wort concert andere Wörter eingesetzt werden, dann gehören diese Wörter in dieselbe Wortklasse (Formklasse 1). Es sind solche Wörter wie: food, coffee, taste[95] usw. Auf diesem Wege gelangt Fries zu 19 Wortarten: 4 Formklassen ("form classes") und 15 Klassen der Funktionswörter ("function words"), wobei die Formklassen etwa mit traditionellen Wortarten: Substantiv, Verb, Adjektiv, Adverb korrespondieren und die Trennung in die Formklassen und Funktionswörter ungefähr mit der Unterscheidung von vollen und leeren Wörtern gleichzusetzen ist.

In Anlehnung an Fries versucht G.Helbig eine Klassifizierung der deutschen Wortarten durchzuführen, die u.a. für die Anwendung im Deutschunterricht für Ausländer gedacht ist[96]. Um den Besonderheiten der deutschen Sprache, die eine weniger feste Wortstellung als das Englische aufweist, Rechnung zu tragen, beschränkt er sich nicht auf eine bloße Feststellung der Position der betreffenden Wörter, sondern berücksichtigt auch deren Distribution, d.h. das Vorkommen der Elemente in

---

94) Ch.C.Fries, a.a.O., S. 64.

95) Ch.C.Fries, a.a.O., S. 76.

96) G.Helbig, Zum Problem..., S.1-18; es ist eine recht umstrittene Frage, ob es möglich ist, eine Wortarteinteilung durchzuführen, die im Deutschunterricht in verschiedenen Ländern anwendbar wäre. Es läßt sich aber wohl annehmen, daß die Wortartklassifizierung von Helbig dank der starken Berücksichtigung der Positionsmöglichkeiten der Wörter eine ge-

Relation zu anderen Elementen. So werden zwar die Wörter: diese, alle (in den Wortgruppen: diese Wohnung, alle Studenten) der Wortklasse Artikelwörter zugeteilt, allerdings nicht: viele, wenige (z.B. viele Wohnungen, wenige Studenten), weil die Distribution unterschiedlich ist: vor viele und wenige kann ein anderes Artikelwort eintreten (die vielen Wohnungen, die wenigen Studenten), was in bezug auf diese, alle unzulässig ist. Werden bei der gleichen Position in der Oberflächenstruktur intuitiv deutliche Unterschiede empfunden, so wird mit Hilfe der Transformation auf die Tiefenstruktur zurückgegriffen. Ein solches Verfahren liegt der Unterscheidung von Adjektiven und adjektivischen Adverbien zugrunde: 1. Der Mann stirbt jung. 2. Der Mann stirbt langsam. Trotz der identischen Position von jung und langsam gehören diese Wörter zu zwei verschiedenen Wortarten, weil die entsprechende Tiefenstruktur unterschiedlich ist. Eine Transformation ergibt zwar: → der junge Mann, aber nicht: → der langsame Mann. Helbig unterscheidet 4 Formklassen und 19 Klassen der Funktionswörter[97], wobei er von Wortklassen und nicht von Wortarten spricht, um für einen durch die wissenschaftliche Tradition vorbelasteten Terminus einen neuen Terminus zu gewinnen.

Über manches in dieser Klassifikation könnte man bestimmt diskutieren. Bedenken erweckt eine so große Zahl der Wortarten, die Zuweisung der traditionellen Personalpronomina und der Substantive zu derselben Wortklasse usw. Ziemlich ausführlich äußert sich übrigens dazu Helbig selbst[98].

Unsere Stellung in bezug auf die Auswahl der Kriterien bei der Wortartklassifikation stützt sich in hohem Maße auf die soeben besprochenen Konzeptionen von Ch.C.Fries und G.Helbig;

---

wisse Anwendung (wenn auch eine sehr beschränkte) im Fremdsprachenunterricht finden kann.

97) In den späteren Arbeiten von G.Helbig (z.B. G.Helbig, Zur Klassifizierung...) wird noch eine Klasse der Funktionswörter angeführt: die Modalwörter.

98) vgl. z.B. G.Helbig, Zum Problem..., S. 14 ff.

unterscheidet sich allerdings in mancher Hinsicht von diesen. Wir sind der Meinung, daß eine konsequente Wortarteinteilung nach einem einheitlichen Kriterium durchgeführt werden soll. Der tatsächlich vorhandene Aspektreichtum der Sprache rechtfertigt es nicht, nach verschiedenen Gesichtspunkten vorzugehen, weil ein solches Verfahren gegen die Prinzipien einer logischen, widerspruchsfreien Klassifikation verstößt. Ein Verfahren, bei dem eine Wortart aufgrund eines Kriteriums, die andere Wortart aufgrund mehrerer Kriterien ermittelt wird, ist nach unserer Meinung arbiträr und unlogisch. Es soll u.E. zwischen der Beschreibung der Wortarten und deren Klassifizierung unterschieden werden. Bei einer Beschreibung (Charakterisierung) der Wortarten können verschiedene Aspekte berücksichtigt werden (etwa: syntaktische, morphologische und semantische Merkmale); eine Klassifizierung der Wortarten darf nach unserer Meinung nur von einem und demselben Gesichtspunkt aus durchgeführt werden. Man soll sich davor hüten, die beiden Verfahren (Beschreibung und Klassifizierung) gleichzusetzen, was u.E. oft geschehen ist oder immer noch geschieht.

Um unsere Methode der Wortarteinteilung zu verdeutlichen, sei vorerst der hier vertretene theoretische Standpunkt skizziert. Wir wollen grundlegende Begriffe erläutern, die mit der Wortartproblematik zusammenhängen. Vor allem solche Termini wie "Bedeutung" oder "Funktion" werden in unterschiedlichem Sinne verwendet und bedürfen hier demzufolge einer Definierung.

Wir gehen davon aus, daß die Sprache grundsätzlich einen gewissen Zusammenhang mit der außersprachlichen Wirklichkeit aufweist. Die außersprachlichen Gegebenheiten werden aber in jeder Sprache in einer bestimmten Weise interpretiert und aufgefaßt. Diese sprachliche Auffassung der Wirklichkeit entspricht nicht immer den tatsächlichen Gegebenheiten, vgl.: Die Sonne geht unter, was dem objektiven Sachverhalt widerspricht und ein Ausdruck der bereits überholten, ehemals herrschenden Vorstellungen der Menschen ist.

Da uns in dieser Arbeit die Klassifizierung der Wörter interessiert, wollen wir nun die Begriffe: "sprachliches Zeichen", "Wort", "Wortbedeutung" kurz erläutern. Das sprachliche Zeichen (also auch das Wort) will hier bilateral verstanden werden, als eine Einheit von Formativ und Bedeutung. Die Wörter können "als kleinste relativ selbständige, d.h. potentiell isolierbare sprachliche Bedeutungsträger"[99] definiert werden. Die Wortbedeutung wird inner- und einzelsprachlich verstanden. Es ist dieser Teil des sprachlichen Zeichens, der mit dem Formativ (der phonetisch-phonologischen Form) aufs engste verbunden ist und zugleich auf außersprachliche (objektiv oder nicht objektiv existierende) Gegebenheiten verweist, mit diesen jedoch nicht gleichzusetzen ist. Zwischen der sprachlichen Form (etwa dem Wortformativ) und einem dieser Form entsprechenden Ausschnitt der objektiven Wirklichkeit wäre eine begriffliche Ebene anzunehmen, die eine Grundlage für die Wortbedeutung bildet. Die Erscheinungen der objektiven Wirklichkeit sind übrigens keine notwendige Voraussetzung für die Existenz der sprachlichen Zeichen. So hat etwa das Wort Hexe seine sprachliche Bedeutung, wenn es auch keine reale Entsprechung in der Außenwelt aufweist. Innerhalb der Wortbedeutung sind u.a. zu unterscheiden: a) die lexikalische Bedeutung, die z.B. das Wort Tisch vom Wort Stuhl unterscheidet; b) die kategoriale Grundbedeutung, die z.B. das Wort Härte von hart unterscheidet. Im ersten Fall (Härte) wird die begriffliche Kategorie "Eigenschaft" in der Sprache als "Gegenstand, Größe" dargestellt, im anderen Falle (hart) haben wir es mit einer Auffassung derselben Kategorie als "Eigenschaft, Merkmal" zu tun.

Jedes Wort als sprachliches Zeichen übt bestimmte Funktionen aus. In bezug auf die meisten Wörter kann man u.E. folgende Funktionen nennen[100]:

---

99) W.Flämig, Zur grammatischen Klassifizierung des Wortbestandes im Deutschen, in: BKW, S. 40.

100) Bei Ermittlung der einzelnen Funktionen stützen wir uns auf die Auffassung von G.Helbig, Die Funktionen der substantivischen Kasus in der deutschen Gegenwartssprache, Halle (Saale) 1973, S. 47 ff.

1) morphologische Funktion
2) syntaktische (strukturelle) Funktion
3) semantische Funktion
4) denotative Funktion
5) logische Funktion
6) pragmatische Funktion.

Dabei gehören die drei ersten Funktionen in den Bereich der Sprache; die drei letzteren sind außersprachlicher Natur.

Ad.1. Unter morphologischer Funktion verstehen wir die Rolle, die den morphologischen Merkmalen eines Wortes (Endungen, Suffixen usw.) zukommt (z.B. Kasuskennzeichnung).

Ad.2. Als syntaktische Funktion betrachten wir nicht jene syntaktische Funktion, wie sie von der traditionellen Grammatik her durch die üblichen Satzglieder festgelegt ist. Bei traditionellen Satzgliedern vermischen sich Elemente der logischen (etwa bei Subjekt und Prädikat) und der semantischen Ebene (bei Adverbialbestimmung und Objekt). Wegen dieser Uneinheitlichkeit sind die herkömmlichen Satzglieder für uns nicht akzeptabel. Deshalb wird hier die semantisch-logische Überlagerung ausgeschaltet und die syntaktische Funktion auf rein strukturellen Wert beschränkt (Position und Distribution des Wortes in der Oberflächen- bzw. Tiefenstruktur, Abhängigkeitsverhältnisse).

Ad.3. Die semantische Funktion wird verstanden als die Fähigkeit eines Wortes, eine bestimmte Bedeutung auszudrücken.

Ad.4. Das sprachliche Zeichen (als Einheit von Form und Bedeutung) hat eine Beziehung zu außersprachlichen Objekten. Diese Beziehung nennen wir denotative Funktion.

Ad.5. Die logische Funktion darf hier nicht mit der "ontologischen Funktion" verwechselt werden (denn diese letztere meint die Beziehung zur außersprachlichen Wirklichkeit, also: denotative Funktion in unserem Sinne). Logisch ist hier im Sinne der Logik als Wissenschaft zu verstehen, in der Satz als Urteil, ein Wort als Begriff interpretiert wird. Lassen wir dazu G. Helbig sprechen: "Logische Funktionen im engeren Sinne liegen nur dann vor, wenn der Satz als Ausdruck eines logischen Urteils begriffen wird. Was die traditionelle Grammatik als logisches Subjekt u.a. bezeichnet, ist in

Wahrheit ein ontologisches Subjekt u.a. Daß sich die Ebenen durchaus nicht immer decken, zeigen manche "Vorgangssätze" (im inhaltlichen Sinne), die durchaus Ausdruck verschiedener logischer Urteile sind:

(4) Er ist mit ihr befreundet.

(5) Er arbeitet.

(4) ist ein Relationsurteil, (5) ein Determinationsurteil im logischen Sinne; sachbezogen handelt es sich bei (4) um einen "Zustandssatz", bei (5) um einen "Vorgangssatz"[101].

Ad.6. Die pragmatische Funktion meint eine Beziehung des sprachlichen Zeichens zum Menschen.

Es entsteht die Frage: welche von diesen Ebenen soll die Grundlage für die Wortartklassifizierung bilden? Das können weder die denotative noch logische oder pragmatische Funktion sein, da sie alle außersprachlicher Art sind. Ebenso kann die semantische Funktion der Wörter für die Klassifizierung nicht als zuverlässig betrachtet werden. Wenn auch die Semantik (im Sinne der "kategorialen Grundbedeutung") innersprachlich verstanden wird: Härte ist für die Sprache ein "Ding", obgleich es ontologisch als eine Eigenschaft gilt, so stützt sie sich doch auf extralinguistische Begriffe, ist schwer erfaßbar und kann nur vage, annähernd definiert werden. Darüber hinaus ist es nicht sicher, ob alle Wortarten eine kategoriale Grundbedeutung haben. Es wäre wohl anzunehmen, daß sie lediglich auf Hauptwortarten (Substantiv, Verb, Adjektiv, Adverb) zutreffen, während die anderen Wortarten mit Hilfe dieses Kriteriums nicht erfaßbar sind. Die innerhalb der semantischen Funktion bleibende lexikalische Bedeutung ist als Kriterium der Wortarteinteilung offensichtlich nicht zu akzeptieren, da sie sich auf einzelne Erscheinungen oder Begriffe der Außenwelt bezieht; niemand würde z.B. Tisch und Stuhl zwei verschiedenen Wortarten zuordnen.

Auch das morphologische Kriterium ist nicht zufriedenstellend, weil nicht alle Wörter morphologische Merkmale aufweisen

---

101) G.Helbig, Die Funktionen..., S. 49.

(z.B. deutsche Präpositionen und Konjunktionen). Oder die Wörter einer Wortart haben morphologische Kennzeichen einer anderen Wortklasse. Beispielsweise sind die polnischen Wörter podróżny, myśliwy oder das deutsche (der) Gelehrte aufgrund ihrer Semantik und der syntaktischen Verwendungsweise den Substantiven zuzuordnen, sie werden aber wie Adjektive und nicht wie Substantive flektiert. Das morphologische Kriterium ist relativ gut anwendbar auf die Sprachen mit reich ausgeprägter Flexion (z.B. das Polnische), läßt sich aber schwer anwenden bei den Sprachen, die ein schwach entwickeltes Flexionssystem haben. Daraus resultiert der beschränkte Gebrauch dieses Kriteriums, was vor allem in konfrontativen Arbeiten nicht ohne Bedeutung ist.

Deshalb entscheiden wir uns bei der Wortarteinteilung für die syntaktische Ebene, denn das syntaktische Kriterium ermöglicht, die Gesamtheit der Wörter zu erfassen (jedes Wort übt bestimmte syntaktische Funktionen aus). Es läßt sich (im Unterschied zum morphologischen Kriterium) auf alle (oder fast alle) Sprachen anwenden; kann demnach gut bei zwischensprachlichen Vergleichen gehandhabt werden. Um syntaktische Funktionen zu ermitteln, aufgrund derer die Wörter in Wortklassen (Wortarten) klassifiziert werden, bedienen wir uns operationeller Methoden wie: Ersatzprobe, Verschiebeprobe, Weglaßprobe, Nektionsprobe, Transformationen.

Als Anhaltspunkte dienen uns die Wortartklassifikationen von Ch.C.Fries und G.Helbig. Im Unterschied zu ihnen halten wir jedoch die Position in der Oberflächenstruktur eines Syntagmas nicht für primär bei der Bestimmung der syntaktischen Funktionen bei der Wortartzuordnung. Neben der Position (unter der die aktuelle Stelle des untersuchten Wortes in einem Syntagma verstanden wird), berücksichtigen wir in gleichem Maße folgende Faktoren: Distribution in der Oberflächenstruktur (unter der Distribution wird die potentielle Umgebung eines Wortes verstanden), Position und Distribution in der syntaktischen Tiefenstruktur sowie Abhängigkeitsverhältnisse. Bei Helbig werden diese Teilkriterien zwar signalisiert, aber nur am Rande angewendet. Nicht relevant für die Bestimmung der syntaktischen Funktionen sind für uns die Flexionsformen des Wortes, weil sie mehr eine morphologische als eine syntaktische Angelegenheit sind. Der Begriff der Tiefenstruktur wird hier in syntaktischem Sinne verwendet. Es kommt vor, daß sich eine Struktur auf mehrere Grundstrukturen zurückführen läßt, z.B. Unser aller Ziel ist die wissenschaftliche Arbeit ⟶ Wir alle haben ein Ziel. Unser Ziel ist die wissenschaftliche Arbeit. Die im ersten Satz verdeckten syntaktischen Eigenschaften von unser und aller (sie stehen hier entsprechend in Positionen von Artikelwort und Adjektiv) kommen erst in den beiden Grundstrukturen zum Vorschein. Die hier ermittelten Grundstrukturen entsprechen demnach etwa den Kernsätzen bei Z. Harris[102]. Verdeckte Unterschiede in syntaktischen Funktionen von schnell und gesund liegen in folgenden Strukturen vor:

1) Er kam schnell zurück.
2) Er kam gesund zurück.[103]

Die Zurückführung auf einfachere Strukturen läßt diese Unterschiede deutlich erkennen:

1) ⟶ Er kam zurück. Das Zurückkommen war (geschah) schnell.
2) ⟶ Er kam zurück. Er war (zu diesem Zeitpunkt) gesund.
Er war gesund, als er zurückkam.

Dadurch sind auch verschiedene Abhängigkeiten sichtbar: schnell bezieht sich in (1) auf das Zurückkommen, während gesund in (2) auf er Bezug nimmt. (Im ersten Falle ist es ein Adverb, im zweiten - ein Adjektiv.) Somit werden die Zusammenhänge und die Übergänge zwischen den einzelnen Faktoren deutlich: Position und Distribution in der Oberflächenstruktur - Position und Distribution in der Tiefenstruktur - Abhängigkeitsbeziehungen. Alle diese miteinander zusammenhängenden Faktoren

---

102) Z.Harris, Co - occurence and Transformation in Linguistic Structure, Language 1957/3, S. 334 ff.

103) Die Beispiele stammen von G.Helbig (Zu einigen Problemen..., S. 98).

gehören der syntaktischen Ebene an. Die Oberflächenposition wäre das erste, allerdings nicht das entscheidende Kriterium, weil die aktuelle Stelle des Wortes in einem Syntagma eine Angelegenheit der Parole ist und für die syntaktische Beschreibung eines Wortes nicht ausreicht. Es sollen vielmehr potentielle Verwendungsweisen eines Wortes erschlossen werden (etwa: dessen potentielle Umgebung und potentielle Position), was uns aufgrund solcher Verfahren möglich zu sein scheint: 1) die Erweiterung eines Syntagmas durch Hinzufügung anderer Elemente (Untersuchung der Distribution), 2) die Zurückführung auf einfachere Strukturen (Tiefenstruktur), 3) die Ermittlung der hierarchischen Beziehungen innerhalb eines Abhängigkeitsstammbaums. Mit Recht verweist G. Helbig auf die Unterschiede zwischen solchen Wörtern wie alle und viele, die trotz der gleichen Position in bestimmten Syntagmen (etwa: alle Freunde, viele Freunde) eine andere Distribution haben (diese vielen Freunde, aber nicht: + diese allen Freunde). Demnach ist alle als ein Artikelwort, viele als ein Adjektiv anzusehen. Trotzdem bleibt Helbig bei der Position in der Oberflächenstruktur stehen, wenn er die substantivischen Pronomina der traditionellen Grammatik (z.B. er) unter die Lupe nimmt; sie werden von ihm samt den herkömmlichen Substantiven zur Klasse der Substantivwörter gerechnet, und zwar aufgrund der gleichen Position in einem Substitutionsrahmen. Die vorhandenen Umgebungsbeschränkungen (etwa: dieser Roman, aber nicht: + dieser er) veranlassen Helbig lediglich zu einer Subklassifizierung der Wortart Substantivwörter in zwei Subklassen: Substantiv und substantivische Pronomina[104], aber nicht zu ihrer Auflösung in zwei Wortarten, was wohl konsequenter wäre.

Es ist nicht zu übersehen, daß der von uns bereits erwähnte Faktor: Abhängigkeitsverhältnisse (Dependenzbeziehungen) nicht eindeutig genug ist. Wenn auch die Beschreibung einer Sprache mit Hilfe der abstrakten Begriffe: Unterordnung,

---

104) G.Helbig, J.Buscha, Deutsche Grammatik. Ein Handbuch für den Ausländerunterricht, Leipzig 1972, S. 194.

Überordnung, Nebenordnung interessant und erfolgversprechend zu sein scheint, hat sie jedoch schwache Seiten, von denen die wichtigste heißt: der Begriff der Dependenz selbst ist kaum definiert und demzufolge nicht klar. Wo soll man Kriterien hernehmen, um festzustellen, welches Element über- und welches untergeordnet ist? Während bei L. Tesnière[105] die Abhängigkeit in die Sphäre des Semantischen hineinrutscht, wird sie von I.O. Moskalskaja[106] im grammatischen Rahmen gehalten und rein formal verstanden. U. Engel[107] hält die Abhängigkeit für eine vom Linguisten willkürlich eingeführte grammatische Kategorie (in der Sprache gäbe es nichts beobachtbar Primäres und Sekundäres: dem Linguisten bleibe die Ausrichtung der Abhängigkeit überlassen).

Uns scheint, daß die Ausrichtung der Dependenz nur insofern willkürlich ist, als dem Linguisten die Entscheidung über die Art des Verfahrens überlassen bleibt. Im Rahmen eines bestimmten methodischen Vorgehens gelangt man jedoch zu bestimmten von Linguisten nicht mehr abhängigen Resultaten. So führt beispielsweise ein auf H. Glinz basierendes empirisches Verfahren zur Einsicht, daß das finite Verb im Satz die regierende Rolle spielt (Verschiebeprobe). Dasselbe Verfahren führt uns zur Annahme, daß im Satz: Viele Gäste kommen zu mir zwischen den ersten zwei Lexemen (Wörtern) ein Unterordnungsverhältnis herrscht: Gäste ist ein übergeordnetes Glied (Regens), viele ist ein untergeordnetes Glied (Dependens). Das wird anhand einer Weglaßprobe sichtbar: wird das Wort viele weggelassen, bleibt der Satz bei unveränderter Semantik der übrigen Glieder grammatisch (Gäste kommen zu mir); eliminieren wir dagegen das Wort Gäste, dann kann der Satz zwar

---

105) L.Tesnière, Eléments de syntaxe strukturale, Paris 1959.

106) I.O.Moskalskaja, Grammatik der deutschen Gegenwartssprache, Moskau 1971, S.318 ff. Zwar verwendet I.O.Moskalskaja den Begriff der Dependenz nicht explizit, aber ihre Ausführungen zur Über- und Unterordnung in Wortfügungen lassen sich als ein Beitrag zu dieser Problematik auffassen.

107) U.Engel, Die deutschen Satzbaupläne, WW 1970, 6, S. 365 ff.

grammatisch richtig bleiben (Viele sind gekommen), aber die ursprüngliche Semantik von viele (im Sinne der kategorialen Grundbedeutung) wird nicht beibehalten (viele hat im zweiten Falle eine "gegenständliche" Bedeutung, die der ersten Bedeutung nicht genau entspricht). So wäre die Weglaßprobe eine wichtige (wenn auch nicht die einzige) Methode der Bestimmung der Abhängigkeitsverhältnisse.

Zur Ermittlung der Wortklassen kann die Untersuchung der Dependenz etwa in solchen Fällen zu Hilfe gezogen werden: in den Syntagmen: sehr junge Mädchen und vier junge Mädchen haben sehr und vier die gleiche Position in der Oberflächenstruktur, aber trotzdem gehören sie verschiedenen Wortklassen an, weil die Abhängigkeitsstammbäume verschieden sind:

```
     Mädchen              Mädchen
       \                    \
       junge                /junge
       |
       sehr                 vier
```

Das Wort vier läßt sich der Wortklasse Adjektiv zuordnen, während das Wort sehr als eine Partikel zu betrachten ist.

Mit analogen Fällen haben wir es auch im Polnischen zu tun:

```
     Dziewczyny           Dziewczyny
       \                    \
       młode                /młode
       |
       bardzo               cztery
```

Charakteristisch für unser Verfahren ist die Tatsache, daß die Wortartbestimmung immer anhand bestimmter Syntagmen - und nie in Isolierung - vorgenommen wird. Unter dem Syntagma verstehen wir eine syntaktische Zusammenfügung von mehreren Wörtern, also eine Wortgruppe (z.B. der grüne Baum) bzw. einen Satz (z.B. Der grüne Baum steht hier.) oder auch mehrere zusammenhängende Sätze (z.B.: Der grüne Baum steht hier. Der schwarze dagegen steht dort.).
Manchmal genügt es nicht, die Untersuchungen lediglich auf eine Wortgruppe oder einen Satz zu beschränken; in gewissen Fällen muß der weitere Kontext berücksichtigt werden, z.B. Nimmst du alle Bücher mit? Ja ich nehme alle mit. Aus dem Redezusammenhang ist zu erschließen, daß sich alle im zweiten Satz auf Bücher bezieht. Es liegt eine elliptische Konstruktion vor, die ohne weiteres vervollständigt werden kann:

Nimmst du alle Bücher mit? Ja, ich nehme alle Bücher mit. Jetzt wird klar, daß alle der Position und der Distribution nach ein Artikelwort ist.

An sich müßte einer auf dem syntaktischen Prinzip aufbauenden Wortartklassifizierung eine gründliche Auseinandersetzung mit der Problematik der Satzglieder im Deutschen und Polnischen vorangehen. Da dies im Rahmen einer Arbeit kaum zu schaffen ist, verwenden wir in entsprechenden Fällen die herkömmlichen Bezeichnungen für Satzglieder bzw. Gliedteile. Manchmal gilt eine Bezeichnung für ein Satzglied, das sich sowohl aus dem traditionellen Herangehen wie auch aus unserem Verfahren ergibt, ein anderes Mal wird in der Arbeit vermerkt, um welche Auffassung es sich gegebenenfalls handelt.

Des weiteren wird versucht, die hier vorgeschlagene Variante des syntaktischen Kriteriums auf die Zahlwörter im Deutschen und Polnischen anzuwenden.

1.2.1. Zur Rolle der Bedeutung

Bei der Ermittlung der Wortartzugehörigkeit ist für uns das syntaktische Kriterium der Wortarteinteilung ausschlaggebend. Das bedeutet allerdings noch nicht, daß die Semantik dabei keine Rolle spielt. Unseres Erachtens weisen syntaktische und semantische Funktionen eine weitgehende Parallelität auf, d.h. eine bestimmte syntaktische Funktion wird einem Wort aufgrund seiner Bedeutung (im Sinne der kategorialen Grundbedeutung) zuteil. Ändert sich die kategoriale Grundbedeutung des Wortes, dann ändert sich meistens auch seine syntaktische Rolle. Um das zu verdeutlichen, ziehen wir zwei Satzbeispiele heran:

1) Morgen ist der Zwanzigste.

2) Der zwanzigste Versuch ist mißlungen.

Den zwei verschiedenen syntaktischen Funktionen, die aufgrund entsprechender Proben zu ermitteln sind (im ersten Satz ist Zwanzigste - Subjekt, im zweiten zwanzigste - Attribut), entsprechen zwei verschiedene semantische Funktionen: bei 1) haben wir es mit einer "substanziellen" Auffassung der Zahl 20 zu tun, bei 2) wird diese Zahl eher als eine "Eigenschaft" aufgefaßt. Wenn wir also von der Parallelität der syntaktischen und der semantischen Funktionen sprechen, so verstehen wir unter der semantischen Funktion die kategoriale Grundbedeutung und nicht die lexikalische Bedeutung. Das ist bei Ersatzproben wichtig: für die untersuchten Elemente werden Wörter eingesetzt, die verschiedene lexikalische Bedeutung haben; es geht nur darum, bei der Ersatzprobe den strukturellen Wert des Syntagmas nicht zu ändern (was wiederum aufgrund einzelner Proben feststellbar ist). Trotzdem wird hier versucht, bei den einzelnen Substitutionsproben Wörter bzw. Wortgruppen ähnlicher lexikalischer Bedeutung einzusetzen, um die Glaubwürdigkeit der Untersuchungen größer zu machen. Dazu vgl. z.B. Belege auf der Seite 59: Die beiden ersteren schafften den Sprung auf Anhieb. (Spitzenreiter); Beim Wettschwimmen wurde er dritter (Medaillengewinner). Es kommt vor, daß für Wörter in bestimmten Kontexten syntaktische Funktionen nicht eindeutig zu ermitteln sind. Dann muß auf die semantische Funktion zurückgegriffen werden: man sucht semantisch äquivalente Wörter in anderen Kontexten, wo die syntaktischen Funktionen dieser Wörter klar zum Vorschein kommen. Dem untersuchten Wort aus dem ersten Kontext werden die syntaktischen Merkmale der äquivalenten Gegenstücke zugeschrieben, und demzufolge wird es einer entsprechenden Wortart zugeordnet. Das sei kurz an Kardinalzahlen erläutert. Bei Bezeichnungen für reine Zahlen (Glieder der abstrakten Zahlenreihe) sind bei bloßem Zählen (eins, zwei, drei, vier, fünf usw.) keine syntaktischen Eigenschaften feststellbar. Trotzdem werden sie von uns den Pronomina zugerechnet, und zwar aufgrund einer Analogie zu den Zahlwörtern in solchen Syntagmen wie: Drei und zwei ist fünf oder: Er kann nicht bis vier zählen. In den beiden letzten Beispielen sind die Kardinalzahlen den Pronomina zuzuordnen (vgl. Begründung dazu S. 65ff) und da sie semantisch (lexikalische Bedeutung und kategoriale Grundbedeutung) mit den Zahlwörtern als Benennungen für reine Zahlen (eins, zwei, drei usw.) identisch sind, werden analogerweise auch die letzten der Klasse der Pronomen zugerechnet.

Mehrmals wird in der vorliegenden Arbeit auf semantische Restriktionen hingewiesen. So kann z.B. dem Zahlwort vier (im Syntagma vier Studenten) das Wort sehr nicht voranstehen (im Unterschied zu anderen Adjektiven, z.B. sehr junge

Studenten). Das resultiert aus der spezifischen Semantik des Zahlworts: die Zahlen können im Unterschied von den Eigenschaften nicht näher bestimmt oder graduiert werden. Eine ähnliche Situation beobachten wir ebenfalls im folgenden Beispiel: Du hast mehr Bücher als ich. Das Wort mehr wird den Adjektiven zugerechnet, obgleich ihm wegen semantischer Restriktionen keine Artikelwörter voranstehen (ˣdiese mehr Bücher). Wird aber die Komparativform in die Positivform verwandelt, dann sind die Artikelwörter vor dem untersuchten Wort zulässig (diese vielen Bücher).

Eine große Rolle kommt der Semantik bei Transformationen zu. Eine Umformung ist dann richtig, wenn die Semantik des bestimmten Syntagmas unverändert bleibt.
Dazu ein paar Beispiele: Zur Bestimmung der syntaktischen Funktion des Zahlwortes jedna im Satz: Gruszka jest tylko jedna wird die Umformung des Satzes in: Jest tylko jedna gruszka vorgenommen. Es läßt sich ohne weiteres feststellen, daß die beiden Sätze semantisch äquivalent sind. Demzufolge betrachten wir jedna als ein Attribut zu gruszka (obgleich es die Stellung eines Prädikativums einnimmt). Eine andere Situation läge in folgenden Syntagmen vor: 1) Jest zielone drzewo und 2) Drzewo jest zielone. Die beiden Sätze sind nicht voneinander ableitbar, da sie keine inhaltlichen Äquivalente darstellen: im 1. Satz ist das V o r h a n d e n s e i n (das Wort jest) eines grünen Baumes hervorgehoben, im zweiten Satz ist die Bedeutung von jest verblaßt; im Vordergrund steht die Eigenschaft (das G r ü n s e i n des Baumes). In einem solchen Falle kann man die syntaktische Funktion der untersuchten Wörter aus einem Satz auf die Wörter des zweiten Satzes nicht übertragen, es liegen unterschiedliche syntaktische Funktionen vor. So ist das Wort im Satz (1) als Vollverb ein selbständiges Prädikat, im Satz (2) dagegen - die Kopula im Sinne der traditionellen Grammatik.

Nicht zuletzt sind wir gezwungen, über die streng formalen Methoden hinauszugehen bei solchen Syntagmen wie:

1) Sie ist schon neuneinhalb.
2) Jest kwadrans po dziesiątej.
3) Die meisten glauben, die wenigsten wissen.

Ausschlaggebend für die Bestimmung der Wortartzugehörigkeit der untersuchten Wörter ist die Entscheidung, ob wir es hier mit elliptischen Konstruktionen zu tun haben. So muß z.B. entschieden werden, ob neuneinhalb im Satz (1) einer Ergänzung bedarf (Jahre) oder ob es "substanziell" aufgefaßt werden soll. Dazu stehen uns allerdings keine eindeutigen Kriterien zur Verfügung; entscheidend ist hierbei die sprachliche Kompetenz des Forschers bzw. des Informanten. Die Frage, ob eine Ellipse vorliegt oder nicht, muß demnach in solchen Fällen nicht auf der formalen, sondern vielmehr auf der semantischen Ebene entschieden werden. In den genannten Syntagmen liegen unserer Meinung nach elliptische Konstruktionen in den Sätzen (1) und (2) vor (es sind demnach adjektivische Attribute), der Satz (3) ist keine Ellipse mehr (die Wörter meisten und wenigsten sind also Substantive). Die Ellipse betracten wir als eine Ersparung von bestimmten Wörtern, die im gegebenen Falle entbehrlich sind, d.h. aufgrund des sprachlichen Kontextes bzw. der kommunikativen Situation sich leicht ergänzen lassen. Die infolge der Ersparung gebliebenen Glieder ändern ihre Bedeutung nicht.

Es ist aus dem Obigen zu ersehen, daß ein rein formales Verfahren bei der Wortartzuordnung zwar angestrebt, aber nicht völlig erreicht wurde. Obwohl wir uns in dieser Arbeit bemühen, die Wortarten anhand formaler Strukturen mit Hilfe nachvollziehbarer Operationen zu ermitteln, so ist doch die Bedeutung nicht völlig zu umgehen. Dieser Sachverhalt resultiert aus dem Charakter der Sprache, denn erstens ist die Bedeutung ein fester Bestandteil der sprachlichen Zeichen und zweitens gibt es in der Sprache Grenzfälle, wo eindeutige formale Kriterien zur Abgrenzung zweier sprachlicher Erscheinungen bzw. zweier Klassen nicht ausreichen. Das oben Gesagte bedeutet nicht, daß neben dem syntaktischen Kriterium bei Wortarteinteilung auch das semantische Kriterium angewendet wird. Die Semantik wird nur in sehr beschränktem Maße zu Hilfe gezogen, in den seltenen Fällen, wo das formale Vorgehen allein nicht ausreicht. Sonst stützen wir uns auf formale Methoden und glauben, auf diese Weise relativ konsequente und eindeutige Ergebnisse zu gewinnen.

1.2.2. Das Wort

Will man die Wörter einer Sprache klassifizieren, so muß man sich darüber im klaren sein, was ein Wort ist (vgl. S.23) und wie es von Nicht - Wörtern abgegrenzt werden kann. Bei der Abgrenzung eines Wortes (vor allem eines Kompositums) von einer Wortgruppe stützen wir uns hauptsächlich auf die Arbeiten von J. Czochralski[108], W. Fleischer[109], und N. Morciniec[110] und wenden in erster Linie drei Kriterien an:

1) Ein Wort kann (im Unterschied zu einer Wortgruppe) durch keine anderen Elemente (Wörter oder Morpheme) getrennt werden.
2) Im Wort ist die Reihenfolge der Glieder bedeutungsrelevant, in der Wortgruppe nicht immer.
3) Morphologische Unterschiede: In einem Wort werden die einzelnen Komponenten (außer der letzten) nicht flektiert; morphologische Kennzeichen treten dagegen in einzelnen Gliedern einer Wortgruppe auf.

Weist die untersuchte deutsche Konstruktion wenigstens eines der Merkmale auf, die der Wortgruppe zukommen, so haben wir es nicht mit einem Wort, sondern mit einer Wortgruppe zu tun. Für Einzelwörter halten wir demnach trotz der getrennten Schreibweise z.B. ein paar oder ein halb, da sie sowohl die feste Reihenfolge der Glieder und keine Beugbarkeit aufweisen, als auch durch andere Elemente nicht zu trennen sind. Als zwei Wörter betrachten wir dagegen die und paar in z.B. die paar Worte. Die ist hier syntaktisch nicht gleichzustellen mit ein in ein paar Worte. Während ein paar eine feste Einheit

---

108) J.A.Czochralski, Wyraz a grupa syntaktyczna, ZN Uniwersytetu im. A. Mickiewicza w Poznaniu, Filologia nr 6, 1964, S. 49 ff.

109) W.Fleischer, Wortbildung der deutschen Gegenwartssprache, 3.überarb. Aufl., Leipzig 1974, S. 30 ff.

110) N.Morciniec, Wort, Zusammensetzung und Wortgruppe. Ein Beitrag zur Strukturerkenntnis der westgermanischen Sprachen, ZN Uniwersytetu Wrocławskiego, Germanica Vratislaviensia IV, Seria A, Nr 24, Warszawa - Wrocław 1960, S. 115-145.

bildet, in der ein seine ursprüngliche syntaktische und semantische Funktion (die eines unbestimmten Artikels) eingebüßt hat, behält die auch in Verbindung mit paar die Funktion eines bestimmten Artikels oder - abhängig von der Situation - eines Demonstrativpronomens. Wortgruppen sind u.E. auch je drei und zu dreien, weil die einzelnen Komponenten durch andere Elemente getrennt werden können: je zwei oder drei, zu zweien oder dreien.

Geneigt sind wir ebenfalls, die Distributivzahlen wie zu dritt oder zu viert als Wortgruppen anzusehen. Zwar sind dritt und viert in anderen Kontexten nicht anzutreffen, aber die Präposition zu tritt auch in vielen anderen Syntagmen in derselben Bedeutung auf. Dies ist für uns ein Grund, hier nicht ein Einzelwort, sondern zwei Wörter zu sehen (zu und dritt). Dabei wäre dritt (zweit) als ein unikales Wort zu bezeichnen, das mit einem einzigen Wort verbindbar ist. Analogerweise wird hier der polnische Ausdruck w czwórnasób als eine Wortgruppe angesehen[111]. Morphologische Kennzeichen (Flexion) entscheiden über den Status selbständiger Wörter im Deutschen bei z.B. einige wenige (denn: einiger wenigen, einigen wenigen usw.).

Besonders schwierig ist die Wortproblematik in bezug auf polnische Zahlwörter. Sind etwa die Kardinalia siedemdziesiąt sześć Wortgruppen oder Einzelwörter? Die meisten polnischen Grammatiken betrachten solche Konstruktionen wegen der einheitlichen Bedeutung als einzelne Wörter (die sog. "zestawienia"). Dem können wir auf keinen Fall zustimmen. Bei der Entscheidung, was ein Wort ist, kann die Bedeutung allein nicht ausschlaggebend sein. So stellt u.E. ein Zahlwort wie siedemdziesiąt sześć eine Wortverbindung von zwei Wörtern:

---

111) Ähnlich auch H.Misz, der solche Ausdrücke wie: w czwórnasób oder dąsać się für Wortgruppen hält, obwohl czwórnasób und dąsać selbständig nicht auftreten. (Vgl. H.Misz, Rozczłonkowanie polskiego tekstu pisanego na wyrazy ze stanowiska analizy składniowej, ZN UMK, 12, Filologia Polska V, Nauki Humanistyczno-Społeczne, Toruń 1965, S. 50).

siedemdziesiąt und sześć dar[112]. Erstens ist hier eine Einschiebung der kopulativen Konjunktion i möglich - obgleich das etwas selten klingt -: siedemdziesiąt i sześć[113], zweitens ist hier eine Transformation in die Tiefenstruktur ohne Sinnänderung möglich: siedemdziesiąt sześć domów. ⟶ siedemdziesiąt domów, sześć domów. In der Tiefenstruktur sieht man die Gleichwertigkeit der beiden Elemente: siedemdziesiąt und sześć (die beiden sind in gleicher Weise dem Substantiv domów untergeordnet), die zwei verschiedene Wörter darstellen. Zusammengesetzte Kardinalia im Deutschen wie einundzwanzig, zweihundertvierunddreißig usw. werden hier dagegen als Einzelwörter betrachtet. Sie lassen sich durch keine anderen Wörter trennen; das und ist kein eingeschobenes Element, sondern ein fester Bestandteil des zusammengesetzten Wortes - im Unterschied vom polnischen i, das nur unter Umständen eingeschoben werden kann. Es fehlt auch bei deutschen Kardinalia die Abwandelbarkeit der einzelnen Komponenten, so daß wir solche Wörter wie zweiunddreißig oder eintausendfünfzig, obwohl sie mehrere Hauptakzente haben, nicht den Wortgruppen, sondern den Einzelwörtern zurechnen. Kein Argument dagegen ist u.E. die Tatsache, daß bei bestimmten Zahlwörtern, die ohne und auftreten können, fakultativ dieses Element eingeschoben oder vorangestellt werden kann, vgl. (ein)hundert(und)eins[114]. Unseres Erachtens stellen die Ausdrücke einhundertundeins und hunderteins zwei bedeutungsgleiche Varianten desselben Wortes dar. Die in der ersten Konstruktion auftretenden und und eins sind nicht gelegentlich einschiebbare Elemente (wie i im polnischen Ausdruck sto i jeden). Sowohl das und als auch ein werden nicht als Fremdkörper empfunden, die von der Bedeutung her etwas Neues mit hineinbringen. Auch die zweigliedrigen

---

112) Dieser Meinung ist ebenfalls H.Misz (vgl. H.Misz, Rozczłonkowanie ...., S. 50).

113) vgl. den Beleg: Miał lat pięćdziesiąt i kilka, ale nie wyglądał więcej jak na czterdzieści. J.I.Kraszewski, nach: SJP, Bd.III, Warszawa 1961, S. 309.

114) J.A.Czochralski hält Ausdrücke wie einhundertundeins u.a. wegen des einschiebbaren und für Wortgruppen (vgl. J.A. Czochralski, Wyraz..., S.50).

Ordinalzahlen wie siedemdziesiąty szósty werden hier den Wortgruppen zugerechnet. Zwar ist hier eine Transformation wie bei den Kardinalzahlen nicht möglich: ⟶ ˣsiedemdziesiąty dzień, szósty dzień - hier ist die Bedeutung der beiden Kernsätze mit der Bedeutung des Ausgangssatzes nicht gleichzusetzen; auch die Einschiebung einer Konjunktion läßt sich schwer vornehmen: siedemdziesiąty i szósty dzień (?). Da aber die einzelnen Komponenten nach allen Kasus deklinierbar sind (siedemdziesięciu sześciu, siedemdziesiątego szóstego usw.), betrachten wir sie als selbständige Wörter. Auf diese Weise sind allerdings nur die Ordinalzahlen zu betrachten, die den Kardinalzahlen von 21 bis 99 entsprechen. Die mehr als zweigliedrigen Ordinalzahlen weisen die Deklinationskennzeichen nur bei zwei letzten Komponenten auf, z.B. tysiąc dziewięćset siedemdziesiąty czwarty. Da aber alle Ordinalzahlen von Kardinalzahlen abgeleitet sind, so betrachten wir sie dieser Parallelität wegen ebenfalls als Wortgruppen und nicht als einzelne Wörter. Bei tysiąc ist übrigens in solchen mehrgliedrigen Zahlwörtern doch eine gewisse Flektierbarkeit bemerkbar: nach dem Voranstellen einer einfachen Kardinalzahl erhält es die Pluralendung -e (dwa tysiące dziewięćset siedemdziesiąty czwarty).

Es mag verwundern, daß bei der Bestimmung, was ein Wort und was eine Wortgruppe ist, auch morphologische Merkmale für uns eine bestimmte Rolle spielen. Es gibt doch Zahlwörter wie dwadzieścia, dwanaście, die eine gewisse Flektierbarkeit der ersten Komponente aufweisen (dwudziestu, dwunastu), und trotzdem von allen als Einzelwörter betrachtet werden. U.E. kann hier nicht von einer regelmäßigen Abwandelbarkeit der ersten Komponente (dwa) gesprochen werden: bei dwa (in dwadzieścia) ist nur eine Formveränderung feststellbar: dwa ⟶ dwu; wir haben es allerdings nicht mit einer Abwandlung in einzelnen Kasus mit den für diese Kasus charakteristischen Endungen zu tun. Daß dwadzieścia keine Wortgruppe ist, beweist offensichtlich ebenfalls die Tatsache, daß dzieścia isoliert nicht vorkommen kann.

Bei deutschen Konstruktionen vom Typ eine viertel Million fällt dagegen die Entscheidung schwer: sind viertel und Million zwei verschiedene Wörter oder sollen sie bereits als ein Wort angesehen werden? (vgl. eine Viertelmillion). Nach den drei von uns genannten Kriterien wäre hier ein einziges Wort zu sehen; andererseits aber fällt ein Unterschied in der Schreibweise (Getrennt- und Zusammenschreibung) und Akzentuierung (eine viertel Million - eine Viertelmillion) auf. Die beiden Kriterien halten wir zwar für wenig zuverlässig (vgl. z.B. ein Wort mit zwei Hauptakzenten: blútwénig); in diesem Falle wollen wir aber flexibel vorgehen und den augenfälligen Kontrast in der schriftlichen Gestalt und im Akzent doch nicht ganz außer acht lassen. Demnach halten wir es für richtig, viertel und Million als zwei Wörter anzusehen.

2. Die Stellung der Zahlwörter im Rahmen der Wortarten im Deutschen

2.1. Allgemeine Bemerkungen

Für das Zahlwort im Deutschen lassen sich in Hinsicht auf seine Wortartzugehörigkeit zweierlei Auffassungen unterscheiden:

1. das Zahlwort wird als eine selbständige Wortart aufgefaßt. Das ist hauptsächlich in älteren Grammatiken der Fall, so beispielsweise: Ch.Adelung[115], H.Paul[116], F.Bauer[117], H.Ch. Heyse[118], aber auch manche zeitgenössische Sprachwissenschaftler teilen diese Meinung (H.Renicke[119], W.Admoni[120],

---

115) nach: H.Jellinek, Geschichte der neuhochdeutschen Grammatik, von den Anfängen bis auf Adelung, 2.Halbband, Heidelberg 1914, S. 263 f.

116) H.Paul, Deutsche Grammatik, Bd.2, Teil III. Flexionslehre, 5.Aufl., Halle/Saale 1958, S. 184 ff.

117) F.Bauer, Vollständige Grammatik der neuhochdeutschen Sprache, Bd.I., Berlin 1827, Nachdruck 1967 Berlin, S.106 ff.

118) J.Ch.A.Heyse, Theoretisch-praktische deutsche Grammatik oder Lehrbuch der deutschen Sprache, nebst einer kurzen Geschichte derselben, I.Bd., Hannover 1838, S.623 ff.

119) H.Renicke, Grundlegung der neuhochdeutschen Grammatik, Berlin 1966, 2.Aufl., S.173 f.

120) W.Admoni, Der deutsche Sprachbau, Leningrad 1960, S.137 f.

O.I.Moskalskaja[121]).

2. Eine weit größere Gruppe bilden diejenigen, die den Zahlwörtern den Status einer Wortart verweigern. Diesen Standpunkt vertreten u.a. W.Flämig[122], P.Grebe[123], H.Glinz[124], J.Erben[125], W.Schmidt[126], H.Brinkmann[127], G.Helbig[128].

Wollen wir uns im folgenden kurz die repräsentativen Auffassungen der beiden Richtungen genauer anschauen und Gemeinsamkeiten sowie Unterschiede zwischen einzelnen Konzeptionen herausgreifen.

2.2. Das Zahlwort als eine selbständige Wortart

J.Ch.A.Heyse, der die Wortarten nach dem semantischen Kriterium zu klassifizieren versucht (seine "Vorstellung" ist etwa mit der "kategorialen Grundbedeutung" von J.Erben gleichzusetzen), äußert sich zu den Zahlwörtern folgendermaßen: "Die Zahlwörter (Numeralia) sind adjektivische Formwörter, welche den Substantiven beigefügt werden, um die Anzahl oder Menge der Gegenstände, oder auch die Ausdehnung einer sich in Individuen unterscheidenden stetigen Größe zu bestimmen. Sie können auch quantitative Adjektive genannt werden".[129]

---

121) O.I.Moskalskaja, Grammatik der deutschen Gegenwartssprache, 2.Aufl., Moskau 1975, S. 216 ff.

122) W.Flämig, Probleme und Tendenzen der Schulgrammatik, in: Deutschunterricht 1966, Nr.6, S. 335 ff.

123) Der Große Duden, Grammatik der deutschen Gegenwartssprache, Bd.4 (bearb. P.Grebe), Mannheim 1966, S. 288 ff.

124) H.Glinz, Die innere Form des Deutschen, Bern und München 1973, 6.Aufl., S.457 f, auch: H.Glinz, Der deutsche Satz. Wortarten und Satzglieder wissenschaftlich gefaßt und dichterisch gedeutet, Düsseldorf 1957, S. 28 ff.

125) J.Erben, Abriss der deutschen Grammatik, Berlin 1963, 6 Aufl., S. 122 ff.

126) W.Schmidt, Grundfragen der deutschen Grammatik, Berlin 1973, 4.Aufl., S.74.

127) H.Brinkmann, Die deutsche Sprache, 2.Auf., Düsseldorf 1962, S. 87 ff.

128) u.a.G.Helbig, Probleme der deutschen Grammatik für Ausländer, 2. Aufl., Leipzig 1972, S. 55.

129) J.Ch.A. Heyse, a.a.O., S. 623.

Zu den eigentlichen Numeralien werden demnach nur adjektivisch verwendete Zahlwörter gerechnet (zwei, zweite, viele usw.); die anderen quantitätsmäßigen Bezeichnungen gehören nach Heyse einer der drei Wortarten an: Substantiv (Dutzend, Mandel usw.), Adverb (erstens, zweimal, zweifach usw.) oder Pronomen (substantivisch gebrauchte Zahlwörter, z.B. Ich weiß nichts.).

Es ist bestimmt ein vernünftiger Standpunkt, das eigentliche Zahlwort nur auf adjektivische Zahlwörter zu beschränken (Kardinalia, Ordinalia und attributiv verwendete unbestimmte Zahlwörter) und die übrigen lediglich als Nebenarten der Zahlwörter zu betrachten, die den anderen Wortarten angehören.

Nicht zu verkennen ist, daß bereits hier (die Grammatik erschien Anfang des 19. Jahrhunderts) der syntaktische Gesichtspunkt implizit vorhanden ist: so wäre nach Heyse alles in einem Satz wie: Alles Gute wünsche ich dir ein Numerale, aber im Satz: Ich weiß alles - ein Pronomen. Ähnlich bei der Abgrenzung von Zahlwort und Adverb: der zweifache Sieg (Zahlwort), Er siegte zweimal (Adverb). Eine andere Sache ist, daß diese Abgrenzung nicht deutlich in Erscheinung tritt und manche Wörter sowohl unter Zahlwörtern als auch unter anderen Wortarten behandelt werden. Diese Inkonsequenz bleibt übrigens in manchen neueren Grammatiken erhalten. W. Jude nennt zwar beispielsweise die Vervielfältigungszahlen und die Einteilungszahlen Zahladverbien; bespricht sie aber nur im Kapitel "Das Numerale (Das Zahlwort)"; lediglich die Wiederholungszahlen werden konsequent auch im Kapitel über das Adverb erwähnt. So fällt es dem Lesenden wegen dieser Unklarheiten schwer, der vom Verfasser beabsichtigten Wortartzuweisung für die einzelnen Gruppen der Zahlwörter zu folgen. Die Grammatik von Jude weist übrigens viele Gemeinsamkeiten in der Auffassung des Zahlworts mit der von Heyse auf, so z.B. die Abgrenzung zwischen unbestimmten Zahlwörtern und Zahlpronomina, wobei die dazu gehörenden Wörter, ähnlich wie bei Heyse, sehr weit verstanden werden (nicht nur solche Wörter wie viele, mehrere, alle, sondern auch z.B. jeder, nichts, etwas, manche, genug, andere, kein, ganz werden hierzu gerechnet). Ein neuer bemerkenswerter Gesichtspunkt tritt aber bei Jude hervor: Es wird gezeigt, daß die unbestimmten Zahlwörter den einzelnen Gruppen der bestimmten Zahlwörter parallel sind. So entsprechen den Kardinalzahlen die unbestimmten Zahlwörter einige, manche usw., den Wiederholungszahlen - einigemal, manchmal usw., den Vervielfältigungszahlen - mannigfach, vielfältig usw., den Gattungszahlen - allerlei, keinerlei u.a.[130]. Unklar wirken auch die Ausführungen von F. Blatz, der zu den Numeralien im engen Sinne nur einige Gruppen der Zahlwörter zu rechnen scheint (Kardinalia, Ordinalia, Distributiva, Multiplikativa und Gattungszahlwörter); Iterativa (Wiederholungszahlen) werden den Adverbien (z.B. dreimal, manchmal) oder den Adjektiven (dreimalig) zugeordnet, während die Bruchzahlen als Substantiva betrachtet werden.[131]

Als konsequent im Rahmen eines bestimmten theoretischen Standpunktes kann man dagegen die Konzeption von W. Admoni bezeichnen. Trotz offensichtlicher Unterschiede zwischen einzelnen Klassen der Zahlwörter "gehören alle diese Klassen so eng zusammen, daß man sie nur im Zusammenhang richtig verstehen kann. Erstens werden sie durch ihren spezifischen allgemeinen Bedeutungsgehalt (abstrahierte Quantität) zusammengehalten. Zweitens bilden diese Klassen ein frontales und geschlossenes System, in welchem der Übergang von den Grundklassen (den Kardinalien) zu den anderen Klassen ohne Schwierigkeiten, sozusagen automatisch vor sich gehen kann"[132]. Der spezifische Bedeutungsgehalt, viele Besonderheiten der Deklination sowie der bestehende Zusammenhang zwischen einzelnen Gruppen der Zahlwörter, die potentielle Frontalität ("potencjalnaja frontalnost'"), die in potentiellen Derivationsmöglichkeiten besteht (drei-dreifach-dreifältig-der dritte-dreimal-drittel), entscheiden nach W. Admoni über die Zugehörigkeit

130) W.K.Jude, a.a.O., S. 73.

131) F.Blatz, Neuhochdeutsche Grammatik mit Berücksichtigung der historischen Entwicklung der deutschen Sprache, 3. neubearb. Aufl., Bd.1, Karlsruhe 1895, S. 381 ff.

132) W. Admoni, a.a.O., S. 137.

dieser Wörter zu der Wortart "Numerale". Im deutschen Zahlwort werde die sog. "polevaja priroda častej reči" sichtbar, die darauf beruhe, daß jede Wortart neben den für sie typischen Merkmalen auch solche Kennzeichen besitze, die ebenfalls in anderen Wortarten auftreten. Man spricht in diesen Fällen vom Zentrum der Wortart ("jadro") und von der Peripherie ("periferia"). Zum Zentrum der Wortart Numerale gehören nach W. Admoni die Kardinalzahlen, während z.B. die Wiederholungszahlen (zweimal, dreimal usw.) eine periphere Klasse des Zahlworts bilden, die manche Merkmale des Adverbs innehaben.[133] Da den ordnenden Zahlwörtern (Einteilungszahlen) wie erstens, zweitens sowie den sog. unbestimmten Zahlwörtern (viele, einige usw.) die Parallelität mit den übrigen Zahlwörtern fehlt (kaum möglich sind Konstruktionen mit -ens für höhere Zahlen und gar nicht zulässig sind die meisten Derivationen von den unbestimmten Zahlwörtern, z.B. ˣeinigfach (von einige) oder ˣallfach (von alle), so werden sie von Admoni aus der Wortart Numerale ausgeschlossen.

Admonis Einteilung der Wortart "Das Numerale" sieht dementsprechend folgendermaßen aus:

1. Kardinalien (Grundzahlen): eins, zwei, zehn usw.
2. Distributivzahlen (Verteilungszahlen): je einer, je zwei usw.
3. Bruchzahlen: drittel, viertel
4. Ordinalzahlen (Ordnungszahlen): der erste, der achte usw.
5. Multiplikativa (Vervielfältigungszahlen): dreifach, dreifältig usw.
6. Iterativa (Wiederholungszahlen): zweimal, dreimal usw.

Die Kardinalia, Distributiva und Bruchzahlen haben nach Admoni substantivischen Charakter, die Ordinalia dagegen adjektivischen, die Multiplikativa sowie Iterativa adverbialen Charakter.

Einen wesentlichen Beitrag zur Theorie der Zahlwörter legte A.V. Isačenko vor, der seine Überlegungen zwar in erster

---

[133] W. Admoni, Polevaja priroda častej reči (na materiale čislitelnych), in: Voprosy teorii častej reči, Leningrad 1968, S. 98-106.

Linie auf die russischen Zahlwörter bezieht, zugleich aber auch die Numeralia im Deutschen ins Auge faßt. Seine Feststellung: "Das Numerale als Wortklasse hebt sich von allen übrigen Wortklassen einzig und allein durch seine besondere Semantik ab"[134], scheint zwar von den geläufigen Auffassungen über die Numeralien nicht abzuweichen, birgt jedoch neue Einsichten in sich. Denn es folgt weiter: "Um dem Wesen des Zahlwortes näherzukommen, ist es unerläßlich, den Begriff der Quantität und der Zahl zu trennen. Der Zahlbegriff ist dem Quantitätsbegriff untergeordnet. Zahlen sind qualifizierte, eindeutig bestimmte Quantitätsbegriffe. Dabei beziehen sie sich nicht auf ein dem Gegenstand "immanentes" Merkmal, sondern verbinden diesen Gegenstand mit anderen, ihm analogen Gegenständen zu einer zahlenmäßig ausgedrückten Vielheit"[135]. Dieser Unterscheidung zwischen der Quantität und der Zahl folgend, rechnet A.V. Isačenko zum Zahlwort "nicht alle Wörter, die eine Mengenangabe enthalten, sondern nur solche, die diese Mengenangabe auch zahlenmäßig ausdrücken"[136]. Dementsprechend werden von ihm die unbestimmten Zahlwörter (alle, etliche, etwas u.a.) aus der Wortart Numerale ausgeschlossen, da sie nicht das Zahlenmäßige ausdrücken. Ebenfalls werden die sog. substantivierten Zahlwörter (z.B. die Acht), die Mengensubstantive (ein Paar, ein Dutzend usw.), manche Bruchzahlwörter (z.B. die Hälfte, das Viertel) dem Numerale nicht zugeordnet. Isačenko betrachtet sie als Substantive, da sie "den Begriff der Zahl nicht rein, sondern in Verbindung mit dem Begriff einer Substanz wiedergeben"[137].

Nach diesem knappen Überblick über diejenigen Auffassungen, die die Zahlwörter als eine selbständige Wortart darstellen, ist es einleuchtend, daß eine solche Konzeption nur dann möglich ist, wenn man der spezifischen Semantik der Zahlwörter den Vorzug gibt. In bezug auf morphologische Kennzeichen sowie

---

134) A.V. Isačenko, Die russische Sprache der Gegenwart, München 1968, S. 523.

135) A.V. Isačenko, S. 523.

136) A.V. Isačenko, S. 523.

137) A.V. Isačenko, S. 523.

auf syntaktische Funktionen weisen einzelne Klassen der Zahlwörter grundsätzliche Unterschiede auf, so daß diese Merkmale zur Unterstützung einer solchen Auffassung kaum dienen können. Die Schwächen des semantischen Kriteriums liegen auf der Hand: was soll unter der "spezifischen Semantik" der Zahlwörter verstanden werden? Die Quantität in weitem Sinne oder nur das Zahlenmäßige (wie bei Isačenko)? Entscheidet man sich für das erste, so fällt es schwer, eine Grenze zwischen der Quantität und der Nichtquantität zu finden. Wenn man zu den Zahlwörtern die Wörter einige, alle rechnet, so müßten auch folgerichtig: manche, jeder, etwas, genug miteinbezogen werden (diesen Weg gehen J.Ch.A. Heyse und W.K. Jude), folglich auch solche Wörter wie: nichts, niemand, jemand usw. Ob diese Wörter wirklich als Quantitätswörter gelten können, ist sehr zweifelhaft. Nimmt man lediglich das Zahlenmäßige als Grundlage für die Aussonderung der Wortart "Numerale", so ist die Grenze zwischen dem Zahlenmäßigen und dem Nichtzahlenmäßigen ebenfalls nicht klar. Steht bei dreimal, viertel, der dritte der Begriff der Zahl im Vordergrund oder tritt er hier vor anderen semantischen Begriffen zurück (Umstand, Substanz, Eigenschaft)? Ist bei die Eins, die Acht usw. die Semantik der Zahl oder der Substanz ausschlaggebend? Vieles spricht dafür, daß hier der Begriff der Zahl substantivisch aufgefaßt wird; von der Semantik her wäre es daher auch kein Zahlwort. Sonst wären z.B. das Grün oder die Härte als Adjektive zu behandeln. Nur das ontologische Kriterium kann eine derartige Auffassung rechtfertigen. Und dieses Kriterium haben wir für wenig maßgebend erklärt. Wenig semantische Gründe für die Zuweisung zu den Zahlwörtern findet man ebenfalls bei erstens, zweitens usw., die mit zuerst, später inhaltlich korrespondieren und demzufolge den Adverbien nahe liegen. Bedenklich finden wir auch, daß beispielsweise je zwei für ein Zahlwort (Distributivzahl) gehalten wird. Offensichtlich haben wir es ja hier mit zwei verschiedenen Wörtern zu tun (sie können z.B. durch andere Wörter getrennt werden: "je drei oder zwei") und als solche sollen sie zwei Wortarten zugeordnet werden. Diese und ähnliche Widersprüche stellen die Existenz der selbständigen Wortart "Numerale" in Frage.

So umfaßt das herkömmliche Zahlwort als Wortart folgende Wörter (wobei davon abgesehen wird, daß die meisten Linguisten das Numerale nicht so weit auffassen):

1. Wörter, die den Begriff der Quantität "substanziell" auffassen: (die) Zwei, (die)Million, Vieles usw. "Substanzielle"Bedeutung haben auch reine Zahlen, die in mathematischen Formeln auftreten, z.B. zwei plus drei ist fünf;
2. Wörter, bei denen die Quantität als Eigenschaft aufgefaßt wird (z.B. die zweite Stunde, auf zweierlei Weise);
3. Wörter, bei denen die Quantität "umstandsgemäß" dargestellt wird (zweitens, zweifach);
4. Zusammensetzungen mit einem Quantitätswort als erstem Glied (zweimal, einigemal);
5. Verbindungen aus zwei Wörtern, von denen wenigstens eines die Quantität bezeichnet (je zwei, zu zweit, eine viertel Stunde).

Von den Gruppen 4 und 5 abgesehen, handelt es sich beim traditionellen Zahlwort um Wörter, die die Quantität in weitem Sinne bezeichnen (das Zahlenmäßige und die unbestimmte Mengenangabe). Diese Quantität wird in der Sprache auf verschiedene Weise dargestellt.

2.3. Die Zahlwörter im Deutschen als keine selbständige Wortart

W. Schmidt schreibt über die Zahlwörter: "Die traditionelle Wortart Numerale verdankt ihre Existenz nur der Anwendung des Einteilungsmerkmals Sachbedeutung. Die Wörter, die hier in einer Klasse zusammengewürfelt erscheinen, haben zwar gemeinsam, daß sie Zahlenbegriffe als Sachbedeutungen tragen, aber ihre begrifflich-kategoriale Prägung, ihre syntaktische Verwendung, ihre Form und Verknüpfbarkeit weisen sie ganz verschiedenen Wortarten zu. Die traditionelle Wortart Numerale muß also aufgegeben werden"[138]. Nach ihrer "begrifflich-kategorialen Prägung" und ihrer syntaktischen Verwendung werden von W. Schmidt Wörter, die Zahlenwerte ausdrücken, den folgenden Wortarten zugeordnet: 1) Substantiv, 2) Adjektiv, 3) Stellvertreter und Begleiter des Substantivs,

---

138) W.Schmidt, a.a.O., S. 74.

Funktionsklasse: Pronomen, 4) Kennzeichnungswort, Funktionsklasse: Adverb.

In ähnlicher Weise löst W. Flämig[139], der eine nach grammatischen Gesichtspunkten durchgeführte Klassifikation der deutschen Wortarten (nach dem morphologischen und syntaktischen Kriterium) vorlegt, das traditionelle Numerale in vier Wortarten auf: 1) Adjektiv (z.B. der erste Tag), 2) Substantiv (die Eins), 3) Pronomen (mehrere Wochen), 4) Adverb (zweimal, zweitens usw.).

Eine eigenartige Behandlung der Zahlwörter finden wir bei H. Glinz.[140] Die weit gefaßten traditionellen Zahlwörter sind in seiner nach der für jede Wortart spezifischen "Prägung" durchgeführten Wortarteinteilung in vier Wortarten zu finden:
1. Pronomen (Begleiter und Stellvertreter der Nomina),
2. Adjektiv, 3. Nomen, 4. Partikeln. So gehören nach H.Glinz solche Wörter wie: erste, zahlreiche, sämtliche zur Klasse der Adjektive, Funktionsklasse: Begleitwortart, Dutzend, Million, Drittel usw. seien als reine Größennamen Nomen (Substantiva) und zweitens, zweimal, zu dritt usw. werden als Stellwörter den Partikeln (Lagewörtern) zugerechnet.
Die meisten Quantitätsbezeichnungen finden wir bei H.Glinz in der Wortart Pronomen (neben den traditionellen Pronomina und dem Artikel). Hierin besteht ein wesentlicher Unterschied dieser Klassifikation von den vielen anderen. Sie werden innerhalb dieser Sammelklasse verschiedenen Unterklassen zugewiesen, entsprechend ihrer "Prägung" und ihren morphologischen Merkmalen. Zahlwörter im engsten Sinne sind nach H.Glinz lediglich "Null, zwei, drei usw. bis tausend und ihre Zusammensetzungen bis 999 999"; dagegen sei ein(s) als der logische Anfang der ganzen Reihe der Hauptvertreter einer anderen Unterklasse der Pronomen: der Größenumrisse. Alle, manche, mehrere, jeder usw. werden den Größenhinweisen zugeordnet, während derartige Wörter wie etwas, nichts, allerlei,

---

139) W.Flämig, a.a.O., S. 335 ff.

140) H.Glinz, Die innere..., S. 296 ff.

genug neben den eigentlichen Pronomina (ich, wir usw.) als Größenzeichen erscheinen (wobei hier offensichtlich nur der substantivische Gebrauch dieser Wörter gemeint wird). Die Wörter viel und wenig samt ihren Steigerungsformen werden von Glinz Mengenwörter genannt und als Begründung für die Bildung einer besonderen Unterklasse für diese zwei Wörter gelten "der regelmäßige Größengebrauch und der Gebrauch der Angabeform an Stelle eines Formteils"[141](...). J. Erben, dessen Wortartklassifizierung der von H.Glinz nahe steht, ordnet die Zahlwörter in die Klasse "das charakterisierende Beiwort" (Adjektiv-Adverb) ein. Diese Wortart umfaßt nach Erben Wörter, die "als Begleitwörter, insbesondere des Verbs als der zentralen Bezeichnung eines Geschehens oder Seins und des Substantivs als Bezeichnung der beteiligten Wesenheit"[142] fungieren."Betrachtet man die Steigerung als funktionsentsprechende Formbesonderheit des charakterisierenden Beiworts, so darf man auch die Zahlwörter als Sondergruppe der Beiwörter (nicht als besondere Wortart!) "ansehen"[143]. Es sei schließlich die Auffassung von G. Helbig dargestellt, der behauptet: "Numerale als Wortart ist beispielsweise nur zu rechtfertigen aus semantischen Gründen; setzt man dagegen syntaktische Kriterien an, so müssen die einzelnen Gruppen der Numeralia - schon auf Grund einer verschiedenen Position im Satz - verschiedenen Klassen zugeordnet werden"[144]. So rechnet Helbig die Zahlwörter vier verschiedenen Wortarten zu:

1. dem Substantiv (z.B. Er schreibt eine Drei);
2. dem Adjektiv (Er schreibt den dritten Brief);
3. dem Adverb (Er kommt dreimal);
4. den Artikelwörtern (z.B. Einige neue Schüler sind gekommen).

Es erscheint hier eine neue Wortart (Artikelwörter), die auf-

141) H.Glinz, a.a.O., S. 295.
142) J.Erben, a.a.O., S. 122.
143) J.Erben, a.a.O., S. 122 f.
144) G.Helbig, Zur Klassifizierung der deutschen Wortarten, in: Sprachpflege, 4, 1969, S. 65 f.

grund des syntaktischen Kriteriums (hier: Position und Distribution) ermittelt wird (Wörter, die vor einem Substantiv oder einem Substantiv mit Adjektiv stehen). Nicht alles ist jedoch in der Auffassung von Helbig zu akzeptieren. Wir sehen beispielsweise keine Begründung dafür, die Kardinalzahlen in mathematischen Formeln (etwa: zwei und drei ist fünf) den Zahladjektiven zuzuweisen[145], da der adjektivische Charakter dieser Zahlwörter weder syntaktisch noch morphologisch nachzuweisen ist.

2.4. Die Zahlwörter im Deutschen - unsere Auffassung

2.4.1. Bereich der Untersuchung

Den Ausgangspunkt unserer Ausführungen bildet das Numerale (Zahlwort) im traditionellen Sinne: als eine selbständige Wortart, die Wörter mit einer bestimmten Semantik umfaßt. In Anlehnung an Isačenko[146] halten wir zwei Begriffe auseinander: Zahl und Quantität. Die Quantität ist ein übergeordneter Begriff gegenüber der Zahl. So beinhaltet die Quantität einerseits eine unbestimmte Mengenangabe (einige, vieles, alle usw.), andererseits eine bestimmte Mengenangabe, nämlich die Zahl (zwei, hundert, die Acht usw.). Die traditionellen Zahlwörter, die den Gegenstand der Arbeit bilden, bezeichnen nicht nur die Zahl, sondern die Quantität in weitem Sinne. Und obgleich der Verfasser die herkömmliche Bezeichnung "Zahlwörter" beibehält, so ist er der Meinung, daß für diese semantische Klasse von Wörtern der Terminus "Quantitätswörter" besser passen würde.

Außerhalb der Betrachtung bleiben solche Wörter wie vierteln, halbieren, weil sie von allen für Verben gehalten werden, obwohl auch ihnen eine gewisse Quantität anhaftet.

2.4.2. Korpus der Arbeit und seine Behandlung

Das Belegmaterial ist verschiedenen Zeitungen und Zeitschriften sowie Büchern und Wörterbüchern entnommen worden, wobei manche Belege um der Vereinfachung willen vom Verfasser der Arbeit modifiziert wurden. Viele Beispiele stammen vom Verfasser selbst. Innerhalb der Zahlwörter haben wir es

---

145) G.Helbig, J.Buscha, Deutsche Grammatik. Ein Handbuch für den Ausländerunterricht, Leipzig 1972, S. 285ff.

146) A.V.Isačenko, Die russische Sprache der Gegenwart,

einerseits mit offenen Klassen, andererseits aber mit geschlossenen Klassen zu tun. Zu den ersten zählen wir u.a. die Kardinalzahlen (eins, zwei, drei usw.) und die Wiederholungszahlen (zweimal, zweihundertdreiundvierzigmal usw.). Sie bilden eine unendliche Reihe, und eine Aufzählung aller Glieder dieser Reihe ist nicht möglich. Deshalb haben wir uns in der vorliegenden Arbeit nur auf einzelne Zahlwörter aus diesen Klassen beschränkt. Geschlossene Klassen sind für uns vor allem die Indefinitzahlen (viele, mehrere usw.). Sie lassen sich vollständig aufzählen, denn ihre Zahl ist begrenzt. So wird hier versucht, eine möglichst vollständige Liste der unbestimmten Zahlwörter aufzustellen, sowohl für das Deutsche als auch für das Polnische. Obwohl bei offenen bzw. relativ geschlossenen Klassen ein Zahlwort für die ganze Klasse repräsentativ ist, werden manchmal mehrere Beispiele angeführt. Es ist dann der Fall, wenn Belege gefunden wurden, in denen die Zahlwörter bzw.die begleitenden Wörter ein eigenartiges Verhalten zeigen. So befindet sich z.B. in unserem Verzeichnis neben: drei Stunden und 15 Minuten (S.73) auch der Beleg: Drei Mann aus unserer Abteilung sind hin zu dem Betrieb (S.73), weil wir die eigenartige Form des Substantivs (die Singularform!) nach der Kardinalzahl im zweiten Beispiel anführen wollten. In den folgenden zwei Beispielen dagegen unterscheiden sich die untersuchten Zahlwörter (all, alle) in ihrer morphologischen Gestalt sowie in der Umgebung: Ich habe nicht all die Jahre über gedacht [...], Alle anwesenden Zuschauer waren entsetzt (S.63).

Unter den Beispielen für jede Wortart versuchten wir bestimmte, eng zusammenhängende Gruppen zu erschließen; innerhalb dieser Gruppen wurden die einzelnen Beispiele alphabetisch nach Anfangsbuchstaben der Zahlwörter verzeichnet. So wurden z.B. innerhalb der Wortklasse Substantiv im Deutschen etwa folgende Gruppen ausgesondert: 1. Zahlwörter, die eindeutig einen substantivischen Charakter haben (z.B. Ich fahre mit der Acht nach Hause.), 2. zahlenmäßige Quantitätswörter, bei denen die substantivische Prägung relativ schwach ist (z.B.

München 1968, S. 523.

Sie sind beide Lehrer.), 3. Wörter, die eine unbestimmte Quantität bezeichnen (z.B. Haben Sie noch ein kleines bißchen Geduld!). Es sei aber dabei vermerkt, daß der soeben erwähnten Einteilung in Gruppen keine einheitlichen Kriterien zugrunde liegen, da sie hier wenig wesentlich erscheint und nur dazu dient, die Listen der verzeichneten Beispiele etwas übersichtlicher zu machen.

Wie bereits erwähnt worden ist, wird der Beschreibung das syntaktische Kriterium der Wortarteinteilung zugrunde gelegt. Mit den genannten Methoden, die alle innerhalb des syntaktischen Kriteriums bleiben (Untersuchung der Position und der Distribution in der Oberflächen- und Tiefenstruktur sowie der Abhängigkeitsverhältnisse) versuchen wir, all die uns vorliegenden Quantitätswörter zu analysieren und zu klassifizieren. Dabei werden die betreffenden Wörter immer als Glieder eines Syntagmas untersucht, mit Bezug auf die sie umgebenden Wörter.

Wir nehmen das Resultat der Untersuchung vorweg: Die deutschen Zahlwörter in traditionellem Sinne werden in der vorliegenden Arbeit in sechs Wortklassen aufgelöst: Substantiv, Artikelwort, Pronomen, Adjektiv, Adverb, Partikel. Unserer Methode der Wortartklassifizierung gemäß werden hier das Substantiv und das Pronomen als zwei verschiedene Wortarten angesehen.

Nachstehend bringen wir Listen der Zahlwörter, die den einzelnen Wortklassen zugeordnet wurden. Ihnen steht jeweils eine genauere Erläuterung der Verfahrensweise in bezug auf einzelne Beispiele voran.

2.4.3. S u b s t a n t i v - Erläuterungen

Für Substantive halten wir Wörter, die etwa folgende syntaktische Eigenschaften aufweisen:

1) sie treten als Regentia von solchen Wörtern wie die, dieser usw. auf und sind diesen nachgestellt, z.B. die Frage, dieser Mann:

```
        Frage        Mann
          |            |
         die        dieser
```

2) sie regieren ebenfalls (direkt oder indirekt) mehrere ihnen voranstehende Wörter, z.B. die kleine Frage, dieser kluge Mann,

Frage — die kleine

Mann — dieser kluge

Von den verzeichneten Beispielen lassen sich viele Zahlwörter unserer Methode gemäß eindeutig in zwei Wortarten auflösen: Substantiv und Artikelwort, z.B. eine Drei (Drei - Substantiv - eine - Artikelwort) im Beispiel 6 (auch andere Zahlwörter in Beispielen 1 - 31). Derartige Wörter wurden auch bisher in der Regel für Substantive gehalten, wobei man allerdings meistens auch den Artikel zum Substantiv rechnete. Da wir solche Ausdrücke wie eine Drei, die Null, der Dreißiger als zwei Wörter betrachten (vgl. die Bemerkungen zum Wort im Kapitel 1.1.2.), die ihrerseits verschiedene Rollen in der strukturellen Bedeutung eines Satzes ausüben, sondern wir den traditionellen Artikel als eine selbständige Wortklasse aus. Bereits eine oberflächliche Beobachtung läßt keine Zweifel daran aufkommen, daß wir es bei Drei, Anzahl, Dutzend, Hälfte usw. mit Substantiven zu tun haben. Einzelne Proben bestätigen diese Feststellung, weil sowohl die Ersatzprobe als auch die Untersuchung der Distribution und der Dependenz zu dieser Erkenntnis führen. Meistens ist das schon nach der Substitutionsprobe (Ersatzprobe) sichtbar. In der Position von Hälfte können offensichtliche Substantive wie Teil oder Stück eingesetzt werden:

die Hälfte des Weges
der Teil des Weges
das Stück des Weges usw.

Weniger klar ist dagegen der Status des Zahlworts im Satz: Sie organisieren Zehntausende Wahlversammlungen und Diskussionsveranstaltungen. (Bsp. 64), denn an Stelle von Zehntausende können recht verschiedenartige Ausdrücke stehen: eine Menge, viele, alle usw. Es müssen zusätzlich andere Operationen zu Hilfe gezogen werden. Die Untersuchung der möglichen Umgebungen (der Distribution) zeigt, daß vor Zehntausende solche Wörter einsetzbar sind wie einige oder mehrere:

Sie organisieren mehrere Zehntausende Wahlversammlungen... Die Untersuchung der Abhängigkeitsbeziehungen ergibt, daß mehrere dem Wort Zehntausende untergeordnet ist: Zehntausende
|
mehrere

Das untersuchte Wort (Zehntausende) weist also Eigenschaften eines Substantiv auf, denn nur Substantive können ein Wort wie mehrere vor sich haben und es regieren (vgl.auch: Tische),
|
mehrere

während dies z.B. für Adjektive nicht zutrifft (vgl.:Tische).
grüne
mehrere

Ein analoger Fall liegt z.B. in: Millionen Bücher unter dem Dach (Bsp. 23) vor. In den beiden Beispielen unterstützen die Flexion sowie die Großschreibung unsere Behauptung, obwohl weder die morphologischen Kennzeichen noch die Schreibweise hier als Kriterien gelten.

Die zweite Gruppe umfaßt schwierigere Fälle (Beispiele 32-83). Die Zuweisung zu Substantiven ist hier nicht so eindeutig wie in der vorigen Gruppe. Manche Zahlwörter stehen an der Grenze zwischen Substantiven und Adjektiven (z.B. Morgen ist der Zwanzigste, Bsp. 66) oder gleichen sich den Pronomen an (Viele sind berufen, aber Wenige auserwählt, Bsp. 80). Bezüglich des ersten Beispiels muß die Entscheidung getroffen werden: ist der Satz eine Ellipse von Morgen ist der zwanzigste Tag des Monats oder nicht? Wir geben hier eine negative Antwort: Das Wort (der) Zwanzigste braucht keine Ergänzung mehr; hier ist bereits eine "gegenständliche" Bedeutung spürbar, was übrigens ihre Widerspiegelung in der Großschreibung findet. Bei der Ersatzprobe läßt sich (der) Zwanzigste z.B. durch der Tag bzw. der zwanzigste Tag (Substantiv bzw. substantivische Wortgruppe) ersetzen:

Morgen ist der Zwanzigste.
der zwanzigste Tag.
der Tag.

Analogerweise werden den Substantiven die Zahlwörter ersten und fünften im Bsp. 48 (Berlin, den 1.5.1971....) zugeordnet

(1971 ist dagegen der Distribution wegen den Pronomina zuzuordnen, vgl. auch 2.4.5.).

Die obigen Ausführungen sollen nicht den Anschein erwecken, daß wir uns des semantischen Kriteriums bedienen. Die "gegenständliche Bedeutung" des Wortes (der) Zwanzigste ist hier aufgrund unserer Sprachkompetenz festgestellt worden. Das Heranziehen der Sprachkompetenz war nötig, weil hier ein Grenzfall vorliegt, und die strukturelle Funktion ja bestimmte Parallelen mit der semantischen aufweist.
Ähnliche Fälle findet man u.a. in folgenden Beispielen vor (in Klammern sind die für die untersuchten Zahlwörter einsetzbaren Ausdrücke angeführt); Im Wettschwimmen wurde er dritter., Bsp.40 (= Sieger, Medaillengewinner), Die einen interessieren sich für Sport, die anderen für Musik, Bsp.42 (= Menschen, Freunde), Die 20 000 versuchten mit ihren Anfeuerungsrufen..., Bsp. 67 (= Zuschauer, Sportfans), Das Kind ist auf allen vieren gekrochen., Bsp.61 (= vier Beinen) Wenn zwei sich streiten, freut sich der dritte, Bsp. 69 (= Menschen, zwei Menschen, der dritte Mensch, Nachbarn).
In den genannten Beispielen wurde versucht, bei der Ersatzprobe die untersuchten Wörter durch semantisch nahe stehende Wörter zu ersetzen (wir meinen hier die Verwandtschaft der lexikalischen Bedeutung), obwohl das nicht eine notwendige Bedingung ist. Auch im Beispiel: Viele sind berufen, aber Wenige auserwählt (Bsp.80) haben schon Viele und Wenige eine "substanzielle" Bedeutung und können daher nicht als Adjektive betrachtet werden. Der Satz entspricht etwa den Syntagmen: Menschen sind berufen, Sie sind berufen usw. Viele und Wenige sind ebenso keine Pronomina, obwohl eine Substitution durch sie oder diese ohne weiteres zulässig ist. Die Distribution weist allerdings auf einen Unterschied von den Pronomen hin: Möglich ist zwar: Die Vielen sind berufen..., aber nicht: ˣDie sie sind berufen... Das Wort beide im Beispiel 33 (Sie sind beide Lehrer) rechnen wir auch den Substantiven zu, da es als ein gleichwertiges Glied einer appositionellen Wortgruppe auftritt.
Das Wesen der Apposition wird hier in Anlehnung an O.I.Moskalskaja[147] bestimmt. Für die appositionelle Wortgruppe sind

---

147) O.I.Moskalskaja, a.a.O.

für uns folgende Merkmale charakteristisch: Jedes Glied der Gruppe hat dieselbe syntaktische Funktion wie die gesamte Wortgruppe. Demzufolge ist eine solche Gruppe durch ein Wort ersetzbar. Die Glieder der appositionellen Wortgruppe stehen nicht in einem subordinierenden Verhältnis zueinander (wie bei einer attributiven Konstruktion), sondern in einem wechselseitigen. Sie bestimmen sich gegenseitig und sind syntaktisch gleichwertig, d.h. nach Weglassen eines Gliedes übernimmt das andere die syntaktische Funktion der ganzen Gruppe. Dementsprechend betrachten wir Sie und beide in den Sätzen: Sie sind beide Lehrer (= Sie beide sind Lehrer), als eine appositionelle Gruppe (dagegen nicht z.B. ˣPlatz drei im Satz: Er belegte Platz drei, denn drei ist hier von Platz abhängig, daher nicht appositionell, sondern attributiv verwendet).
Der Satz Sie beide sind Lehrer kann infolge einer Weglaßprobe zu: Beide sind Lehrer werden, wobei das Wort beide wie typische Substantive ein Wort wie die vorantreten läßt: Die beiden sind Lehrer (vgl. aber: Die beiden Brüder sind gekommen, Adjektiv, S.73 , Bsp. 3).
Eine appositionelle Wortgruppe liegt auch vor bei alle drei (Sie lachten alle drei, aber ..., Bsp.36), so daß wir das Wort drei ebenso für ein Substantiv halten (alle ist ein Pronomen).

Aus dem Obigen ist zu ersehen, daß die Klein- bzw. Großschreibung nicht entscheidend für die Zuordnung zur Wortklasse Substantiv ist. Man findet z.B. neben: Der Erste, Zweite, Letzte des Monats (Großschreibung) auch: Im Wettschwimmen wurde er dritter (Kleinschreibung). Es scheint, daß solche Fälle eine Übergangsphase bilden: die Substantivierungstendenz trägt dazu bei, daß die kleingeschriebenen Wörter allmählich die Großschreibung übernehmen.
Einen wesentlichen Unterschied zu den bisherigen Auffassungen stellt die nachstehend vorgenommene Klassifikation der Konstruktionen ein bißchen und ein wenig dar.
Während eine derartige Konstruktion in den meisten traditionellen Grammatiken als unbestimmtes Numerale erscheint, wird sie von G. Helbig als eine Verbindung der Subklasse der Adverbien (bißchen oder wenig) mit dem Artikelwort ein

betrachtet. Unseres Erachtens ist ein bißchen sowohl in adverbialer als auch in attributiver Verwendung eine Wortgruppe, die aus einem Artikelwort (ein) und einem Substantiv (bißchen) besteht. Daß wir es hier mit einem Substantiv zu tun haben, bezeugt die Tatsache, daß bißchen in der für das Substantiv typischen Position (nach einem Artikel und einem Adjektiv) auftreten kann: Haben Sie noch ein kleines bißchen Geduld! (Bsp. 78) oder: Mit dem bißchen Wasser kann ich kein Geschirr spülen (Bsp. 77).
Das Wort tausendmal im Bsp. 59: (...), kann man ohne Auswechseln der Röhren mehrere tausendmal blitzen, ist in diesem Kontext kein Adverb, wie man der Form nach annehmen könnte. Hier läßt es sich z.B. durch das Substantiv Mal ersetzen, kann wie dieses Artikelwörter vorantreten lassen (hier: mehrere), was es als Substantiv ausweist (ähnlich: dutzendmal im Bsp. 41).

Zu den Substantiven rechnen wir ebenfalls die Kardinal- und Indefinitzahlen, die in der Funktion eines Prädikativums auftreten, z.B. Wir waren nur drei (Bsp. 37) oder: Ihr seid viele (Bsp. 81). In derartigen Fügungen haben u.E. die untersuchten Zahlwörter eine andere Semantik als in solchen Syntagmen wie drei Personen oder viele Leute. So hat das Wort drei im Satz: Wir waren nur drei vielmehr eine "gegenständliche" Bedeutung und entspricht etwa der Fügung drei Personen (Es ist keine Ellipse!). Semantisch wäre es mit drei im Bsp. 35 (Drei auf dem Bodensee) gleichzusetzen.
Das gleiche im zweiten Satz: viele in: Ihr seid viele entspricht in semantischer Hinsicht etwa einem Ausdruck wie eine Menge und ist u.E. ebenfalls der Klasse der Substantive zuzuordnen.

Zusammenfassend läßt sich sagen, daß die traditionellen Zahlwörter in der auf syntaktischem Wege ermittelten Wortart "Substantiv" relativ zahlreich vertreten sind. Neben offensichtlichen Substantiven wie (eine) Drei oder (ein) Dutzend usw. sind mehrere Beispiele vorhanden, die an der Grenze zu anderen Wortklassen stehen, vgl. Im Wettschwimmen wurde er dritter oder Morgen ist der Zwanzigste. Im ersten Fall haben wir es noch mit Kleinschreibung zu tun (dritter), im zweiten Satz hat sich die Großschreibung bereits durchgesetzt, was unsere Feststellung vom substantivischen Charakter dieses Wortes zusätzlich bestätigt.

2.4.4. Substantiv - Beispiele

1. Ich fahre mit der Acht nach Hause.
2. ein Achtel vom Kuchen
3. Er ist weit über die Achtzig. (Wahrig, 300)
4. Das geschah in den Achtzigern. (Wahrig, 300)
5. Auf dem Tisch liegen eine Anzahl Bücher. (Moskalskaja, S.322)
6. Der Schüler bekam eine Drei.
7. DDR-Ringer fünfmal unter den ersten Drei. (DSE, 22.4.1974, S. 1)
8. Dieser Hut kostet das Dreifache von jenem. (Wahrig, 937)
9. Er ist ein angehender Dreißiger. (Dam, S. 431)
10. Ich habe das erste Drittel meines Studiums beendet.
11. Etwa zwei Drittel der Aktiven gehören dem Trainingszentrum an. (DSE, 15.6.78, S. 2).
12. Man muß noch ein Drittes erwägen. (Langenscheidt, S. 8)
13. Sie kaufte ein halbes Dutzend Taschentücher. (Buscha, S.291)
14. Der gute Leistungsstand der europäischen Referees wird dazu beitragen, daß sie das Gros der Kampfrichter auch bei den Olympischen Spielen in Montreal stellen werden. (DSE, 28/29.11.1975, S. 7)
15. Laß uns noch einen Halben (Schoppen) trinken,(...) (Jude, S. 72)
16. Die Hälfte des Weges liegt schon hinter uns.
17. Schreibe die Hundert unter die Tausend, so daß die Eins der Hundert genau unter der ersten Null der Tausend steht! (Jude, S. 69)
18. In Jahreszahlen werden die Hunderter, nicht die Tausender gelesen. (Jude, S. 68)
19. (...), die diesmal eine Hundertstel unter 13 s blieb (...) (DSE, 10.6.1974, S. 8)
20. Zum ersten Mal sehe ich das.
21. Sie hat eine Masse Angebote bekommen. (Wahrig, 2375)
22. Eine Menge Arbeit habe ich noch zu verrichten.

23. Millionen Bücher unter dem Dach. (AZ, 26.1.1974, S. 1)
24. siebzehn Millionen zweiundfünfzigtausend
25. Wollt ich euch um ein Nichts streiten? (Wahrig, 2577)
26. Er ist reine Null. (Duden L,S. 451)
27. Ich kaufte ein Paar Schuhe.
28. Teilen Sie den Kreis in Sechstel. (Sch-Gr, S. 140)
29. An der Tür steht eine Tausend geschrieben.
30. Ich gebe dir einen Tausender und wir treffen uns nie wieder. (Kienast, S. 14)
31. Sie hat die Zwanzig längst überschritten. (Sch-Gr, S.136)
32. Sie kommen am Achten dieses Monats. (Wahrig, 298)
33. Sie sind beide Lehrer.
34. Es ist unser beider Angelegenheit. (Wahrig, 609)
35. Drei auf dem Bodensee. (Tucholsky, S. 301)
36. Sie lachten alle drei, aber ich verstand nicht warum. (Sprachpraxis, S.13)
37. Wir waren nur drei. (Langenscheidt, S. 8)
38. Aller guten Dinge sind drei. (Wahrig, 936)
39. Die Soldaten marschierten zu dreien in einer Reihe. (Sch-Gr, S. 139)
40. Beim Wettschwimmen wurde er dritter. (Sch-Gr, S. 137)
41. Er meisterte 5,40 m, die er ein Jahr zuvor über ein dutzendmal vergebens bekämpft hatte,... (DSE, 23.10.1975, S. 3)
42. Die einen interessieren sich für Sport, die anderen für Musik.
43. Auch ist er so ehrlich und hat Lotten in meiner Gegenwart noch nicht ein einzigmal geküßt. (Plenzdorf, S. 90)
44. der Erste, Zweite, Letzte des Monats (Langenscheidt, S.8)
45. Das ist das erste, was ich höre. (Wahrig, 1152)
46. Ich hörte als erster davon. (Wahrig, 1152)
47. Die beiden ersteren schafften den Sprung auf Anhieb (...) (DSE, 22.4.1974, S. 4)
48. Berlin, den 1.5.1971 (Briefkopf; spricht: den ersten fünften neunzehnhunderteinundsiebzig) (Buscha, S. 295)
49. Einer will immer mehr als der andere. (Wahrig, 1000)
50. Wir haben einige Hundert Büroklammern (Packungen von je hundert Stück) geliefert.

51. Hunderterlei Sachen sind zu regeln, Hunderte Helfer dafür notwendig. (DSE, 26.4.1978, S. 5)
52. Der deutsche Gelehrte bedient sich hunderter, tausender von Fremdwörtern. (Duden M Gr, S. 295)
53. Typisch für die Industriestruktur des Landes sind aber auch die vielen Hunderttausend Klein- und Mittelbetriebe. (Haack, S. 130)
54. Wir waren unser sechs. (Sch-Gr, S. 139)
55. Zu sechsen oder sieben stiegen wir ins Flugzeug. (Heremans, S. 39)
56. Er wurde damals 27. (DSE, 7.1.1974, S. 3)
57. Einige Tausend Menschen (Duden L., S. 649)
58. Sie kamen zu Tausenden. (Wahrig, 3536)
59. Mit einem Röhrenblitzgerät, häufig noch Elektronenblitzer genannt, kann man ohne Auswechseln der Röhren mehrere tausendmal blitzen. (WP, 1974, 8.11. S. 31)
60. Kaum tritt unsereiner über die Schwelle... (Frisch, S.146)
61. Das Kind ist auf allen vieren gekrochen. (Buscha, S.290)
62. Früher fuhren die Fürsten mit vieren oder sechsen (mit vier oder sechs Pferden). (Sch-Gr, S. 136)
63. Er verfehlte den Rekord um zwei Zehntel einer Sekunde. (Buscha, S. 299)
64. Sie organisieren Zehntausende Wahlversammlungen und Diskussionsveranstaltungen. (AZ. 18.4.1974, S. 1)
65. Mary und Mike, ein junges Ehepaar Mitte Zwanzig, ... (WP, 12.4.1974, S. 19)
66. Morgen ist der Zwanzigste.
67. Die 20 000 versuchten mit ihren Anfeuerungsrufen und Gesängen die Wölfe förmlich ins Ziel zu tragen. (DSE, 8.11.1973, S. 1)
68. Nun sind es schon zwei, die unseren Argwohn erwecken... (Frisch, S. 157)
69. Wenn zwei sich streiten, freut sich der dritte. (Wahrig, 4172)
70. Ich habe mich gestern mit zwei aus unserer Klasse unterhalten. (Sch-Gr, S. 135)
71. Kinder waren es, kleine Mädchen, artig aufgereiht, wie Perlchen an der Schnur, immer zwei zu zwei. (Tucholsky, S.64)

72. Sie gingen zwei und zwei neben-, hintereinander. (Wahrig, 4172)
73. Die Gefangenen wurden zu je zwei und zwei zusammengebunden. (Curme, S. 148)
74. Ich habe gestern mit zweien aus der Seminargruppe gesprochen. (Buscha, S. 290)
75. Die Männer waren vorbei, es kamen die Frauen. Zu zweien, alle, manche mit Kindern, Blumen in der Hand... (Voranmeldung, S. 85)
76. Eine Viertelstunde, und ich war echt high, das zweitemal in kurzer Zeit. (Plenzdorf, S. 43)
77. Mit dem bißchen Wasser kann ich kein Geschirr spülen. (Sch-Gr, S. 191)
78. Haben Sie noch ein kleines bißchen Geduld! (Sch-Gr, S.191)
79. Mit diesem bißchen Butter läßt sich kein Brot streichen. (Sch-Gr, S. 191)
80. Ich muß Sie ein klein wenig korrigieren: (...) (DSE, 30.6., 1.7.1978, S.8)
81. Viele sind berufen, aber Wenige auserwählt. (Heyse, S.643)
82. Ihr seid viele. (Jung Kl, S. 181)
83. Viele Wenig machen ein Viel. (Jude, S. 74)
84. Er hat wenigen geschrieben. (Buscha, S. 229)

2.4.5. A r t i k e l w o r t - Erläuterungen

Die Artikelwörter als Wortklasse sind Wörter, die durch folgende syntaktische Merkmale charakterisiert sind.[148]

1) sie stehen immer vor einem Substantiv bzw. vor einem Adjektiv und Substantiv, z.B. Der Freund spricht. Der neue Freund spricht;
2) vor dem Artikelwort kann kein anderes Artikelwort stehen: der Freund, ˣdieser der Freund. Gerade die Distribution unterscheidet die Artikelwörter von Adjektiven, die dieselbe Position einnehmen können (z.B. guter Freund, dieser gute Freund). Deshalb werden die Zahlwörter wie viele, beide, sämtliche nicht den Artikelwörtern, sondern den Adjektiven zugewiesen, weil sie ein Artikelwort vor sich zulassen (z.B. die vielen Bücher).[149]

---

148) Wir stützen uns auf die Auffassung in: G.Helbig, J.Buscha, Deutsche Grammatik... S. 314f.

3) Das Artikelwort kann seine Position im Satz niemals allein, sondern immer nur zusammen mit dem zugehörigen Substantiv ändern:

Der Freund kommt heute zu mir.
Heute kommt der Freund zu mir.
ˣFreund der kommt heute zu mir.
ˣFreund kommt heute der zu mir.

Den so aufgefaßten Artikelwörtern gehören an: der bestimmte und der unbestimmte Artikel der traditionellen Grammatik, das Possessivpronomen (dein, unser usw.), das Demonstrativpronomen (dieser, jener usw.) sowie einige Zahlwörter, etwa alle, einige, etliche, mehrere, manche und deren singularische Entsprechungen in den drei Genera (vgl. Beispiele 3 und 9). Dem oben erwähnten Unterschied in der Distribution zwischen dem Artikelwort und dem Adjektiv tragen jedoch nicht alle Wörter Rechnung. Es gibt einige Beispiele, wo zwei Artikelwörter doch nebeneinander stehen und auch eine für die Verbindung Artikelwort + Adjektiv typische Abhängigkeitsbeziehung aufweisen, z.B. Syntagmen: diese meine Frage, alle diese Fragen:

Frage
meine
diese
Fragen
diese
alle

Solche Syntagmen halten wir jedoch für Ausnahmefälle und ordnen demnach meine bzw. diese nicht den Adjektiven, sondern den Artikelwörtern zu. Denn in den meisten Fügungen unterliegen diese Wörter den für die übrigen Artikelwörter charakteristischen Gesetzen der Distribution.
Als Artikelwort ist ebenfalls das verkürzte all im Bsp. 1: Ich habe es nicht all die Jahre über gedacht ... zu betrachten, denn all die Jahre ist u.E. eine reduzierte Form von alle diese Jahre.

149) vgl. dazu G.Helbig, J.Buscha, a.a.O., S.317f.

Nicht den Artikelwörtern, sondern den Präpositionen ist dagegen das Wort alle im Satz: Alle zwei Wochen fuhr ich ins Ausland zuzuweisen. Wäre es ein Artikelwort, dann müßte die Voranstellung einer Präposition zulässig sein (vgl. der Tisch, auf dem Tisch). Eine solche Voranstellung ist aber ohne Veränderung der Semantik von alle nicht möglich. Im Satz: Für alle zwei Wochen fuhr ich ins Ausland hat alle bereits eine andere Semantik (unbestimmte Quantität) und Distribution. Es ist schon ein anderes Wort mit anderer Wortartzugehörigkeit (Artikelwort).

Der Klasse der Artikelwörter gehören noch u.a.: allerlei/ Allerlei gute Sachen (Bsp.6), ein paar (Bsp.10), etliche (Bsp.11), etwas (Bsp.12), mancherlei (Bsp.16), ein paar (Bsp.10), mehrererlei (Bsp.18), wievielerlei (Bsp.22). Alle diese Wörter können weder andere Artikelwörter vor sich haben noch in der Position der Prädikativa auftreten. Bisher wurden sie meistens den Adjektiven und dem unbestimmten Pronomen zugeordnet.

Für Artikelwörter halten wir ebenfalls genug in Bsp.13 und 14 (Er hat genug Geld, Ich hatte genug eigene Dinge) sowie ein in ein bißchen (auch z.B. ein kleines bißchen) Bsp.7, wo ein in der für Artikelwörter typischen Position auftritt und kein anderes Artikelwort voranläßt: ˣdas eine kleine bißchen.

Alles in allem bildet die Klasse der Artikelwörter keine große Gruppe innerhalb der herkömmlichen Zahlwörter. Zu ihr gehören ausschließlich unbestimmte Zahlwörter.

2.4.6. A r t i k e l w o r t - Beispiele

1. Ich habe nicht all die Jahre über gedacht... (Böll,S.121)
2. Alle anwesenden Zuschauer waren entsetzt.
3. Aller Anfang ist schwer.
4. Er wurde bekannt in aller Welt.
5. allerhand hübsche Dinge (Wahrig, 335)
6. allerlei gute Sachen (Wahrig, 335)
7. Wir arbeiten ein bißchen.
8. Wir warteten einige Stunden.
9. Ich habe einiges Geld.
10. Ein paar Dinge sind zu besprechen.

11. Es ist etliche Tage her, daß... (Jude, S. 73)
12. Das ist etwas Neues.
13. Er hat genug Geld.
14. Ich hatte genug eigene Dinge. (Plenzdorf, S. 62)
15. Es gab keinerlei Erklärung für seine Handlungsweise. (Jude, S. 73)
16. Mancherlei Dinge sind zu besprechen.
17. Mehrere hundert Bücher sind gestohlen worden. (AZ, 4.12.1974, S. 2)
18. Mehrererlei Dinge sind zu besprechen.
19. Hierzu gibt es mehrere Meinungen. (Wahrig, 2395)
20. Das ist nichts Interessantes.
21. Wieviel Einwohner hat Leipzig?
22. Wievielerlei Mahlzeiten gibt es in Polen?

2.4.7. P r o n o m e n - Erläuterungen

Für Pronomina (als Substantivwörter) halten wir solche Quantitätswörter, die dieselbe Position wie Substantive einnehmen, allerdings eine andere Distribution haben. Während nämlich vor Substantiven ein Artikelwort bzw. ein Adjektiv oder beides stehen kann, läßt das Pronomen keine dieser beiden Klassen vor sich treten. So nimmt beispielsweise das Wort sie im Syntagma Sie arbeiten fleißig dieselbe Position wie Substantive ein, z.B. Studenten arbeiten fleißig, unterscheidet sich aber von diesen durch die Distribution: möglich ist zwar: Diese Studenten arbeiten fleißig, aber nicht ˣDiese sie arbeiten fleißig. Eine mathematische Gleichung: drei plus zwei ist fünf (Bsp.3) besteht u.E. aus drei Pronomina: drei, zwei, fünf. Diese Wörter (herkömmliche Kardinalzahlen) treten nämlich in der gleichen Position wie Substantive auf: vgl. die Reklame in Lebensmittelgeschäften in der DDR: Ei und Ei ist vielerlei, die dieselbe Struktur aufweist wie die obige mathematische Formel, nur daß vor Ei noch ein Artikel bzw. ein Adjektiv stehen kann, was im ersten Falle nicht möglich ist (vgl. auch die Struktur: Bruder und Schwester sind Geschwister).

Es lassen sich außerhalb der Zahlwörter Beispiele finden, wo in der Struktur einer mathematischen Formel scheinbar andere

Wortarten (keine Substantivwörter) auftreten, vgl. z.B.

1) Schwarzbunt ist schwarz und weiß, während rotbunt braun und weiß ist.

2) Hoffen und Harren macht manchen zum Narren.

Unseres Erachtens liegen hier Substantivierungen von ursprünglich anderen Wortarten vor: in (1) Adjektiven, in (2) Verben. So halten wir die Semantik von schwarzbunt in (1) für nicht identisch mit der in schwarzbunte Kuh zum Beispiel. In den beiden angeführten Syntagmen haben wir es bereits mit Substantivwörtern zu tun.

(Die) Drei, (Die) Zwei, (Die) Fünf als substantivische Zahlennamen sind schon andere Wörter, die mit drei, zwei, fünf als Gliedern der abstrakten Zahlenreihe nicht gleichzusetzen sind. Semantisch identisch mit den Zahlwörtern vom Bsp.3 sind die Wörter zwei und eins im Bsp.19: DDR-Nachwuchs schlug Italien 2:1. Mit semantischer Äquivalenz zu den oben angeführten Zahlwörtern haben wir es auch in folgenden Beispielen zu tun: Meine Telefonnummer ist 3415. (drei vier eins fünf), Bsp.4, 2,35 km (zwei Komma drei fünf Kilometer), Bsp.20, Beim Stand von 15:16 wollte ich die Mannschaft nicht auseinanderreißen. (Bsp.13), ein halb mal ein halb gleich ein Viertel (Bsp.6), Die Zahl der FIFA-Mitglieder hat sich inzwischen übrigens auf 142 erhöht. (Bsp.15), Er kann nicht bis vier zählen. (Bsp.18), Er war eins, zwei, drei damit fertig. (Bsp.8), eins, zwei, drei, vier, fünf... (Glieder der Zahlenreihe), Bsp.7.

Viele von den hervorgehobenen Wörtern haben grundsätzlich keine spezifischen syntaktischen Funktionen; sie reihen sich manchmal einfach an (wie im Bsp.7). Da sie aber semantisch äquivalent den Zahlwörtern aus dem Bsp. 3 (drei plus zwei ist fünf) sind, die wir ja als Pronomina ausgewiesen haben, so werden sie analogerweise ebenfalls dieser Wortklasse zugeordnet. Wenn sie auch in bestimmten Syntagmen häufig keine besonderen syntaktischen Funktionen aufweisen, so können sie doch potentiell bei unveränderter Bedeutung in substantivischen Positionen auftreten und die für Pronomina spezifische Distribution haben. Es handelt sich hier um Bezeichnungen für alle Glieder der abstrakten Zahlenreihe bis 999 999, (Million ist schon ein Substantiv). Die dem Wort Million nachgestellten Zahlwörter (Tausender, Hunderter, Zehner und Einer) werden in nichtattributiver Funktion als reine Zahlen ebenfalls in die Klasse der Pronomina eingeordnet (vgl. Bsp.25: drei Millionen viertausendfünfhundertzweiundsechzig).

Als Glieder der appositionellen Gruppen und demzufolge als Pronomina betrachten wir alle, alles in den Sätzen: Sie operieren alle in der eigenen Hälfte (Bsp.27), Ich will alles dreies merken (Bsp.32). Im letztgenannten Beispiel stellt auch dreies ein Pronomen dar. Ähnlich in den Beispielen 26 und 28. Im Satz: Er wußte mit dem allem nichts anzufangen... (Bsp.28) ist dem allem ebenfalls eine appositionelle Gruppe (und keine attributive!): ⟶ Er wußte mit dem (diesem) nichts anzufangen. Er wußte mit allem nichts anzufangen.
Die für Adjektive typische Position des Wortes alle im Satz: Unser aller Ziel sind Europameisterschaften im September. (Bsp.29) soll uns nicht darüber hinwegtäuschen, daß wir es auch hier mit einem Pronomen zu tun haben. Die Tiefenstruktur von Unser aller Ziel... weist für alle eine Position auf, die für Pronomina in appositioneller Funktion charakteristisch ist: ⟶ Ziel von uns allen oder ⟶ Wir alle haben das Ziel...
Der Klasse der Pronomina werden u.a. auch zugerechnet: einiges (Es liegt noch einiges an Arbeit vor uns. - Bsp.34), einige (Einige stimmten für das Gesetz, andere dagegen. - Bsp.33), beides (Er hat beides verkauft, den Tisch und den Schrank. - Bsp.2), etwas (Etwas verstehe ich. - Bsp.36), zweierlei (Schnell über den Tisch fahren und weit springen sind zweierlei. - Bsp.23), eins (Es läuft alles auf eins hinaus. - Bsp. 10), Der Zirkusdirektor steckte drei schwarze Kirschen mit eins in den Mund (Bsp.11). Mit beides ist zwar ein solcher Satz möglich: Das beides habe ich verkauft, allerdings stellt das beides keine attributive, sondern eine appositionelle Gruppe dar, wo das ein Pronomen ist (und kein Artikelwort). Als Pronomen betrachten wir auch halb im Bsp. 14(Die Uhr hat halb (vor acht Uhr) geschlagen), sowie genug im Bsp.37 (Du hast jetzt genug getan.) und 38 (Da wär ich doch wie nichts in die Wälder. Davon gab's doch damals genug.) Das halb vertritt etwa die substantivische Gruppe eine halbe Stunde, während

genug durch z.B. eine Menge ersetzbar ist. Wegen der Distribution (vor ihnen können keine Artikelwörter und Adjektive stehen) werden sie hier nicht den Substantiven,sondern den Pronomina zugerechnet.

Es sei abschließend noch einmal betont, daß unter der Bezeichnung "Pronomen" hier hauptsächlich das traditionelle substantivische Pronomen verstanden wird.

2.4.8. Pronomen - Beispiele

1. Sie nahm zum Kuchen Butter und Eier, wobei sie mit beidem nicht sparte. (Buscha, S. 285)
2. Er hat beides verkauft, den Tisch und den Schrank. (Buscha, S. 285)
3. drei plus zwei ist fünf.
4. Meine Telefonnummer ist 3415 (drei vier eins fünf)
5. ein mal vier ist vier. (Buscha, S. 290)
6. ein halb mal ein halb gleich ein Viertel. (Langenscheidt, S. 8)
7. eins, zwei, drei, vier, fünf... (Glieder der Zahlenreihe)
8. Er war eins, zwei, drei damit fertig. (Duden M, S. 236)
9. Die Zahlen von eins bis neun heißen Einer.
10. Es läuft alles auf eins hinaus. (Wahrig, 1029)
11. Der Zirkusdirektor steckte drei schwarze Kirschen mit eins in den Mund. (Strittmatter, S. 7)
12. Der Lohn war das 1:2. (DSE, 8.11.1973, S. 1)
13. Beim Stand von 15:16 wollte ich die Mannschaft nicht auseinanderreißen... (DSE, 12.11.1973, S. 8)
14. Die Uhr hat halb (vor acht Uhr) geschlagen.
15. Die Zahl der FIFA-Mitglieder hat sich inzwischen übrigens auf 142 erhöht. (FUWO, 15.1.1974, S. 3)
16. Künstlerische Gymnastik war vor 1973 in Neugersdorf nahezu ein Fremdwort. (DSE, 15.6.1978, S.2)
17. der größte Teil von tausend (Duden M, S. 676)
18. Er kann nicht bis vier zählen.
19. DDR-Nachwuchs schlug Italien 2:1. (AZ, 18.4.1974, S.6)
20. 2,35 km (zwei Komma drei fünf Kilometer) (Buscha, S. 299)
21. Sie wohnt im Zimmer Nummer 5.
22. Zweierlei vor allem zeigte sich... (Fuwo, 3.1.1974, S.4)

23. Schnell über den Tisch fahren und weit springen sind zweierlei. (AZ, 13.3.1974, S. 6)
24. zweihundertsechsundfünfzigtausenddreihundertzehn plus siebenhundertdreiundvierzigtausendsechshundertneunundachtzig ist neunhundertneunundneunzigtausendneunhundertneunundneunzig (256 310 + 743 689 = 999 999)
25. drei Millionen zweitausendfünfhundertzweiundsechzig
26. Die anwesenden Zuschauer waren alle entsetzt.(Brinkmann, S. 92)
27. Sie operieren alle in der eigenen Hälfte... (DSE, 14, 15.6.1974, S. 8)
28. Er wußte mit dem allem nichts anzufangen, auch mit sich selbst nicht. (Sprachpraxis, S. 13)
29. Unser aller Ziel sind die Europameisterschaften im September. (DSE, 14,15.6.1974, S. 3)
30. Ich habe allerhand erlebt. (Wahrig, 335)
31. Ich habe noch allerlei zu tun.
32. Ich will alles dreies merken. (Curme, S. 149)
33. Einige stimmten für das Gesetz, andere dagegen. (Jude, S. 74)
34. Es liegt noch einiges an Arbeit vor uns. (DSE, 22.4.1974, S. 4)
35. Auch er weiß etliches (= manches) darüber. (Jude, S.74)
36. Etwas verstehe ich.
37. Du hast jetzt genug getan. (Duden L, S. 220)
38. Da wär ich doch wie nichts in die Wälder. Davon gab's doch damals genug. (Plenzdorf, S. 27)
39. Ich habe noch mancherlei zu tun. (Wahrig, 2350)
40. Hierzu habe ich noch mehreres zu bemerken. (Wahrig, 2395)
41. Vieles spricht dafür.

2.4.9. A d j e k t i v - Erläuterungen

Der Klasse "Adjektiv" lassen sich relativ viele Zahlwörter zuordnen, und zwar nicht nur die Ordinalzahlen, die schon bisher häufig für Adjektive gehalten wurden.
So werden **der Wortart Adjektiv die herkömmlichen Kardinalzahlen** in attributiver Funktion zugewiesen. Dafür spricht: 1) ihre Position vor Substantiven: vier Stühle, 2) die

Distribution: es sind vor ihnen Artikelwörter zulässig (die vier Stühle), 3) die Dependenzbeziehungen: die Kardinalia treten als Dependentien zu einem regierenden Substantiv oder sind von einem Substantiv und einem Adjektiv abhängig:

Dagegen bei einer Partikel, die dieselbe Position in der Oberflächenstruktur haben kann:

Diese Zuordnung gilt für alle Kardinalzahlen bis 999 999 (Million ist bereits ein Substantiv).
Die Kardinalzahlen gehören nicht zu den typischen deutschen Adjektiven: als Adjektive können sie keine Prädikativa sein. Denn in den Beispielen wie: Wir waren nur drei, wo das Zahlwort in prädikativischer Funktion auftritt, haben wir es nicht mit einem Adjektiv, sondern mit einem Substantiv zu tun. Das Wort drei entspricht hier semantisch etwa der Fügung drei Personen, durch die es ersetzbar ist. Ebenfalls stellen solche Sätze wie Wirkungen gibt es zwei (Bsp.52) keine prädikativischen Fügungen dar. Der Satz ist gleichzusetzen mit: Es gibt zwei Wirkungen; so gilt im ersten Fall das Wort zwei als eine Art Attribut, wenn es **auch von seinem Bezugswort getrennt auftritt.**
Auch die Distribution weicht von der bei anderen Adjektiven ab: sehr neue Stühle, aber nicht: ^{x}sehr vier Stühle. Dieser Tatbestand läßt sich allerdings durch semantische Restriktionen erklären: das Wort vier als Bezeichnung für eine Zahl kann ein graduierendes Wort (sehr) nicht vorantreten lassen, da die Zahl eine absolute Bedeutung ausdrückt, die sich nicht abtönen oder graduieren läßt. Auch die für das Adjektiv typischen morphologischen Merkmale treten lediglich bei wenigen Kardinalzahlen auf, z.B. Mein Freund und dessen einer Sohn sind schon angekommen (Bsp.25). Bei den meisten als

Adjektiv erscheinenden Kardinalzahlen sind keine adjektivischen Endungen zu bemerken. Es kommt auch vor, daß ein Substantiv morphologisch mit dem vorangehenden Zahlwort nicht kongruent ist: Drei Mann aus unserer Abteilung sind hin zu dem Betrieb (Bsp.10). Das alles sei nur am Rande vermerkt, da morphologische Kennzeichen für unsere Klassifikation sowieso keine Bedeutung haben.
Die literarische Nachstellung des Zahlworts (In dem Dome zu Cordova stehen Säulen dreizehnhundert., Bsp.17) ändert nichts an der Tatsache, daß wir es auch hier mit einem Adjektiv zu tun haben (eine stilistische Variante zu: ...dreizehnhundert Säulen). Je nachdem ob eine Kardinalzahl als eine Zusammensetzung oder als eine Wortgruppe verstanden wird, ordnet man sie entweder einer Wortart oder mehreren Wortarten zu. So haben wir es bei tausendundeinem Weizenkorn mit e i n e m Wort (Adjektiv) zu tun, dagegen bei: Das Boot hat zweitausend und eine Mark gekostet (Bsp.57) mit z w e i Adjektiven, die durch die Konjunktion und verbunden sind.

Die herkömmlichen Distributivzahlen vom Typ je vier (Bsp. 46) werden hier als eine Verbindung der Präposition je und eines Adjektivs angesehen. Auch die meisten Bruchzahlen werden den Adjektiven zugeordnet: Er kaufte sechsdreiviertel Meter Stoff (Bsp. 38). Die Differenz zweier hundertstel Gramm beeinflußt die Reaktion (Bsp. 53) oder: Das eine achtel Kilo Kaffee habe ich verschenkt (Bsp. 21).(Aber nicht z.B. ein Achtel vom Kuchen - Substantiv, S. 58)
Sie können zwischen einem Artikelwort und einem Substantiv stehen (obwohl das seltene Fälle sind), z.B. dieses eine achtel Kilo; im Vergleich mit z.B. (das) Achtel haben sie eine andere Abhängigkeitsstruktur:

1)

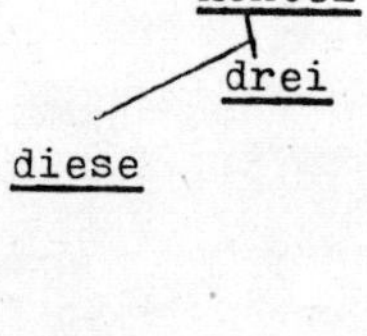

2)

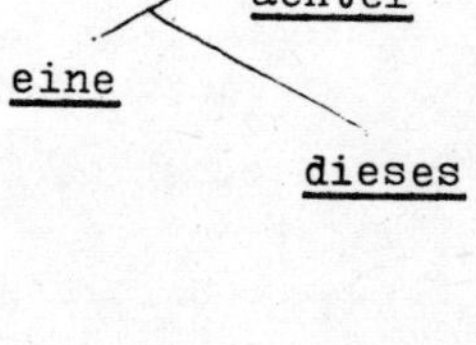

Im ersten Fall ist Achtel ein Substantiv, im zweiten Fall sind eine und achtel Adjektive. Indem im Beispiel 1) drei direkt dem Wort Achtel untergeordnet ist, hängt eine im Beispiel 2) nicht direkt von achtel, sondern von achtel Kilo ab. Daß eine allerdings kein Artikelwort ist, davon zeugt das vorangestellte Artikelwort dieses, das im Abhängigkeitsbaum der ganzen Gruppe ein achtel Kilo untergeordnet ist.
Analoge Fälle für Bruchzahlen mit zwei Adjektiven finden wir u.a. in den Beispielen 7, 21, 22, 23. Zwei Adjektive liegen auch in Konstruktionen vor, die aus einem unbestimmten Zahlwort und einer Kardinalzahl bestehen: auf vielen tausend Bildern! (Bsp. 72). Als Adjektive müssen ebenfalls die Kardinalzahlen im Bsp. 2 angesehen werden: Band 80, Heft I, Seite 46, Kapitel VI, Absatz 2. Trotz der scheinbaren Ähnlichkeit mit der Apposition haben sie einen anderen Status. Sie sind nämlich nicht gleichwertig mit ihren Bezugswörtern (Substantiven), sondern sie bleiben als bestimmende Glieder im Verhältnis der Unterordnung zu ihnen. Wird das Substantiv mit dem Artikelwort weggelassen, so ist der Satz ungrammatisch und unverständlich, z.B. Ich lese den Band 80. ⟶ * Ich lese 80.
Analog dazu ist auch die Kardinalzahl im Satz: Im Jahre 1974 war ich im Ausland. (Bsp. 37) als ein Adjektiv zu bezeichnen. (Im Satz: 1974 war ich im Ausland hat das Zahlwort schon eine andere Semantik und dementsprechend eine andere syntaktische Funktion, vgl. Bemerkungen zum Adverb 1921 auf S. 79). Fast eindeutig ist der Platz der Ordinalzahlen innerhalb der Wortarten (etwa Beispiel 16: Die dritte Stunde warte ich schon.). Bereits in den traditionell angelegten Grammatiken wurde häufig der adjektivische Charakter dieser Zahlwörter betont, indem vor allem auf die adjektivische Flexion der Ordinalia hingewiesen wurde. Auch das syntaktische Kriterium (etwa Position und Distribution) spricht dafür, daß hier Adjektive vorliegen.

Es ist dagegen schwer, Fälle wie Bsp. 34 zu bestimmen (Hrazdira fuhr die Attacke, neun folgten ihm). Ist neun ein Adjektiv oder ein Substantiv? Bei solchen Grenzfällen sollen auch andere mit dem untersuchten Satz zusammenhängende Sätze berücksichtigt werden oder die entsprechende Situation, auf die sich der behandelte Satz bezieht. Erst in diesem sprachlichen oder situativen Kontext entscheiden wir uns für die eine oder andere Lösung. Im angeführten Beispiel ist die Berücksichtigung anderer Sätze nicht notwendig, da wir schon aufgrund unseres Erkenntnisvermögens und des Wissens erschließen können, daß das Wort neun sich auf ein Substantiv bezieht, das Sportler, genauer gesagt: Radfahrer bezeichnet und daher eine Ellipse von neun Radfahrer darstellt. Ähnlich zu bewerten sind u.E. Konstruktionen vom Typ: Es schlägt eben acht (Bsp. 1) = Es schlägt eben acht Uhr. Das wird auch nicht durch eine Ersatzprobe widerlegt: Es schlägt eben Mitternacht, wo offensichtlich ein Substantiv vorliegt. Das Wort Mitternacht kann ohne jegliche semantische Änderung in verschiedenen Syntagmen mit einem Artikelwort auftreten, z.B. Die Mitternacht war vorbei. Für acht trifft das nicht zu. In den Syntagmen: acht und zwei ist zehn oder Ich fahre mit der Acht nach Hause ist nur die Lautgestalt identisch mit der aus Bsp. 1. Es sind schon Wörter mit anderer semantischer und syntaktischer Funktion:

1) Ich fahre mit der Acht nach Hause. (Substantiv)
2) acht und zwei ist zehn. (Pronomen)
3) Es schlägt eben acht (Uhr). (Adjektiv)

In den Sätzen:

Wir verloren das Treffen klar - mit 1:4. (Bsp. 28)
oder: Sie ist schon neuneinhalb. (Bsp. 36)
kann man schwanken, ob hier Adjektiva oder Pronomina vorliegen. Wir entscheiden uns zugunsten der adjektivischen Auffassung, weil u.E. die obigen Wörter elliptisch verwendet werden und jeweils ein Substantiv hinzugedacht werden kann (im Bsp. 28: Toren, im Bsp. 36: Jahre).

Nicht immer läßt sich die Situation aus einem Satz ablesen; es muß dann auf andere Sätze zurückgegriffen werden, z.B.: Kaufst du den schwarzen oder den roten Füller? Ich nehme die beiden. (Bsp. 4) Erst aus dem kontextuellen Zusammenhang erfahren wir, worauf sich das Wort beiden bezieht, und erst jetzt kann es als eine Ellipse von ...beiden Füller betrachtet werden. Ähnlich in den Belegen 16, 29, 69.
Der Wortklasse Adjektiv lassen sich auch derartige Zahlwörter

zuordnen wie: sämtliche, unzählige, paar, zweierlei, zweifach, vielerlei, zweimalig, doppelt, wenig, die alle in adjektivischer (attributiver) Position (vor einem Substantiv) stehen und ein Artikelwort vor sich haben können, beispielsweise: Meine sämtlichen Freunde gratulierten mir zum Examen (Bsp.66) oder: In den paar schönen Tagen... (Bsp. 64), vgl. aber: Ein paar Dinge sind zu besprechen (= Artikelwort). Die meisten von diesen Wörtern stehen lediglich in attributiver Position, allerdings nicht in der eines Prädikativums. Möglich ist zwar z.B. die vielen Leute, diese abertausend Menschen, meine sämtlichen Freunde, dieser zweierlei Stoff, allerdings nicht: [x]Die Leute sind viele. [x]Meine Freunde sind sämtlich. [x]Diese Menschen sind abertausend. [x]Dieser Stoff ist zweierlei.

Die Klasse der Adjektive bildet die umfangreichste Gruppe innerhalb der herkömmlichen Zahlwörter. Zu ihr gehören Vertreter aller Gruppen des traditionellen Numerale, wenn auch die meisten nur in attributiver Funktion auftreten können.

2.4.10. A d j e k t i v - Beispiele

1. Die Uhr schlägt acht. (Wahrig, 298)
2. Band 80, Heft I, Seite 46, Kapitel VI, Absatz 2 (Duden M Gr, S. 646)
3. Die beiden Brüder sind gekommen.
4. Kaufst du den schwarzen oder den roten Füller? Ich nehme die beiden.
5. Der Koffer hat einen doppelten Boden. (Buscha, S. 297)
6. (...) die nach der Völkerschlacht mit drei, vier oder mehr abgeschossenen Beinen übers Schlachtfeld dahinrasten. (Voranmeldung, S. 5/6)
7. drei einviertel Stunden (Buscha, S. 298)
8. drei Stunden und 15 Minuten
9. drei und eine Viertelstunde
10. Drei Mann aus unserer Abteilung sind hin zu dem Betrieb. (AZ, 13.3.1974, S. 4)
11. Dreieinhalbtausend Kilometer liegen zwischen diesen Orten. (AZ, 13.3.1974, S. 3)
12. Dreifach ist der Schritt der Zeit. (F. Schiller, nach: Jung, S. 359)

13. Der Eiskunstläufer sprang drei dreifache Sprünge.
14. Das Aufeinandertreffen von Klasseathleten und vielen Aktiven der zweiten Reihe aus mehr als 30 Ländern brachte bei den "Goldenen Spikes" in Ostrava auch Klasseleistungen am laufenden Band. (DSE, 8.6.1978, S. 1)
15. Außerdem über 30 Bezirksmeistertitel und annähernd die gleiche Anzahl von Spartakiadesiegen. (DSE, 15.6.1978, S. 2)
16. Wie spät ist es?... Erst dreiviertel zwei? (DSE, 27.2.1974, S. 8)
17. In dem Dome zu Cordova stehen Säulen dreizehnhundert. (H.Heine, nach: Duden M Gr, S. 646)
18. Die dritte Stunde warte ich schon.
19. In ein oder zwei Stunden (Curme, S. 148)
20. Respekt hatten beide Mannschaften voreinander, denn zu oft hatte die eine Mannschaft der anderen einen Streich gespielt. (DSE, 8.6.1978, S.8)
21. Das eine achtel Kilo habe ich verschenkt. (Buscha, S. 298)
22. Das eine halbe Dutzend nehme ich, das andere du.
23. Für nahezu eine viertel Million junger Lehrer sind in den USA nur 115900 freie Stellen vorhanden. (AZ, 11.4.1974,S.2)
24. Er gab ihnen je einen Apfel. (Dam, S. 432)
25. Mein Freund und dessen einer Sohn sind schon angekommen. (Curme, S. 148)
26. Mich stört in diesem Ferienheim nur die einerlei Kost. (Buscha, S. 296)
27. Vor (ein)hundertzweiundfünfzig Jahren geschah es.
28. Wir verloren das Treffen wieder klar - mit 1:4. (DSE, 8.11.1973, S. 5)
29. Ich habe nur die Leute gesehen, die singen. Es sind Greise, Frauen, Kinder. Sie sitzen an einer langen Tafel, einundzwanzig im ganzen, und singen, ihr Brot in der Hand. (Frisch, S. 37)
30. Das einzelne Haus (Buscha, S. 300)
31. Die angesprochene Kernfrage, ob man auch mit 45 noch jung genug ist, Direktor einer Schule zu werden,... ist eindeutig und überzeugend beantwortet worden. (AZ, 18.4.1974, S.6)

32. Kinder zahlen den halben Preis. (Wahrig, 1626)
33. Meine Reise hat genau hundert und einen Tag gedauert. (Sch-Gr, S. 134)
34. Hrazdira fuhr die Attacke, neun folgten ihm. (DSE, 20.5.1974, S. 8)
35. Die anderen führen mit neun zu sechs Punkten. (Loest, S. 70)
36. Sie ist schon neuneinhalb.
37. Im Jahre 1974 war ich im Ausland.
38. Er kaufte sechsdreiviertel Meter Stoff.
39. Tausend Menschen sind gekommen.
40. ein paar tausend Zuschauer (Duden L, S. 649)
41. Tausend und eine Nacht (Blatz, S. 247)
42. Tausendundeine Nacht (Wahrig, 3536)
43. "Geschichten aus Tausendundeiner Nacht" (Der Titel) (Vlg. Philipp Reclam jun. Leipzig seit 1945, 2.Aufl. 1966)
44. mit tausendundeinem Weizenkorn (= mit tausend/und/ein Weizenkörnern) (Duden M Gr, Bd.4, 1966, S. 291)
45. auf tausendstel Millimeter genau einstellen (Duden L, S. 469)
46. je vier Mannschaften
47. Vier erste Plätze und einen zweiten Rang belegten DDR-Gewichtheber. (DSE, 20.11.1973, S. 1)
48. Als sie zehn war, fing sie für das Bodenturnen Feuer. (DSE, 15.6.1978, S.6)
49. Ladislao Kubala ist trotzdem über zehn Jahre lang Trainer der Nationalmannschaft Spaniens geblieben. (DSE, 26/27.5.1978, S. 8)
50. Augenzeugen waren der Ansicht, daß Rono bei einer Verbesserung seiner Technik gut zehn Sekunden schneller laufen könnte. (DSE, 17.5.1978, S. 8)
51. Ende der zwanziger Jahre brach die Weltwirtschaftskrise aus. (Buscha, S. 291)
52. Wirkungen gibt es zwei. (Glinz, S. 158)
53. Die Differenz zweier hundertstel Gramm beeinflußt die Reaktion. (Buscha, S. 298)
54. Das Kleid ist aus zweierlei Stoff. (Wahrig, 4173)

55. Der Antrag muß in zweifacher Ausführung eingereicht werden.
56. Nach zweimaliger Wiederholung hat er alles verstanden.
57. Das Boot hat zweitausend und eine Mark gekostet. (Buscha, S. 289)
58. Der Wätzlich-Scharfschuß... blieb der Dynamo-Höhepunkt in den zweiten 45 Minuten. (DSE, 26.11.1973, S. 4)
59. Mit zweiundzwanzig habe ich in Rom eine Medaille erboxt. (Kienast, S. 19)
60. abertausend Menschen (Duden M, Bd.I, S. 676)
61. Andere Sachen gibt es nicht.
62. Aus mannigfaltigen Gründen kann man ihm nicht zustimmen. (Jude, S. 73)
63. Du hast mehr Bücher als ich.
64. In den paar schönen Tagen des Sommers sind wir zum Baden gefahren. (Sch-Gr, S. 200)
65. Alle paar Wochen fahren wir ins Gebirge.
66. Meine sämtlichen Freunde gratulierten mir zum Examen. (Sch-Gr, S. 200)
67. zum soundsovielten Male (Duden L, S. 286)
68. diese unzähligen Dinge
69. Diesmal sind es Verletzungen (wir hatten ungewöhnlich viel) und taktische Schwächen. (DSE, 9.4.1974, S. 8)
70. Es waren viele Menschen dabei.
71. Solche und andere Fakten gibt es viele.
72. auf vielen tausend Bildern! (ND, 21.5.1974, S. 5)
73. Er hatte vielerlei Einwände gegen den Vorschlag. (Buscha, S. 302)
74. Er trinkt wenig Wein (keine große Menge) und glaubt, daß weniger Wein (d.h. wenige Sorten) unverfälscht sei. (Heyse, S. 642)
75. Für dieses Amt hast du zu wenig Erfahrung. (Duden M, S. 760)
76. Gute Freunde gibt es wenig(e). (Glinz, S. 158)
77. Zahlreiche Personen sind erschienen.
78. mit -zig Sachen in die Kurve gehen (Duden M Gr, S.296)
79. Etwa zwei Drittel der Aktiven gehören dem Trainingszentrum an. (DSE, 15.6.1978, S. 2)

2.4.11. A d v e r b - Erläuterungen

Der Klasse der Adverbien lassen sich ohne besondere Schwierigkeiten in erster Linie zusammengesetzte Zahlwörter mit -mal und -fach zuordnen. Diese Wörter treten in der gleichen syntaktischen Position wie etwa hier oder gestern auf: Er las das Buch gestern. Er las das Buch dreimal. (Aber: Dreifach ist der Schritt der Zeit., dreifach ist hier ein Adjektiv). Es handelt sich hierbei nicht nur um Verbindungen mit einer Kardinalzahl als erstem Glied, z.B.: 400 m hieß das Ziel und 302 mal wurde es erreicht. - Bsp. 3, Das vergelte ich dir hundertfach (hundertfältig) - Bsp. 13, sondern auch um solche mit unbestimmten Mengenangaben: Unzähligemal habe ich das gesagt. (Bsp. 26), Es wird vielfach die falsche Ansicht vertreten, daß... (Bsp. 28), Ein paarmal wachte er vor Angst auf. (Bsp. 20) usw. Für ein Adverb halten wir das Wort vielfach in: In der Jackentasche fühlte er ein vielfach gefaltetes Papier... (Bsp. 29), obgleich es sich der Substitutions- und der Verschiebeprobe nach wie eine Partikel verhält (es tritt vor einem Bezugswort auf, mit dem es zusammen verschiebbar ist). Entscheidend ist hier die Tiefenstruktur: ⟶ In der Jackentasche fühlte er ein Papier. Das Papier wurde vielfach gefaltet. (Für vielfach sind u.a. einsetzbar: schnell, gestern, früher). Ein analoger Fall liegt im Bsp.31 vor.

Die Beispiele 6 und 10 sind als Ellipsen zu betrachten: Bsp. 6: Einmal eins ist eins = Nimmt man eins einmal, so bekommt man eins., Bsp. 10: DDR-Ringer fünfmal unter den ersten Drei = DDR-Ringer waren fünfmal unter den ersten Drei. An den so vervollständigten Sätzen fällt es nicht mehr schwer, in den Wörtern einmal und fünfmal Adverbia zu erkennen.
Zur Wortart "Adverb" gehören auch: vielmals, erstmals, niemals, erstmalig (aber Adjektiv: die erstmalige Mahnung), beispielsweise: Ich bitte vielmals um Entschuldigung. (Bsp. 30). Auch Beispiele: 8, 9, 24.

Konstruktionen vom Typ je viermal (Bsp. 17) werden hier als zwei Wortklassen behandelt: je - Präposition, viermal - Adverb. Die Kardinalzahl im Satz: Er ist 1921 geboren (Bsp.14) wird von uns ebenfalls für ein Adverb gehalten. Sie ist syntaktisch gleichwertig mit solchen Wörtern bzw. Wortgruppen wie: gestern, früh, im Jahre 1921 (Ersatzprobe). Semantisch ist dieses Zahlwort nicht identisch mit 1921 in einem Satz wie: Im Jahre 1921 war er geboren, ist also keine Ellipse. Es entspricht u.E. der ganzen substantivischen Fügung im Jahre 1921 und als eine Adverbialbestimmung in traditionellem Sinne (kein Attribut!) wird in die Klasse der Adverbien eingeordnet (vgl. aber S. 71: im Jahre 1974 war ich im Ausland. - Adjektiv).

Doppelt weist neben seiner adjektivischen Funktion auch den adverbialen Gebrauch auf: Diese Briefmarke kommt doppelt vor. (Bsp. 1) Du bekommst deine Auslagen doppelt und dreifach zurück. (Bsp. 2). Im ersten Satz sind etwa folgende Substitutionen möglich: Diese Briefmarke kommt doppelt vor.
oft
dreimal
mehrmals

Auch das Wort genug im Satz: Ich habe genug von ihm gehört. (Bsp. 21) ist der Wortart Adverb zuzuordnen. Eine Ähnlichkeit mit dem Pronomen ist nur scheinbar. Zwar können in dieser Position substantivische Pronomen auftreten: Ich habe genug von ihm gehört.
das
alles
einiges,

aber eine Substitution durch semantisch nahe stehende Wörter weist auf die Unterschiedlichkeit der syntaktischen Funktionen hin. Das, alles, einiges lassen sich durch Substantive mit Artikel ersetzen: Ich habe eine Geschichte (ein Gerücht) von ihm gehört. Das Wort genug dagegen ist im angeführten Satz gleichwertig mit etwa viel, zuwenig und daher ist es als Adverb zu betrachten.

Eine andere Probe (Nektionsprobe) beweist das noch deutlicher: zwei Wörter derselben Wortart können in einem Syntagma auftreten, indem sie durch eine koordinative Konjunktion (z.B. und, oder) verbunden werden: Er weiß genug oder zuwenig (genug und zuwenig - Adverbien), allerdings nicht: ^{x}Er weiß genug oder einiges, (genug - Adverb, einiges - Pronomen). Genug in anderen Kontexten wäre aber den Artikelwörtern bzw. den Pronomina oder den Partikeln zuzurechnen (vgl. 2.4.5., 2.4.7., 2.4.13.).

Adverbia sind ebenfalls die Aufzählungswörter (Einteilungszahlen), die als selbständige Satzglieder (Adverbialbestimmung) fungieren, vgl. Erstens bin ich müde, zweitens habe ich keine Zeit (Bsp. 7).

Daß in eine auf syntaktischem Wege ausgesonderte Wortart "Adverb" die traditionellen Iterativa, Multiplikativa und Aufzählungswörter Eingang gefunden haben, stimmt im allgemeinen mit vielen bisherigen Auffassungen überein. Neu in unserer Auffassung scheinen folgende Momente zu sein: den Adverbien werden auch zugeordnet: 1. Kardinalzahlen (in solchen Syntagmen wie: Er ist 1921 geboren), 2. manche unbestimmte Zahlwörter (vgl. genug in: Ich habe genug von ihm gehört).

2.4.12. A d v e r b - Beispiele

1. Diese Briefmarke kommt doppelt vor. (Agricola, S. 171)
2. Du bekommst deine Auslagen doppelt und dreifach zurück. (Wahrig, 937)
3. 400 m hieß das Ziel und 302 mal wurde es erreicht. (DSE, 22.4.1974, S. 3)
4. Er las das Buch dreimal.
5. Anfangs hatte ich dutzendweise Leute gefragt, eine Art Volksbefragung. (Plenzdorf, S. 83)
6. Einmal eins ist eins. (Heremans, S. 39)
7. Erstens bin ich müde, zweitens habe ich keine Zeit.
8. Der Orden "Banner der Arbeit" wird erstmalig zum 25. Jahrestag der DDR in drei Stufen... verliehen. (AZ, 30.4.1974, S. 2)
9. Wir sind erstmals bei der WM-Endrunde dabei... (Fuwo, 3.1.1974, S. 3)
10. DDR-Ringer fünfmal unter den ersten Drei. (DSE, 22.IV.1974, S. 1)
11. Wir teilen das halb und halb.
12. ...ein Athlet, sein Kostüm erinnert halb an Strafanstalt und halb an Zirkus. (Frisch, S. 142)
13. Das vergelte ich dir hundertfach (=hundertfältig).
14. Er ist 1921 geboren.

15. ... Im Laufen nahm er die Marmortreppen paarweise und zu dritt. (Nicol, S. 34)
16. Ideen lohnen sich tausendfach. (AZ, 1.12.1973, S. 2)
17. Bei der Übung werden die Arme je viermal seitwärts und vorwärts gehoben.
18. Sie legte ihr Tuch zweifach.
19. Er redet allemal Unsinn. (Dam. S. 431)
20. Ein paarmal wachte er vor Angst auf. (Kienast, S. 17)
21. Ich habe genug von ihm gehört.
22. Manchmal treffen wir uns.
23. Und Kumpels hätte er eins zu tausend massenweise gefunden. (Plenzdorf, S. 27)
24. Niemals werde ich das vergessen.
25. Die Eingeladenen waren sämtlich erschienen. (Agricola, S. 522)
26. Unzähligemal habe ich das gesagt.
27. Er arbeitet so viel, daß er keine freie Zeit hat.
28. Es wird vielfach die falsche Ansicht vertreten, daß ... (Jude, S. 73)
29. In der Jackentasche fühlte er ein vielfach gefaltetes Papier... (Kienast, S. 16)
30. Ich bitte vielmals um Entschuldigung.
31. Aus dem Kuip in Rotterdam dem Stadion des Europapokal-Endspiels der Pokalsieger, pflanzte sich Magdeburger Fußballjubel in hohen Wellen fort in unsere Republik hinein, hallte vieltausendfach verstärkt wider in der Elbestadt und viel hunderttausendfach im ganzen Land. (DSE, 10 - 11.5.1974, S. 1)
32. X-mal hatten sie das schon verboten. (Plenzdorf, S. 16)
33. Die Zuschauer sind zahlreich erschienen.
34. Das war zuviel für ihn. (Plenzdorf, S. 47)

2.4.13 Partikel - Erläuterungen

Die Partikeln als Wortart bilden unter den Zahlwörtern eine zahlenmäßig kleine Gruppe. In der Auffassung der Partikeln folgen wir G.Helbig und J.Buscha: Es ist "eine Wortklasse, deren Elemente kein Satzglied darstellen, sich nicht auf den ganzen Satz, sondern nur auf ein Wort beziehen und niemals allein, sondern nur zusammen mit ihrem Beziehungswort im Satz verschiebbar sind".[150] Helbig sucht allerdings nicht die traditionellen Numeralia in diese Wortart einzuordnen. Wir sind der Meinung, daß die unten verzeichneten Zahlwörter dem Status der so aufgefaßten Partikeln Rechnung tragen, da sie alle kein selbständiges Satzglied darstellen und nur zusammen mit ihren Bezugswörtern umstellbar sind. So bezieht sich beispielsweise das Wort genug im Satz: Du bist für diese Stellung nicht wendig genug (Bsp.8) auf wendig, während doppelt auf soviel (Bsp. 1) Bezug nimmt. In Kategorien der Dependenzgrammatik kann man hier von Regentien (wendig, soviel) und Dependentien (genug, doppelt) sprechen. Das Regens für dreimal im Bsp. 2 (Dreimal so gut wie jeder andere konnte ich es immer noch.) ist kein Einzelwort, sondern die Wortgruppe so gut.

Die Partikeln sind von Artikelwörtern abzugrenzen, die ähnliche syntaktische Eigenschaften wie Partikeln haben (keine Satzglieder, nur mit ihren Bezugswörtern verschiebbar). Die beiden Wortklassen weisen allerdings verschiedene Stammbäume auf:

1) Artikelwort

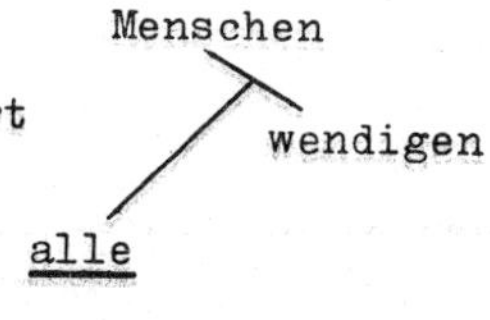

2) Partikel

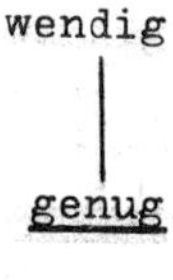

Während sich alle (Artikelwort) auf ein Substantiv bzw. auf ein Substantiv und Adjektiv zugleich bezieht, ist für genug (Partikel) das Adjektiv wendig allein das Bezugswort.

---

[150] G.Helbig, J.Buscha, Deutsche Grammatik...., S. 317 f.

2.4.14. Partikel - Beispiele

1. Dies kostet doppelt soviel wie das. (Agricola, S. 171)
2. Dreimal so gut wie jeder andere konnte ich es immer noch. (Plenzdorf, S. 43)
3. Eineinhalbmal soviel habe ich bekommen.
4. Der Lärm macht mich halb krank. (Wahrig, 1627)
5. Das Glas ist halb leer. (Wahrig, 1627)
6. Ich bin etwas müde. (Wahrig, 1172)
7. Die Arbeit ist ganz gut. (Buscha, S. 431)
8. Du bist für diese Stellung nicht wendig genug. (Agricola, S. 262)
9. Dieses Haus ist viel größer als jenes.
10. Er arbeitet weit fleißiger als sein Bruder. (Buscha, S.431)
11. Wenig später zeichnete ihre Gesichter volle Konzentration. (DSE, 1.7.1978, S. 3)

2.4.15. Zusammenfassung

Die hier vorgeschlagene Konzeption des deutschen Zahlworts unterscheidet sich wesentlich von den traditionellen Auffassungen, auch von diesen, die den Zahlwörtern den Status einer selbständigen Wortart verweigern. Sie weicht ebenfalls in mancher Hinsicht von der Auffassung G.Helbigs, von dem wir die Methode der Wortartklassifizierung in modifizierter Form übernommen haben.

Durch die Anwendung operationeller Methoden versuchten wir, eindeutigere und mehr nachvollziehbare Ergebnisse zu erzielen, als es bis jetzt der Fall war. So wurden bisher häufig Wörter wie alle, mehrere, etwas, einige der Bedeutung nach entweder den unbestimmten Zahlwörtern oder den unbestimmten Pronomen zugeordnet. Die Grenze zwischen den semantisch verstandenen Zahlwörtern und den Nicht-Zahlwörtern ist nicht deutlich genug. Die Untersuchung der Position und der Distribution erlaubt uns, derartige Wörter mit größerer Präzision zu klassifizieren. Demnach stellt etwa das Wort alles im Satz: Alles Gute wünsche ich dir ein Artikelwort dar, dagegen im Satz: Alles verstehe ich - ein Pronomen. Auch bei diesem Vorgehen trifft man allerdings auf Grenzfälle, wo eine Abgrenzung zwischen zwei Wortarten nicht eindeutig vorzunehmen ist, z.B.: Die einen interessieren sich für Sport, die anderen für Musik. Ob einen und anderen den Adjektiven oder den Substantiven angehören, hängt davon ab, ob hier Ellipsen (die einen Leute...) vorliegen oder nicht. Eine Entscheidung über das Vorhandensein oder Nichtvorhandensein einer elliptischen Konstruktion entschlüpft der strengen, kontrollierbaren Verfahrensweise. In solchen Fällen muß man das eigene Sprachgefühl walten lassen: im soeben angeführten Satz entscheiden wir aufgrund unserer Sprachkompetenz, daß es hier keine Ellipse gibt, sondern die betreffenden Wörter "substanziell" verstanden werden. Es sind daher Substantive.

Manchmal müssen auch andere mit dem untersuchten Satz zusammenhängende Sätze miteinbezogen werden oder man muß die betreffende Situation kennen, auf die sich der Satz bezieht. Erst dann kann man entscheiden, ob elliptische Konstruktionen vorliegen.

Wir wollen auf einige Differenzen zwischen der vorliegenden Auffassung und den anderen Konzeptionen hinweisen. Das deutsche Zahlwort wird hier als eine semantische Klasse betrachtet, die jedoch keine selbständige Wortart darstellt. Den syntaktischen Funktionen nach, die auf operationellen Wegen gewonnen wurden, haben wir die herkömmliche Wortart Zahlwort (Numerale) in sechs Wortarten aufgelöst: Substantiv, Pronomen, Adjektiv, Adverb, Artikelwort, Partikel. Von diesen werden in bezug auf die Zahlwörter vier Wortklassen (Substantiv, Pronomen, Adjektiv, Adverb) von mehreren Sprachwissenschaftlern genannt. Die Klasse der Artikelwörter tritt nur bei wenigen auf (etwa: G.Helbig[151], H.Vater[152], H.-J.Grimm[153]). Die Einordnung mancher Zahlwörter in die Klasse der Partikeln scheint allerdings bis jetzt nicht erfolgt zu sein. Wir hal-

---

151) G.Helbig, J.Buscha, a.a.O., S. 314 ff.

152) H.Vater, Das System der Artikelformen im gegenwärtigen Deutsch (Diss.), Tübingen 1963.

153) H.-J.Grimm, G.Heinrich, Der Artikel, Leipzig 1974.

ten es jedoch für berechtigt, Zahlwörter in bestimmten Syntagmen dieser Wortklasse zuzuweisen, so z.B. das Wort dreimal im Satz: Dreimal so gut wie jeder andere konnte ich es immer noch. Da hier dreimal kein selbständiges Satzglied darstellt und nur zusammen mit anderen Elementen (so gut) umstellbar ist, entspricht es dem Status der von Helbig definierten Wortklasse-Partikel (dagegen dreimal in: Er las das Buch dreimal ist ein Adverb).

Manche Zahlwörter erscheinen hier sogar in mehr als zwei Wortklassen. So ist u.E. eine Kardinalzahl wie 1974 drei Wortarten zuzuordnen: Pronomen (z.B. 1974 + 6 = 1980), Adverb (1974 geschah es) und Adjektiv (Im Jahre 1974 war ich im Ausland). Zu dieser Schlußfolgerung berechtigt uns die Tatsache, daß 1974 in den drei Sätzen verschiedene syntaktische Funktionen ausübt, was durch Substituierbarkeit sowie Untersuchung der Distribution und Abhängigkeitsbeziehungen feststellbar ist. Dabei stellt dieses Zahlwort in den drei Syntagmen jeweils unterschiedliche Semantik (im Sinne der "kategorialen Grundbedeutung") dar.

Für unlogisch halten wir die traditionelle Auffassung der Distributivzahl als einer Unterklasse des Numerale. Ausdrücke wie je zwei, je drei sind u.E. Konstruktionen, die aus zwei Wörtern bestehen und demzufolge zwei verschiedenen Wortklassen angehören (Präposition und Adjektiv). Ähnlich z.B. mit ein bißchen, das wir als eine Verbindung von einem Artikelwort und einem Substantiv ansehen.

Zwar sind die hier ermittelten Wortklassen mit den traditionellen nicht gleichzusetzen, doch wir entschieden uns dafür, die herkömmlichen Bezeichnungen beizubehalten. Erstens sind diese Unterschiede nicht allzu groß: so entspricht "unser" Substantiv in den meisten Fällen dem traditionellen Substantiv, zweitens wurde in der Arbeit auf die vorhandenen Differenzen mehrmals hingewiesen: so ist hier unter der Bezeichnung "Pronomen" nicht die heterogene Klasse der traditionellen Pronomina zu verstehen, sondern hauptsächlich die substantivischen Pronomina im traditionellen Sinne. Eventuelle Neubezeichnungen würden u.E. wenig Nutzen, dagegen viel Verwirrung herbeiführen. Es geht uns nicht um terminologische Neuheiten, sondern vielmehr darum, neue methodologische Vorschläge zu zeigen, wobei allerdings nicht jeglicher Zusammenhang mit traditionellen Auffassungen zerstört werden soll.

Zusammenfassend sei die Auffassung der deutschen Zahlwörter in der traditionellen Grammatik mit der von uns vorgeschlagenen verglichen. Wegen bestimmter Unterschiede zwischen einzelnen Auffassungen der traditionellen Grammatik stützen wir uns nicht auf eine bestimmte Konzeption, sondern nehmen als Ausgangspunkt eine im weitesten Sinne zu verstehende Wortart Numerale.

Traditionelle Auffassung (Numerale als Wortart)	Unsere Auffassung
1. Kardinalzahlen (Grundzahlen)	1. Adjektiv (Ich warte drei Stunden)
	2. Pronomen (zwei und eins ist drei)
	3. Substantiv mit Artikelwort (Ich fahre mit der Acht nach Hause)
	4. Adverb (Er ist 1921 geboren)
2. Ordinalzahlen (Ordnungszahlen)	1. Adjektiv (Die dritte Stunde warte ich schon)
	2. Substantiv mit Artikelwort (Morgen ist der Zwanzigste)
3. Multiplikativa (Vervielfältigungszahlen)	1. Adjektiv (Dreifach ist der Schritt der Zeit)
	2. Adverb (Das vergelte ich dir hundertfach (hundertfältig)
	3. Substantiv mit Artikelwort (Dieser Hut kostet das Dreifache von jenem)

4. Iterativa (Wiederholungszahlen)	1. Adverb (Er las das Buch dreimal) 2. Adjektiv (Nach zweimaliger Wiederholung hat er alles verstanden) 3. Substantiv (mehrere tausendmal) 4. Partikel (Dieses Haus ist dreimal so groß wie das andere)
5. Gattungszahlen	1. Adjektiv (Das Kleid ist aus zweierlei Stoff) 2. Artikelwort (Allerlei gute Sachen gibt es hier) 3. Pronomen (Zweierlei zeigte sich)
6. Distributivzahlen (Verteilungszahlen)	1. Präposition und Adjektiv (Er gab ihnen je einen Apfel) 2. Präposition und Adverb (Die Arme werden je viermal seitwärts gehoben) 3. Adverb (Sie kamen paarweise) 4. Substantiv und Konjunktion und Substantiv (Sie gingen zwei und zwei nebeneinander)
7. Bruchzahlen	1. Substantiv und Adjektiv (ein Achtel vom Kuchen) 2. Adjektiv (Er kaufte sechsdreiviertel Meter Stoff) 3. Adjektiv und Adjektiv (Das eine achtel Kilo habe ich verschenkt) 4. Partikel (Der Lärm macht mich halb krank)

	5. Pronomen und Substantiv und Pronomen (4,2 m = vier Komma zwei Meter)
8. Aufzählungswörter (Einteilungszahlen)	1. Adverb (Erstens bin ich müde, zweitens habe ich keine Zeit)
9. Indefinitzahlen (unbestimmte Zahlwörter)	1. Artikelwort (Wir warteten einige Stunden) 2. Adjektiv (meine sämtlichen Freunde) 3. Pronomen (Alles spricht dafür) 4. Substantiv (Viele Wenig machen ein Viel) 5. Artikelwort und Substantiv (Ich verstehe ein bißchen) 6. Adverb (Ich habe genug von ihm gehört) 7. Partikel (Das Buch ist interessant genug)

3. Die Stellung der Zahlwörter im Rahmen der Wortarten im Polnischen

3.1. Bisherige Auffassungen

Im folgenden seien kurz einige Auffassungen über die Zahlwörter im Polnischen dargelegt. Fast bei allen Grammatikern erscheint das Numerale (liczebnik) als eine selbständige Wortart. W. Doroszewski definiert die Wortart "Numerale" folgendermaßen: "Liczebniki są to wyrazy będące nazwami liczb oraz takich cech przedmiotów, które pozostają w związku z liczeniem"[154]. ("Die Zahlwörter sind Wörter, die Bezeichnungen für Zahlen sowie für die Merkmale von Gegenständen sind,

---

154) W. Doroszewski, Podstawy gramatyki polskiej, Warszawa 1952, S. 224.

die im Zusammenhang mit dem Rechnen bleiben". - Übers.:R.L.) Eine ähnliche Definition finden wir in einer polnischen Grammatik[155], die folgende Gruppen der Numeralien unterscheidet:

1) liczebniki główne (Kardinalzahlen): sześć, osiem usw.
2) liczebniki ułamkowe (Bruchzahlen): półtora, ćwierć usw.
3) liczebniki zbiorowe (Kollektivzahlen), z.B. dwoje, troje
4) liczebniki porządkowe (Ordinalzahlen), z.B. pierwszy, drugi
5) liczebniki mnożne (Multiplikativa), z.B. potrójny, poczwórny
6) liczebniki wielorakie (Gattungszahlen), z.B. dwojaki, trojaki

Es fehlt die in manchen Grammatiken erwähnte Gruppe "liczebniki nieokreślone" (unbestimmte Zahlwörter) wie: kilka, kilkanaście, ile, tyle (sie werden hier den Zahlpronomina zugerechnet) oder wiele, dużo, mało, die hier den Adverbien zugerechnet werden. Als Adverbien gelten hier auch Wörter wie dwojako, trzykrotnie (einfache Adverbien), po pierwsze, dwa razy, pierwszy raz (zusammengesetzte Adverbien).
Man übersieht dabei nicht, daß die einzelnen Arten der Zahlwörter unterschiedliche syntaktische Funktionen aufweisen. So haben die Ordinalzahlen, Multiplikativa (Vervielfältigungszahlen) und Gattungszahlen dieselben syntaktischen Funktionen wie Adjektive, während sich die Kardinalzahlen entweder wie Substantive (pięć kaczek) oder wie Adjektive (od dwóch tygodni) verhalten[156].
Auch die Deklination der Numeralien weist große Unterschiede auf: so werden z.B. die Kollektiva (dwoje usw.) wie Substantive flektiert, die Ordinalia dagegen haben adjektivische Deklination. Es wird jedoch auf eine Eigenart der Deklination des Zahlwortes hingewiesen: die oft in Casus Obliqui vorkommende Endung - u (sto - stu, pięć - pięciu) bei polnischen Kardinalia[157].

Aufgrund des semantischen Kriteriums sondert auch S.Szober die polnischen Zahlwörter als eine Wortart aus. Für ihn sind

---

155) Gramatyka opisowa języka polskiego z ćwiczeniami (hrsg. W. Doroszewski, B.Wieczorkiewicz),Bd.1, Warszawa 1972, 5.Aufl., S. 129 f.

156) Gramatyka opisowa..., Bd.II, 1972, 5.Aufl., S. 279 f.

157) Gramatyka opisowa..., Bd.II, S. 75 ff.

die Zahlwörter "formal-reale Wörter" ("wyrazy formalno-realne"), bei denen der Begriff der Beziehung dominiert. So drückt z.B. das Wort trzeci in trzeci dom eine relative Eigenschaft aus, da es nicht eine Eigenschaft an sich (z.B. biały dom), sondern Beziehungen zwischen mehreren Gegenständen oder Erscheinungen bezeichnet[158]. Die Einteilung der Numeralien gleicht der von Doroszewski. Die unbestimmten Zahlwörter werden ebenfalls nicht einbezogen.

Die Bedeutung ist auch in der Wortarteinteilung bei L.Stein[159] ausschlaggebend, der den Zahlwörtern den Status einer selbständigen Wortart gönnt, da sie eine besondere semantische Kategorie - "das Zahlenmäßige" ("liczbowość") vertreten. Das syntaktische Kriterium wendet Stein nur dazu an, innerhalb der Numeralien adjektivische und substantivische Zahlwörter zu unterscheiden.

Relativ weit wird die Wortart Numerale von Z.Klemensiewicz[160] gefaßt. Dieser Wortart rechnet er auch solche Wörter wie dwukrotnie, dwojako, podwójnie zu, allerdings nicht: tyle, kilka, ile, żaden (Zahlpronomina)[161] oder dużo, wiele, mało, trochę (Adverbien)[162].

Im Unterschied zu den genannten Sprachwissenschaftlern sondert M. Schabowska eine besondere Gruppe der Numeralien "unbestimmte Zahlwörter" ("liczebniki nieokreślone, nieoznaczone") wie wiele oder kilka aus. Solche Wörter bezeichnen die Quantität nur allgemein, ungenau. Dagegen gelten für Schabowska Wörter wie szczypta, huk, kupa, obwohl sie auch eine gewisse Quantität bezeichnen, nicht als Numeralia, sondern als quantitative Substantive ("rzeczowniki ilościowe").[163]

---

158) S.Szober, Zarys językoznawstwa ogólnego, Warszawa 1924, S. 43 ff.

159) I.Stein, Gramatyczne funkcje części mowy, JP, 1953, XXXIII, H. I, S. 9 ff.

160) Z.Klemensiewicz, Podstawowe wiadomości z gramatyki języka polskiego, Warszawa 1973, Aufl.8, S. 59 ff.

161) Z.Klemensiewicz, a.a.O., S. 60.

162) Z.Klemensiewicz, a.a.O., S. 58.

163) M.Schabowska, Rzeczowniki ilościowe w języku polskim, Prace Komisji Językoznawstwa, nr 14, PAN Wrocław 1967.

Eine teilweise unterschiedliche Auffassung finden wir bei S. Jodłowski, der bei der Wortarteinteilung semantisch-syntaktische Kriterien anwendet. Die von ihm ausgesonderte Wortart "Quotifikator" ("kwotyfikator") bezeichnet einen Mengenbegriff und übt syntaktisch die Funktion des Attributs aus, wobei sie meistens das mit ihr zusammenhängende Glied regiert (außer den Zahlen 1 - 4). Innerhalb dieser Wortart unterscheidet Jodłowski zwei Untergruppen: das Zahlwort (z.B. pięć) und das Zahlpronomen (z.B. tyle).[164]

Bei T. Milewski erscheinen die Zahlwörter (zusammen mit Pronomen) am Rande des Wortartsystems. Die Zahlwörter, die eine assoziative Konnotation aufweisen, gehören seiner Meinung nach dem sog. abgeleiteten System an ("system pochodny"), das auf der Basis des Grundsystems ("Nennwörter" - "wyrazy nazywające") existiert.[165]

Eine besondere Wortart "Numerale" finden wir überhaupt nicht bei J. Kuryłowicz,[166] der allerdings seine Wortarteinteilung (nach syntaktischem Kriterium) nicht speziell auf das Polnische bezieht.

H. Misz geht bei der Wortartklassifizierung von dem syntaktischen Kriterium aus, indem er vor allem die Distribution und die Abhängigkeitsverhältnisse untersucht. Das traditionelle Numerale erscheint bei ihm wegen beträchtlicher Unterschiede in syntaktischer Hinsicht in vier verschiedenen Wortklassen, dabei bleibt aber die Wortart "Numerale" doch aufrechterhalten, wenn sie auch viel enger gefaßt wird:

1. Klasse 5 (zaimki rzeczownikowe - substantivische Pronomina): nikt, nic, coś usw.
2. Klasse 6 (zaimki i liczebniki przymiotnikowe - Pronimina und adjektivische Zahlwörter): żaden, pierwszy, kilkakrotny, dwojaki, jeden usw.

---

164) S.Jodłowski, Studia nad częściami mowy, Warszawa 1971, S.154.

165) T.Milewski, Stanowisko składni w obrębie językoznawstwa, in: Problemy składni polskiej, Kraków 1971, S. 24 f.

166) J.Kuryłowicz, Dérivation lexicale et dérivation syntaxique (Contribution à la theorie des parties du discours), in: Esquisses linguistiques, Prace Językoznawcze, 19, 1960, Wrocław -Kraków, S. 46 ff.

3. Klasse 7 (zaimki przysłówkowe - adverbiale Pronomina): raz, dwukrotnie, nigdy, nigdzie
4. Klasse 8 (liczebniki rzeczownikowe - substantivische Zahlwörter): dwa, pięć, tysiąc, pół, mało, kilkoro[167].

Es ist daraus zu ersehen, daß die Klassifikation von Misz von den anderen wesentlich abweicht. Bemerkenswert ist hier beispielsweise die Tatsache, daß die traditionellen Kardinalia (wie cztery, pięć) und Indefinita (z.B. mało, trochę) in attributiver Funktion in einer Wortart erscheinen, was aus der Ähnlichkeit ihrer syntaktischen Funktionen resultiert. Dabei hat aber diese Klassifikation lediglich einen approximativen Charakter, und man könnte z.B. fragen, wohin solche quantitativen Ausdrücke wie podwójny, po pierwsze, jedna trzecia einzuordnen sind.

Ausgehend vom morphologischen Kriterium der Wortartklassifikation betrachtet Z. Saloni die Zahlwörter als Lexeme, die durch das Vorhandensein der grammatischen Kategorien des Kasus und Genus und das Fehlen der Flexionskategorie der Zahl charakterisiert sind. Demzufolge rechnet Z. Saloni zur Wortart Numerale folgende Gruppen des traditionellen Zahlworts: 1) Kardinalzahlen (osiem, dziewięć usw.), 2) Kollektivzahlen (ośmioro, dziewięcioro usw.), 3) manche Indefinitzahlen (wiele, ile, kilka usw.). Ausgeschlossen werden Wörter wie dwojaki, dwukrotny, podwójny, drugi, die von Saloni den Adjektiven zugeordnet werden. Bemerkenswert ist die Tatsache, daß Ausdrücke wie trzysta dziewięćdziesiąt pięć oder dwie siódme als Gruppen von drei bzw. zwei Lexemen angesehen werden und nicht als Einzelwörter.[168]

Man kann zusammenfassend feststellen, daß die überwiegende Mehrheit der Grammatiker die polnischen Zahlwörter als eine selbständige Wortart betrachten. Das wäre auf zwei Faktoren

---

167) H.Misz, Opis grup syntaktycznych dzisiejszej polszczyzny pisanej, Bydgoszcz 1967 = Bydgoskie Towarzystwo Naukowe, Prace Wydziału Nauk Humanistycznych, Seria B,Nr2, S.49 ff.

168) Z.Saloni, Kategorie gramatyczne liczebników we współczesnym języku polskim, in: Studia gramatyczne I, Prace Instytutu Języka Polskiego 25, Wrocław-Warszawa-Kraków-Gdańsk 1977, S. 147 f.

zurückzuführen: 1) die Bevorzugung des semantischen Kriteriums in Wortartklassifikationen, 2) das Vorhandensein bestimmter morphologischer Merkmale bei polnischen Zahlwörtern, die nur ihnen zukommen.

3.2. Die Zahlwörter im Polnischen - unsere Auffassung

Bei Anwendung des syntaktischen Kriteriums der Wortarteinteilung lassen sich die polnischen Zahlwörter in fünf Wortarten auflösen: Substantiv, Adjektiv, Pronomen, Adverb, Partikel.
Eine besondere Wortart "Zahlwort" gibt es nach unserer Auffassung nicht.
Obwohl die herkömmlichen Bezeichnungen für die Wortarten beibehalten wurden, werden darunter nicht genau dieselben Klassen von Wörtern gemeint wie in der traditionellen Grammatik.
So beinhaltet z.B. die Klasse der Pronomina lediglich solche Wörter, die traditionell substantivische Pronomen genannt wurden. Von Substantiven unterscheiden sie sich durch eine andere Distribution: vor ihnen können keine Bestimmungswörter auftreten (also Adjektive, adjektivische Pronomen oder Zahlwörter in traditionellem Sinne). Möglich ist zwar: ta odrobina wody, aber nicht: ^{x}to dwa plus to trzy... . Die Distribution spielt bei der Bestimmung der Wortarten im Polnischen eine weitaus größere Rolle als im Deutschen, weil wegen der verhältnismäßig freien Wortstellung der polnischen Syntagmen die Untersuchung der Position allein geringe Ergebnisse bringt.

Im folgenden seien die einzelnen Wortklassen besprochen, denen wir die traditionellen Zahlwörter im Polnischen zugeordnet haben.

3.2.1. S u b s t a n t i v - Erläuterungen

Der Klasse der Substantive rechnen wir Wörter zu, die an Stelle der hervorgehobenen Wörter in derartigen Satzrahmen einsetzbar sind:

1. Nowy stół stoi tutaj.
2. Kupiłem nowy stół.

Die Wörter dieser Klasse lassen Wörter wie nowy, duży, cały, ten, pięć, kilka (Adjektive nach unserer Auffassung) voranstehen (zuweilen ist auch die Nachstellung des Adjektivs anzutreffen), und sind dem begleitenden Wort gegenüber übergeordnet (Abhängigkeitsbeziehungen):

```
stół
 |
nowy
```

Manche von den verzeichneten Wörtern wurden auch bisher häufig den Substantiven zugewiesen (das bezieht sich vor allem auf die Beispiele 1 - 16). So kann das Wort dziesiątka im Bsp. 6 (Pierwsza dziesiątka kolarzy ruszyła naprzód.) ohne Veränderung der strukturellen (syntaktischen) Funktion des ganzen Syntagmas durch folgende Wörter (Substantive der traditionellen Grammatik) ersetzt werden:

Pierwsza grupa kolarzy ruszyła naprzód.
drużyna
kolumna usw.

Die lexikalische Bedeutung des Syntagmas kann sich dabei ändern (nur die syntaktische Funktion des Syntagmas muß beibehalten werden):

Pierwsza grupa kolarzy...
Pierwsza kolumna żołnierzy...
Ogromna chmara ptactwa...
Wielki tłum ludzi...

Der Abhängigkeitsbaum sieht folgendermaßen aus:

```
dziesiątka
    |
pierwsza
```

Ähnlich wie dziesiątka verhalten sich in unserem Verzeichnis u.a.: czterdziestka (Bsp.1), czwórka, piątka (Bsp.3), ćwiartka (Bsp.4), ćwierć (Bsp.5), tuzin (Bsp.14), vgl.:

```
czterdziestka   czwórka   ćwiartka   ćwierć   tuzin
     |             |          |         |        |
    cała           ta         ta      pełna    cały
```

Nicht eindeutig lassen sich den Substantiven die Wörter dwójkami, trójkami, czwórkami im Satz: W trzecim salonie znajdował się bufet tudzież mnóstwo większych i mniejszych stolików, przy których dwójkami, trójkami, nawet czwórkami siedzieli zaproszeni (Bsp.26) zuordnen. Sie stehen schon der Klasse der Adverbien nahe: Siedzieli dwójkami korrespondiert einigermaßen mit z.B. Siedzieli spokojnie. Trotzdem halten wir sie für Substantive, da sie sich durch andere Wörter bestimmen lassen (wenn auch wegen semantischer Restriktionen nur wenige Bestimmungen hinzukommen können). Dabei werden ihnen diese Bestimmungswörter meistens vorangestellt, z.B. Szli równymi dwójkami.

Nicht zu Substantiven, sondern zu Adjektiven zählen wir das Wort ćwierć im Satz: Ćwierć miliona nauczycieli otrzymało podwyżkę pensji. Es nimmt eine andere Stelle im Abhängigkeitsbaum als ćwierć im Bsp. 5 ein:

(1) Substantiv: żyta — ćwierć — ta (2) Adjektiv: miliona — ćwierć, te

In (1) ist ćwierć zwar dem Wort żyta untergeordnet; es regiert aber seinerseits das Wort ta (auch: cała, pełna usw.).
In (2) bildet ćwierć ein untergeordnetes Glied gegenüber miliona, wird allerdings selbst nicht zu einem selbständigen Regens.
Das untergeordnete Glied te bezieht sich nicht direkt auf ćwierć, sondern auf die ganze Gruppe ćwierć miliona, analog zu beispielsweise: stodoły — nowe, te

Die gleiche Situation haben wir bei połowa und pół:

(1)Substantiv: drogi — połowa — ta (2)Adjektiv: godziny — pół, te

Im Syntagma Pięć milionów ludzi zginęło weist milion syntaktische Eigenschaften eines Substantivs auf:

1. Position: es ist durch solche Wörter ersetzbar wie: tuzin, pułk, pluton (traditionelle Substantive): Pięć tuzinów ludzi
pułków
plutonów usw.

2. Distribution: vor milion können andere Wörter, z.B. traditionelle Pronomina und unbestimmte Zahlwörter (nach unserer

Auffassung-Adjektive) stehen:

Wiele milionów ludzi zginęło.
Dużo
Te miliony ludzi, które zginęły... usw.

3. Abhängigkeitsbeziehungen:

ludzie
\
milionów
|
pięć

Milion ist hier zwar dem Wort ludzi untergeordnet, es wird jedoch gegenüber pięć zu einem Regens (als Dependentia treten in unseren Beispielen ebenfalls wiele, dużo, te auf).
Noch deutlicher kommt der substantivische Charakter von milion in einem Satz wie: Ten milion ludzi przybył do Niemiec dobrowolnie (Bsp.8) zum Vorschein, vgl. milion -
|
ten

hier ist milion dem bestimmenden Wort ten nachgestellt und übergeordnet. In morphologischer Hinsicht verhalten sich jedoch milion in einem Satz wie: Milion ludzi zamieszkało w tym mieście (Bsp.9) und milion im Satz: Ten milion ludzi przybył do Niemiec dobrowolnie (Bsp. 8) unterschiedlich: im ersten Fall hat das Verb zamieszkało neutrale singularische Form, im zweiten richtet sich das Verb przybył nach der Form des Zahlwortes milion. Während sich milion im zweiten Satz auch morphologisch wie ein Substantiv verhält, steht milion im ersten Satz den adjektivischen Wörtern nahe; trotzdem ist für uns milion im Satz Milion ludzi zamieszkało.... ebenfalls ein Substantiv, und zwar aus folgenden Gründen: erstens halten wir das morphologische Verhalten eines mit dem Zahlwort in einem Syntagma auftretenden Wortes nicht für entscheidend (vgl. die verschiedenen Flexionsformen des Substantivs in: Dwie książki leżały na stole und Pięć książek leżało na stole, obgleich dwie und pięć u.E. die gleiche kategoriale Grundbedeutung und die gleiche syntaktische Funktion haben (vgl. auch S. 112f), zweitens ist milion im ersten Satz semantisch das gleiche Wort wie milion im zweiten Beispiel (die gleiche lexikalische Bedeutung und kategoriale Grundbedeutung).
So ist für uns das syntaktische Verhalten des untersuchten Wortes im zweiten Satz (Ten milion ludzi przybył...) maß-

gebend für die anderen Beispiele (Milion ludzi zamieszkało.., Pięć milionów ludzi zginęło). Wir haben es hier mit zweierlei zu tun: im ersten Fall (Ten milion ludzi przybył...) sind die Abhängigkeitsbeziehungen zwischen milion und ten aufgrund der Weglaßprobe eindeutig erkennbar: Milion ludzi przybył..., aber nicht ^{x}Ten ludzi przybył... Das Wort milion ist dementsprechend dem Wort ten übergeordnet (ähnlich im Bsp.11: Dwa miliony złotych rozeszły się szybko). Im zweiten Fall (etwa: Bsp.9: Milion ludzi zamieszkało..., Bsp.10: Pięć milionów zginęło) sind die Abhängigkeitsbeziehungen schwer zu erschließen: im Bsp. 9, weil vor Milion kein Bestimmungswort steht, im Bsp.10, weil die Weglaßprobe nicht zu eindeutigen Resultaten führt: ^{x}Milionów ludzi zginęło, ^{x}Pięć ludzi zginęło. Wir halten es deshalb für richtig, als maßgebend für das syntaktische Verhalten von milion das Bsp. 8 zu betrachten (Ten milion ludzi przybył...), wo die Art der Dependenzbeziehungen zwischen dem Zahlwort und seinem Bestimmungswort keine Zweifel aufkommen läßt, daß milion (und entsprechend auch miliard oder tysiąc) den Substantiven angehört.

Eine Kardinalzahl wie pięć im Syntagma: zdać egzamin na pięć (Bsp. 39) halten wir auch für ein Substantiv, da es dem offensichtlichen Substantiv piątka (im Akkusativ) entspricht. Im Gegensatz zum gleichlautenden Pronomen (etwa in Syntagma: dwa plus trzy jest pięć.) läßt das Wort pięć im Bsp. 39 Bestimmungswörter vor sich treten, z.B. to pięć, słabe pięć usw.

Schwer zu erschließen ist die syntaktische Funktion der einzelnen Wörter in solchen Syntagmen wie: Jest ich pięciu. Jest nas czworo. Sind das elliptische Konstruktionen, von z.B. Jest ich pięciu chłopców (dann wäre das Wort pięciu als Attribut zu chłopców ein Adjektiv), oder übt pięciu bereits die Rolle eines selbständigen Satzgliedes aus? Um dazu Stellung zu nehmen, wollen wir im folgenden mehrere korrespondierende Satzbeispiele analysieren:

1. Jest pięciu chłopców.
2. Chłopców jest pięciu.
3. Jest ich pięciu.
4. Jest ich pięciu chłopców.

Bei (1) tritt pięciu als untergeordnetes Glied (Attribut) zum Substantiv chłopców hinzu (vgl. auch zum Verhältnis von dwóch und chłopców Ausführungen auf S. 112f . Hier ist das Zahlwort demnach als ein Adjektiv auszuweisen. Dieselben syntaktischen Beziehungen herrschen ebenfalls im Satz 2: Chłopców jest pięciu ist semantisch völlig gleichzusetzen mit Jest pięciu chłopców, nur daß hier das Attribut von seinem Bezugswort getrennt ist. So stellt auch hier pięciu ein Adjektiv dar. Schwieriger ist das Beispiel 3 mit dem Pronomen ich (Genetivform von oni). K.Pisarkowa legt nahe, das könnte man für ein Subjekt halten.[169] An einer anderen Stelle verweist dieselbe Autorin auf folgende Eventualität: Wegen der unpersönlichen Form des Verbs być (z.B. Było nas sto osób) übernimmt das Pronomen nas (ich) die Funktion der Personenbezeichnung beim Verb: die der 1. (bzw. der 3.) Person Plural. Solche Fälle trifft man öfters an: so sind bei Adjektiven oder Pronomina (im traditionellen Sinne) Endungen zu finden, die den Verben eigen sind: Głodnaś? (anstatt: Głodna jesteś?, Takam zmęczona (statt: Taka jestem zmęczona). Im Satz Było nas sto osób wird die Merkmallosigkeit des Verbs durch die Form des Pronomens ausgeglichen (Było + nas entspricht der Verbalform byliśmy).[170] Eine solche Erläuterung klingt überzeugend, und sie wird zur Grundlage für unsere weiteren Ausführungen. Ich (nas, was) hat nur eine grammatische Funktion: es "ergänzt" das in neutraler Form stehende Verb być. Die Genitivform des Pronomens ist hier aber keinesfalls eine Ersatzform für ein Substantiv im Genitiv. Davon zeugt die Nebeneinanderstellung der beiden Formen in: Jest (było) ich pięciu chłopców. Mit diesem Satz ist semantisch unser Bsp. 3: Jest ich pięciu gleichzusetzen. Der letztgenannte Satz stellt keine Ellipse dar; pięciu entspricht hier der substantivischen Gruppe pięciu chłopców und gehört demnach den Substantivwörtern an. Es muß nur entschieden werden, ob pięciu als Substantivwort den Substantiven oder den

---

169) K.Pisarkowa, Odpowiedzi Redakcji, JP 1976, LVI,1,S.79.
170) K.Pisarkowa, a.a.O., S.79.

Pronomina zuzurechnen ist. Solche Beispiele wie: Tych pięciu już poszło (Bsp. 38) oder Jest ich czterech... Tamci dwaj to zawodowi wojskowi (Bsp. 17) sprechen dafür, daß bei tych pięciu und tamci dwaj subordinative Beziehungen herrschen: tych und tamci sind u.E. den sie begleitenden Zahlwörtern untergeordnet.[171] Aus diesem Grunde weisen wir die Kardinalzahlen in derartigen Syntagmen nicht den Pronomina, sondern den Substantiven zu.

Analog zu den oben besprochenen Kardinalzahlen werden Adjektiven bzw. Substantiven Kollektivzahlen in folgenden Syntagmen zugewiesen:

1. Jest czworo dzieci. (Adjektiv)
2. Dzieci jest czworo. (Adjektiv)
3. Jest ich czworo dzieci. (Adjektiv)
4. Jest ich czworo. (Substantiv)
5. Tamtych czworo zostaje. (Substantiv)
6. My czworo zostajemy. (Substantiv)

Im letztgenannten Beispiel (My czworo zostajemy) haben wir es mit einer appositionellen Gruppe (my czworo) zu tun. Appositionen liegen auch in den folgenden Beispielen vor: Bsp.20: (...) My dwoje i państwo M., Bsp. 28: Ty jeden rozumiesz wagę tych spraw. Auch wszystkich im Bsp. 69: Celem nas wszystkich jest praca naukowa ist u.E. den Substantiven zuzurechnen. Nach einer Transformation in die Tiefenstruktur erhalten wir: → My wszyscy mamy cel. (Tym) celem jest praca naukowa. My wszyscy ist offensichtlich eine appositionelle Gruppe, d.h. my und wszyscy bleiben im Verhältnis der Nebenordnung; vgl. die Weglaßprobe: My mamy cel. Wszyscy mamy cel.

Eine neue Behandlung wird hier den zusammengesetzten Bruchzahlen zuteil. Die Bruchzahl dwie trzecie (vgl. Bsp.46) besteht u.E. aus einem Adjektiv (dwie) und einem Substantiv (trzecie) mit folgenden Abhängigkeitsbeziehungen: trzecie
|
dwie

171) Auch K.Pisarkowa meint, daß in solchen Gruppen wie ci dwaj, wszyscy dwaj subordinative Beziehungen herrschen: dwaj sei in den beiden Fällen als Regens zu betrachten (vgl.K.Pisarkowa, Funkcje składniowe polskich zaimków odmiennych, Warszawa-Kraków 1969, S. 29).

Es wäre wohl übertrieben, hier eine Ellipse von dwie trzecie części zu sehen.
Es liegt die Frage nahe: wie sind mehr als zweigliedrige Bruchzahlen zu beurteilen, etwa: dziesięć sto piątych (Bsp. 45)? Der Nenner sto piątych, eine Ordinalzahl in traditioneller Auffassung, wird hier für zwei Wörter gehalten (analog zur entsprechenden Kardinalzahl sto pięć) und muß demnach zwei Wortarten zugewiesen werden. Da sto im Verhältnis der Nebenordnung zu piątych (Substantiv) steht, wird es daher den Substantivwörtern zugeordnet. Wir sehen allerdings keine Gründe dafür, es als Substantiv zu betrachten. Die Untersuchung der Distribution weist sto als ein Pronomen aus: +to sto, +całe sto. Die Unmöglichkeit, als Regens zu funktionieren (vgl. piątych, aber nicht + sto

```
        piątych               + sto
           |                     |
        dziesięć              dziesięć)
```

unterstützt diese Feststellung.

Die traditionelle mehrgliedrige Wiederholungszahl wie pięć razy wird von uns in zwei Wortarten aufgelöst: Adjektiv (pięć) und Substantiv (razy), wobei razy die Funktion eines Regens gegenüber pięć ausübt:

```
razy
  |
pięć
```

Das Wort razy verhält sich etwa so wie das für dieses einsetzbare lata:

pięć razy,	pięć lat
wiele	wiele
dużo	dużo

Da das Wort lata eindeutig als Substantiv auszuweisen ist, trifft das ebenso auf das Wort raz zu. Das Wort raz bleibt auch dann Substantiv, wenn es des Vereinfachens halber anstatt jeden beim Zählen gebraucht wird (raz, dwa, trzy ...). Mit Recht verweist Z. Klemensiewicz darauf, daß man beim Zählen analog zu raz beispielsweise tuzin verwenden kann (dziesięć, jedenaście, tuzin), **was aber keinesfalls den substantivischen Charakter** von tuzin in Frage stellt.[172] Offensichtlich ist die Be-

---

172) P. Zwoliński, Z. Klemensiewicz, Oboczność raz - jeden w języku polskim, JP 1946, XXVI, 4, S. 109-114.

deutung (im Sinne der kategorialen Grundbedeutung) von raz in allen Kontexten gleich (beim Zählen stellt raz eine Ellipse von jeden raz dar).

Die bald als Quantitätssubstantive, bald als unbestimmte Numeralia geltenden Wörter wie: chmara (Bsp.50), masa (Bsp. 59, 60), odrobina (Bsp.16, 62), większość (Bsp.67, 68)[173] weisen wir ebenfalls den Substantiven zu. Das ergibt sich aus ihrer Distribution, z.B.: jaka masa ludzi... (Bsp. 59), ta odrobina wody... (Bsp. 16) und den Abhängigkeitsbeziehungen:

```
masa    odrobina
 |         |
jaka       ta
```

Den Wörtern masa und odrobina können begleitende Wörter voranstehen (hier: jaka, ta), die sie bestimmen und ihnen untergeordnet sind. Die Flexion (die übrigens in der vorliegenden Arbeit für kein zuverlässiges Kriterium gehalten wird) unterstützt die Feststellung, daß die Wörter masa oder odrobina den Substantiven angehören (vgl. masę ludzi - Akkusativ[174], odrobiną wody - Instrumentalis).

Es sei schließlich das etwas veraltete kroć erwähnt: Liczyli mnie na parę kroć (Bsp. 57). Kroć entspricht hier etwa dem Substantiv majątek oder der substantivischen Wortgruppe wielka ilość pieniędzy, wobei es von einem anderen Wort bestimmt werden kann (hier: parę), das ihm untergeordnet ist.

Den Substantiven werden auch u.a. zugeordnet: obie, jedna, druga im Bsp.31 (...) często gadały obie naraz i potem jedna nie pamiętała, co mówiła druga.), piąty im Bsp. 34 (Jan był piąty u mety.), pierwsze, drugie im Bsp. 35 (Po pierwsze jesteś trywialny, a po drugie jesteś uparty jak osioł), wszystko im Bsp. 70 (To wszystko wyprowadziło mnie z równowagi

---

173) vgl.dazu: A.Obrębska-Jabłońska, Liczebniki nieokreślone w systemie języka polskiego, JP 1948, XXVIII, S.111-116; M.Schabowska, Rzeczowniki ilościowe w języku polskim, Wrocław 1967.

174) Kein Akkusativ wäre masę im Satz: Przyszło do nas masę ludzi. (H.Koneczna, Tysiące gwiazd świeciło, PJ 1949,1,S. 14). Da aber SPP (S.275) eine Fügung wie: było masę ludzi als unrichtig betrachtet, lassen wir dieses Syntagma in unseren Untersuchungen außer acht.

(...)). Vor die in genannten Syntagmen auftretenden Zahlwörter können andere (wenn auch nur wenige) Wörter als Dependentia eintreten, z.B. te obie, ta druga, ten piąty, tamto pierwsze, to wszystko.

Um das zum Substantiv Gesagte kurz zusammenzufassen: Der Wortklasse "Substantiv" haben wir Vertreter folgender Gruppen der herkömmlichen Zahlwörter zugeordnet:

1. Kardinalzahlen (z.B. Ten milion ludzi przybył do Niemiec dobrowolnie.)
2. Indefinitzahlen (z.B. Większość osób słyszało.)
3. Kollektivzahlen (z.B. Jest ich czworo.)
4. Teile der Wiederholungszahlen (z.B. Był nieobecny pięć razy.)
5. Bruchzahlen bzw. Teile der Bruchzahlen (z.B. połowa drogi, dwie trzecie kilograma).

3.2.2. S u b s t a n t i v - Beispiele

1. Najlepiej żyje się po czterdziestce.
2. W czwórkach ze sternikiem radziecka osada (...) dała publiczności pokaz najnowocześniejszej jazdy. (SJP, Bd.I, W-wa 1958, S. 1177).
3. Agnieszka dostaje w szkole tylko czwórki i piątki.
4. Złożył papier w ćwiartkę.
5. Wlókł się tedy zmudnie, zgięty pod ćwiercią żyta. (SJP, Bd.I, S. 1203, W-wa 1958).
6. Pierwsza dziesiątka kolarzy ruszyła naprzód. (SPP, S. 144).
7. Czy jedynką dojadę do muzeum? (Wójt, S. 86).
8. Ten milion ludzi przybył do Niemiec dobrowolnie. (Rep, S. 276).
9. Milion ludzi zamieszkało już w tym mieście. (SPP, S.342).
10. Pięć milionów ludzi zginęło.
11. Dwa miliony złotych rozeszły się szybko. (SPP, S. 342).
12. Miliony ludzi ginie (giną) w czasie wojny. (SPP, S. 342).
13. Potem przyszedł raz inkasent z elektrowni, a nie miałem w domu pieniędzy i wyjąłem z pieca pięćsetkę. (Dyg, S.166).
14. Kupiłem tuzin ołówków.
15. Żeby się dostać na górkę, trzeba było przebywać całą długość strychu między istnym lasem belek i krokwi. (Schab, S.21).

16. Tą odrobiną wody nie mogę myć naczyń.
17. Jest ich czterech przy bramie zachodniej, tamci dwaj to zawodowi wojskowi. (Camus, S. 216).
18. Jest nas dopiero czworo, pięcioro przyjedzie następnym autobusem.
19. My czworo zostajemy.
20. Kto idzie do teatru? My dwoje i państwo M.
21. Trzy porcje na dwoje. (SJP, Bd.II, W-wa 1960, S. 447).
22. Znaleźli się we dwoje w karecie. (SJP, Bd.II, W-wa 1960, S. 447).
23. Gdzie dwóch się bije, tam trzeci korzysta.
24. Wchodzili po dwóch. (Grzeg, S. 83).
25. Nie przyszło trzech studentów. Dwóch z nich wyjechało na kurs, a jeden jest chory. (Wójt, S. 60).
26. W trzecim salonie znajdował się bufet tudzież mnóstwo większych i mniejszych stolików, przy których dwójkami, trójkami, nawet czwórkami siedzieli zaproszeni. (SJP, Bd.I, W-wa 1958, S. 1177).
27. Zawsze się tak głupio uśmiechała, kiedy znajdowaliśmy się w trójkę. (Dyg, S. 198).
28. Ty jeden rozumiesz wagę tych spraw. (Dyg, S. 184).
29. Jeden pisze w pocie czoła, drugi przepisuje. (Top, S. 67).
30. Jedno z dwojga: albo ty się opanujesz, albo ja stąd wyjdę!
31. One, jak się spotkały z Jowitą, to miały sobie tyle do powiedzenia, że często gadały obie naraz i potem jedna nie pamiętała, co mówiła druga. (Dyg, S. 204).
32. On postanowił uszlachetnić nas oboje. (Dyg, S. 164).
33. Na nich obydwojgu można polegać. (Wójt, S. 103).
34. Jan był piąty u mety. (Klem Skł., S. 34).
35. Po pierwsze jesteś trywialny, a po drugie, jesteś uparty jak osioł. (Dyg, S. 202).
36. Pierwszego jest wypłata.
37. Zresztą on sam pierwszy do mnie podszedł. (Dyg, S. 154).
38. Święty Stanisław Kostka zawył, złapał się za nos i wszyscy trzej znowu zaczęli mnie bić. (Dyg, S. 238).
39. Zdać egzamin na pięć (SFJP, Bd.1, S. 676).
40. Połowa drogi już za nami.
41. Jan raz zastukał do okna. (Grzeg, S. 90).

42. Jan jeden raz spóźnił się do szkoły. (Grzeg, S. 90).
43. Był nieobecny pięć razy. (Grzeg, S. 89).
44. Spóźnił się po raz piąty. (Grzeg, S. 89).
45. 10/105 = dziesięć sto piątych
46. dwie trzecie kilograma
47. Tuzinami dostawał listy.
48. Minęło (całe) tysiąc lat. (Misz, S. 52).
49. cały alfabet gorących życzeń (Schab, S. 29).
50. Chmara ptactwa leciała w naszym kierunku.
51. Część umeblowania spłonęło. (JP, 1948, S. 112).
52. Pieniędzy macie dosyć, dostatek żywności. (Schab, S. 23).
53. Nowy grad pocisków zwalił się na jego głowę. (Schab,S.23).
54. (...) a oni właśnie stanowią gros turystów krajowych i zagranicznych. (TL, 16.10.1975, S. 7).
55. Jak wypiękniały kwiatki - jest ich wiele - krocie (SJP, Bd.III, S. 1144).
56. Ogień bucha krociami iskier. (SPP, S. 275).
57. Z chłopca w knajpie wyrosłem na kupca pierwszorzędnego (...) Liczyli mię na parę kroć. (SJP, Bd.III, S. 1144).
58. Mam jeszcze kupę interesów do załatwienia. (SFJP,Bd.I, S. 367).
59. Tak, wiem, że pan się umie przebierać, ale proszę sobie przypomnieć, jaka masa ludzi widziała was jako Diega i jako włościanina (...) (Voyn, S. 175).
60. Kłopotów jest cała masa. (Sz.L, 22-23-24.8.1975, S. 3).
61. Całe morze ludzkiego życia zdawało się przelewać wokół niego i zamierać u jego stóp w ciszę nieprzeniknioną. (Voyn, S. 175).
62. Proszę mieć jeszcze odrobinę cierpliwości!
63. W ciągu tych dni przebył ogrom doświadczeń. (Schab,S.26).
64. Rój spraw (Schab, S. 26).
65. Już za stara jestem, żeby do miasta taki szmat drogi jeździć.(SFJP, Bd.II, 1968, S. 280).
66. Wzięliśmy ślub między ulewą łez a grzmotami wyrzekań. (Schab, S. 27).
67. Większość tych postulatów została już zaakceptowana. (IKP, 4.4.1975, S. 3).

68. Większość spośród jeńców nie zastosowało się do rozkazów niemieckich. (Kon, S. 15).
69. Celem nas wszystkich jest praca naukowa.
70. To wszystko wyprowadziło mnie z równowagi (...)(Dyg, S.166).

3.2.3. P r o n o m e n - Erläuterungen

Unter den Pronomina verstehen wir Wörter, die etwa in die folgenden Satzrahmen einsetzbar sind:

1. Stół stoi tutaj. (On stoi tutaj.)
2. Kupiłem stół. (Kupiłem go.)

Sie stehen also in denselben Positionen wie Substantive und können wie diese sowohl als Subjekt wie auch als Objekt auftreten (aber nicht als Attribut, vgl. beim Substantiv: książka brata; das dem Substantiv brata entsprechende jego in jego książka zählen wir zu Adjektiven).
Von Substantiven unterscheidet sie vor allem die Distribution. Während den Substantiven andere Wörter vorankommen können (Adjektive bzw. adjektivische Gruppen in dem hier gebrauchten Sinne), ist das bei den Pronomina nicht der Fall. Unsere Pronomina entsprechen also etwa den substantivischen Pronomen der traditionellen Grammatik.
Eine unklare Situation liegt bei wiele und wielu in nichtattributiver Funktion vor. Im Satz: Widziałem wiele i wielu. (Bsp. 24) sind zwar für wiele und wielu Substantive bzw. substantivische Gruppen einsetzbar (z.B. Widziałem różne rzeczy i różnych ludzi), aber die Distribution: Widziałem bardzo wiele ist für Pronomina nicht charakteristisch. Auch eine Nektionsprobe scheint gegen die Einordnung in die Pronomina zu sprechen: wiele kann in einem Syntagma durch eine nebenordnende Konjunktion mit einem Adverb verbunden werden: Widziałem wiele, lecz niedokładnie. Trotzdem ist wiele unserer Meinung nach kein Adverb, sondern ein Pronomen. Das letztgenannte Syntagma erfüllt eine Bedingung nicht: wiele und niedokładnie stehen nicht im Verhältnis der Nebenordnung (wie z.B. im Satz: Pracował szybko, lecz niedokładnie.) Die Ungleichwertigkeit der Glieder wiele und niedokładnie wird nach entsprechenden Transformationen sichtbar:

(1) Widziałem wiele, lecz niedokładnie. → (2) Widziałem wiele, lecz widziałem to niedokładnie. → (3) Widziałem to niedokładnie.

Die Umformung in (2) verdeutlicht die syntaktische Äquivalenz von wiele und dem offensichtlichen Pronomen to. Im Satz (3) steht das für wiele einsetzbare to zwar neben niedokładnie, allerdings nicht im Verhältnis der Nebenordnung:

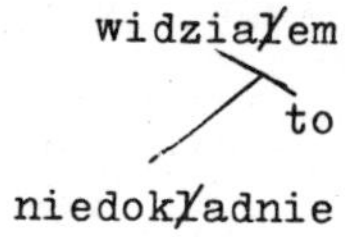

Im Verhältnis der Nebenordnung können dagegen wiele bzw. wielu mit den Substantiven wszystko bzw. wszyscy stehen:

Widziałem wiele, lecz nie wszystko.

Widziałem wielu, lecz nie wszystkich.

Das positive Ergebnis der Nektionsprobe mit Substantivwörtern[175] einerseits und das negative Resultat derselben Operation mit Adverbien andererseits zeugen u.E. davon, daß wiele und wielu in den genannten Syntagmen Substantivwörter sind. Weil sie eine andere Distribution als Substantive haben (ˣto wiele, ˣtych wielu) werden sie von uns in die Klasse der Pronomina eingeordnet. Diese Feststellung (wiele sei ein Pronomen) bezieht sich allerdings nur auf Syntagmen mit bestimmten Verben. So gilt das für Sätze mit Verben, die wenigstens ein Objekt in traditionellem Sinne regieren, z.B. widzieć (Akkusativobjekt), pomagać (Dativobjekt). Möchte man die Valenztheorie von G. Helbig[176] auf diese polnischen Beispiele übertragen, so müßten die Verben widzieć und pomagać als zweiwertig angesehen werden: bei widzieć haben wir zwei Aktanten: Nominativform eines Substantivs bzw. eines Pronomens und Akkusativform eines Substantivs bzw. eines Pronomens, bei pomagać - ebenso

175) Den Terminus "Substantivwörter" übernehmen wir von G.Helbig (u.a. G.Helbig, J.Buscha, Deutsche Grammatik. Ein Handbuch für Ausländerunterricht, Leipzig 1972, S.194f.). Darunter werden Wörter verstanden, die die Position der Substantive einnehmen können (traditionelle Substantive und substantivische Pronomina).

176) vgl. G.Helbig, W.Schenkel, Wörterbuch zur Valenz und Distribution deutscher Verben, Leipzig 1969.

zwei Aktanten: Nominativform eines Substantivs oder eines Pronomens, Dativform eines Substantivs oder eines Pronomens. Bei Verben aber, die einwertig sind (pracować, podróżować usw.), stehen keine Pronomina, sondern Adverbien (z.B. Pracował wiele, vgl. S. 126).

Żaden kann entweder als Adjektiv (in einem Syntagma wie: Żaden uczeń nie potrafił odpowiedzieć na to pytanie) oder als Pronomen erscheinen (Bsp. 26: Żaden z Polaków w pierwszej połowie XVIII w. nie zażywał takiego w Europie rozgłosu jak Stanisław Leszczyński). Hier ist für żaden beispielsweise nikt oder ktoś einsetzbar, die ohne Zweifel den Pronomina zuzuordnen sind. Im Bsp. 20 (Za ile kupiłaś to palto?) kann man ile z.B. durch co ersetzen oder nach einer Umformung in einen Aussagesatz durch to ⟶ Za to kupiłaś to palto. Im Bsp. 18 (Jest nas dużo.) entspricht dużo einer Kardinalzahl in substantivischer Funktion, z.B. pięciu (vgl. Ausführungen dazu: 3.2.1.) und analogerweise wird es den Substantivwörtern zugewiesen. Im Unterschied zu pięciu läßt aber dużo Wörter wie ten, tamten nicht vorantreten (ˣte dużo). Es stellt demnach ein Pronomen dar. (Analog dazu wird trochę aus dem Bsp. 23 den Pronomina zugeordnet.) Ebenso ein anderes unbestimmtes Zahlwort masę (Bsp. 21 - Jest masę do roboty.), das sich durch Substantivwörter bzw. substantivische Wortgruppen (dużo, wiele, dużo rzeczy usw.) ersetzen läßt. Der Ausdruck na wpół im Bsp. 16 (Podniosła głowę na wpół zdumiona, na wpół urażona.) läßt sich analogerweise etwa durch w połowie ersetzen und ist ähnlich wie w czwórnasób als eine Verbindung von Präposition und Pronomen zu betrachten. Wpół und czwórnasób sind keine Substantive, weil sie die entsprechende Distribution nicht aufweisen (ˣna to wpół, *w to czwórnasób). Ebenso läßt sich we dwoje im Bsp. 8 (Należy to zgiąć we dwoje.) durch na połowę (Präposition und Substantiv) und dwojga (Bsp. 9: Jedno z dwojga: albo ty się opanujesz, albo ja stąd wyjdę !) durch dwóch rzeczy (substantivische Wortgruppe) ersetzen. Die Untersuchung ihrer Distribution weist sie als Pronomina aus. Ein analoger Fall zum Bsp. 9 liegt im Bsp. 10 vor: Z dwojga złego lepszy pan Jankowski. Trotz der Schwierigkeit, hier eine Substitutionsprobe durchzuführen, kann das

Wort für ein Pronomen gehalten werden, da es semantisch mit dem untersuchten Wort aus dem Bsp. 9 identifizierbar ist.

Es seien schließlich die hier verzeichneten Kardinalzahlen analysiert. Die Kardinalzahlen in mathematischen Formeln (vgl. Bsp.3: dwa plus trzy jest pięć) sind u.E. Pronomina, weil sie dieselbe Position wie Substantive einnehmen, vgl. z.B. chłopiec i dziewczyna tworzą parę oder: Ziarnko i ziarnko jest miarka (als eine Umformung von: Ziarnko do ziarnka i zbierze się miarka). Die Analogie derartiger Strukturen mit mathematischen Formeln ist hier offensichtlich. Im Gegensatz zu chłopiec oder ziarnko lassen die genannten Kardinalzahlen keine Bestimmungswörter vor sich treten, sind also Pronomina und nicht Substantive.
Pronomina sind auch die Kardinalzahlen in Sportergebnissen oder in zahlenmäßigen Zusammenstellungen (Bsp.12, 5...), da sie in diesen Syntagmen nicht als elliptische Konstruktionen gelten können, obgleich sie semantisch auf bestimmte Größen Bezug nehmen; z.B. beziehen sich die Zahlen im Bsp.12 (Polska - Węgry 1:0) auf Tore, die geschossen werden. Seltsam würde allerdings ein Satz lauten: ˣPolska - Węgry jedna bramka do zero bramki, was von einer weitgehenden Verselbständigung dieser Zahlwörter zeugt. Mit reinen Zahlen haben wir es auch in den Beispielen 1, 4, 11, 13, 14, 15 zu tun. (Erläuterungen zum Bsp. 11 - S. 99).

Zusammenfassend läßt sich feststellen, daß die Wortklasse "Pronomen" relativ wenig Zahlwörter enthält. Wir haben ihr die folgenden Gruppen der traditionellen Zahlwörter zugewiesen (dabei werden aber nur bestimmte Syntagmen gemeint):
1) Kardinalzahlen (z.B. zwei und drei ist fünf),
2) unbestimmte Zahlwörter (Widziałem wiele),
3) Teile der Vervielfältigungszahlen (w czwórnasób),
4) Bruchzahlen bzw. Teile der Bruchzahlen (na wpół, dziesięć sto piątych).

3.2.4. P r o n o m e n - Beispiele
1. 4,2 m = cztery przecinek dwa metry
2. Ich wzmożony wysiłek pomnoży w czwórnasób (czterokrotnie, poczwornie) urobek węgla. (Grzeg, S. 91)
3. dwa plus trzy jest pięć.

4. Można zapisać numer? Proszę bardzo: dwadzieścia - trzydzieści - dziewiętnaście. (Wójt, S. 11)
5. Dynamo Kijów 12 : 4 12 - 6 (PS, 4.6.1974, S. 6)
6. Na dwoje babka wróżyła.
7. Łeb rozetnę na dwoje, gdybyś mi się sprzeciwiać zamierzał. (SJP, Bd. II, S. 447)
8. Należy to zgiąć we dwoje.
9. Jedno z dwojga: albo ty się opanujesz, albo ja stąd wyjdę. (Wójt, S. 104)
10. Z dwojga złego lepszy pan Jankowski. (Wójt, S. 101)
11. 10/105 = dziesięć sto piątych.
12. Polska - Węgry 1 : 0
13. Richardson był w tej fazie walki liczony do 8. (TL, 25.8.1974, S.10)
14. 87 - 100 Toruń (Leitzahl)
15. Liczba pięć jest nieparzysta. (Klem, S. 130)
16. Podniosła głowę, na wpół zdumiona, na wpół urażona. (Voyn, S. 147)
17. Jest wpół do dziesiątej.
18. Jest nas dużo.
19. Grał bardzo słabo i dużo przegrał. (Dyg, S. 200)
20. Za ile kupiłaś palto?
21. Jest masę do roboty. (SFJP, Bd.I. S. 426)
22. Rzeczywiście nic nie zrobił, by w tym przeszkodzić, za to wiele, by dopomóc. (Dyg, S. 175)
23. Wielu miało takie miny, jak gdyby to oni dziś mieli wystąpić (...) (Dyg, S. 199)
24. Widziałem wiele i wielu.
25. Żaden z Polaków w pierwszej połowie XVIII w. nie zażywał takiego w Europie rozgłosu jak Stanisław Leszczyński. (Klem, S. 60)

3.2.5. A d j e k t i v - Erläuterungen

Als Adjektive betrachten wir Wörter, die in den folgenden Satzrahmen (an Stelle der unterstrichenen Wörter) auftreten können:

1. To jest nowy stół. (attributiver Gebrauch)
2. Stół jest nowy. (prädikativer Gebrauch)

Es sind also Wörter, die (wie im Satz 1) meistens vor Substantiven stehen und von diesen **regiert werden.** Da sie nur zusammen mit ihren Bezugswörtern verschiebbar sind, bilden sie keine selbständigen Satzglieder. Die Adjektive können auch prädikativ verwendet werden (Satz 2), müssen es aber nicht: język niemiecki ⟶ * język jest niemiecki.
Von Substantiven, die in derselben Position wie Adjektive auftreten, sind die Adjektive u.a. durch andere Abhängigkeitsverhältnisse zu unterscheiden:

1. brata stół (Substantiv in attributiver Funktion)
2. nowy stół (Adjektiv in attributiver Funktion)

Nach der jeweiligen Voranstellung des Possessivpronomens der traditionellen Grammatik jego erhalten wir folgende Abhängigkeitsbäume:

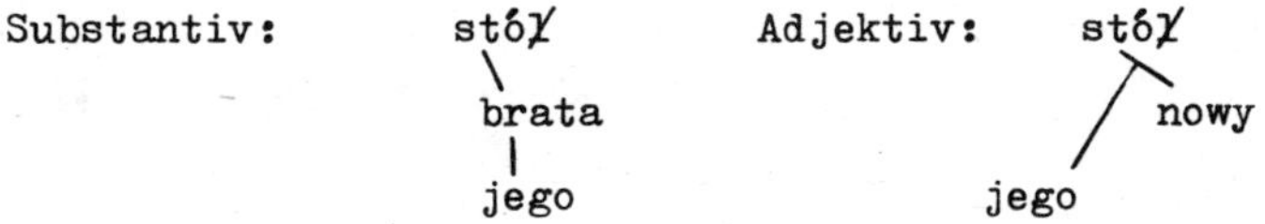

Während das Possessivpronomen jego dem Wort brata direkt untergeordnet ist, tritt es im zweiten Fall als Dependens zu der Wortgruppe nowy stół und nicht zu nowy allein.

Im Unterschied zum Deutschen gibt es im Polnischen keine Artikelwörter, so daß die den deutschen Artikelwörtern entsprechenden Wörter in die Klasse der Adjektive eingehen. So ist z.B. im Polnischen zulässig: te nowe domy, aber auch: nowe te domy (das Deutsche läßt nur die Wortfolge diese neuen Häuser zu).

Von den traditionellen Zahlwörtern sind der Wortart "Adjektiv" vor allem die Ordinalzahlen zuzuordnen, da sie sich sowohl syntaktisch als auch morphologisch und semantisch wie Adjektive verhalten. Im Satz: Czekam już trzecią godzinę (Bsp. 71) steht das Wort trzeci vor dem Substantiv godzina und ist von ihm abhängig: Nach dem Weglassen des Wortes trzecią bleibt der Satz grammatisch (Czekam już godzinę); wird aber das Wort godzinę weggelassen, dann ist der Satz nicht mehr korrekt: ˣCzekam już trzecią. Auch in semantischer und morphologischer Hinsicht (obwohl diese

Kriterien hier nicht ausschlaggebend sind) verhält sich trzeci ähnlich wie z.B. krótki, dobry usw. Von der Bedeutung her (kategoriale Grundbedeutung) kommt trzeci den traditionellen Adjektiven nahe, da es wie Adjektive ein Substantiv näher bestimmt und die ontologische Kategorie der Zahl als "Eigenschaft" auffaßt. Morphologisch gesehen weist die Ordinalzahl trzeci dieselben Kasusendungen wie typische Adjektive auf.

Den Adjektiven wird hier ebenfalls eine Ordinalzahl wie dwudziesty piąty (im Syntagma: Mija dwudziesty piąty dzień, Bsp. 62) zugewiesen. Dwudziesty piąty wird wegen der Flektierbarkeit der beiden Komponenten als eine Wortgruppe (und nicht als Einzelwort betrachtet, vgl. auch S.39). Auch alle anderen mehrgliedrigen Ordinalzahlen halten wir für Wortgruppen, zumal sie von Kardinalzahlen abgeleitet sind und diesen in gerader Linie entsprechen (vgl. dwadzieścia pięć ⟶ dwudziesty piąty, sto dwadzieścia pięć ⟶ sto dwudziesty piąty usw.). Diese Parallelität erscheint somit für uns entscheidend, wenn auch die morphologischen Merkmale zu anderen Schlußfolgerungen führen würden (nur die beiden letzten Komponenten in einer mehrgliedrigen Ordinalzahl werden flektiert).

So wie bei den Kardinalzahlen bleiben auch bei Ordinalzahlen die einzelnen Wörter im Verhältnis der Nebenordnung. Eine direkte Transformation wie bei Kardinalzahlen ist hier jedoch nicht möglich: dwudziesty piąty dzień ⟶ ^{x}dwudziesty dzień, piąty dzień (vgl. aber: dwadzieścia pięć dni ⟶ dwadzieścia dni, pięć dni). Bei der Ordinalzahl bildet die Summe der beiden "Kernsyntagmen" die Bedeutung des Ausgangssyntagmas nicht (und das ist bei der Kardinalzahl der Fall). Daß dwudziesty und piąty dennoch dasselbe Verhältnis zum Beziehungswort dzień aufweisen (attributives Verhältnis, Unterordnung), zeigt eine Weglaßprobe: nach Weglassen eines dieser Wörter hat das übriggebliebene Wort dieselbe Beziehung zum Substantiv dzień wie das andere: Nachdem dwudziesty weggelassen worden ist, erhalten wir: piąty dzień = dzień,
|
piąty

nach dem Weglassen von piąty entsprechend:

dwudziesty dzień = dzień
|
dwudziesty

Daraus geht eindeutig hervor, daß sowohl piąty als auch dwudziesty hier attributive Funktion gegenüber dzień haben und demzufolge beide den Adjektiven angehören.
Kompliziertere Verhältnisse herrschen in solchen Syntagmen wie:

sto dwudziesty piąty dzień = [dzień]
|
[sto-dwudziesty-piąty]

Analog zur Kardinalzahl sto dwadzieścia pięć, wo alle Wörter nebengeordnet sind, betrachten wir auch die mit dieser Kardinalzahl korrespondierende Ordinalzahl als eine Verbindung von drei nebengeordneten Wörtern (Adjektiven). Obwohl das Wort sto die gleiche Lautgestalt wie die Kardinalzahl hat, weist es eine andere Bedeutung auf: es bildet einen Teil des Syntagmas, das in semantischer Hinsicht den Platz innerhalb einer Reihenfolge bezeichnet.
Bei tysiąc sto dwudziesty piąty dzień haben wir es mit der attributiven Gruppe mit drei Adjektiven (sto, dwadzieścia, pięć) und einem Substantiv (tysiąc) zu tun. Tysiąc ist ein Substantiv, weil sich ihm ein Wort wie dwa (Adjektiv nach unserer Auffassung) voranstellen und unterordnen kann:

tysiące
|
dwa

Der Abhängigkeitsbaum des ganzen Syntagmas sieht folgendermaßen aus:

[dzień]
|
[tysiące - sto - dwudziesty - piąty
|
dwa]

Einen Grenzfall bildet das Bsp. 73 (W trzydziestym dziewiątym ojciec zostawił go wraz z matką w Paryżu i wrócił do kraju). U.E. liegt hier eine elliptische Konstruktion vor (es ist noch kein Substantiv), da es leicht ergänzt werden kann: W trzydziestym dziewiątym roku... Demzufolge wird dieses Zahlwort in zwei Adjektive (trzydziestym dziewiątym) aufgelöst. Eine ähnliche Situation finden wir u.a. in den Beispielen 68 und 69 (vgl. Bsp. 68 - Jest kwadrans po dziesiątej.).

Auch die meisten Kardinalzahlen in attributiver Funktion sind Adjektiva (u.a. Bsp. 6: Pierwsze dwa miejsca zajęli nasi dwaj sportowcy.).

Im Syntagma: Jest tylko jedna gruszka (Bsp. 27) steht das Zahlwort jedna vor dem Substantiv gruszka und ist ihm untergeordnet. Unmöglich ist jedoch der prädikative Gebrauch: Der Satz: Gruszka jest tylko jedna, der an eine prädikative Konstruktion denken läßt, soll uns nicht darüber hinwegtäuschen, daß auch hier eine attributive Verwendung (wenn auch keine typische) vorliegt: der Satz läßt sich ohne wesentliche Sinnänderung in den ersten umformen (Gruszka jest tylko jedna ⟶ Jest tylko jedna gruszka). Derartige getrennte Attribute (Kardinalzahlen) finden wir auch in den Beispielen: 13, 17 und 40. Dagegen stellen zwei Sätze wie: Jest zielone drzewo und Drzewo jest zielone keine inhaltlichen Äquivalente dar: im ersten Satz wird das VORHANDENSEIN (das Wort jest - Vollverb) von einem grünen Baum akzentuiert, im zweiten Satz dagegen ist die Bedeutung von jest verblaßt; dieses Wort (Kopula) dient lediglich dazu, die Verbindung vom Substantiv drzewo und dem Adjektiv zielone herzustellen. Als untergeordnete attributive Glieder werden hier auch die in morphologischer Hinsicht den Substantiven übergeordneten Zahlwörter wie: Dwóch chłopców idzie (Bsp. 12) angesehen.

Diese Konstruktion ist semantisch gleichzusetzen mit: Dwaj chłopcy idą, wo die Unterordnung des Zahlwortes deutlich in Erscheinung tritt. Daraus folgt, daß die Unterschiede nur auf der Ebene der morphologischen Oberflächenstruktur auftreten, die für uns noch nicht entscheidend ist. Dabei gilt für uns die folgende Verfahrensweise: wenn dasselbe Wort (hier durch zwei Wortformen: dwaj und dwóch vertreten) in zwei Syntagmen auftritt, wobei seine syntaktische Funktion nur in einem Syntagma deutlich zum Vorschein kommt, dann ist

die syntaktische Rolle des untersuchten Wortes in diesem einen Syntagma ausschlaggebend.
Eindeutig sind die syntaktischen Beziehungen im ersten Syntagma: Dwaj chłopcy idą = idą

chłopcy

dwaj

Die regierende Rolle von chłopcy gegenüber dwaj ist nach einer einfachen Weglaßprobe in der Oberflächenstruktur erkennbar. Ohne Änderung des syntaktischen Wertes der einzelnen Glieder und deren Semantik läßt sich nur das Zahlwort dwaj weglassen, aber nicht: chłopcy. Da im zweiten Syntagma die syntaktischen Beziehungen zwischen dwóch und chłopców nicht so eindeutig erschließbar sind, gilt für uns das syntaktische Verhalten des untersuchten Zahlworts im ersten Syntagma (Dwaj chłopcy idą) als maßgebend für das zweite (dwóch ist chłopców untergeordnet, also - Adjektiv).

Die sog. zusammengesetzten Kardinalia sind u.E. keine Einzelwörter, sondern Wortgruppen.[177] Sie lassen unter Umständen eine Einschiebung anderer Wörter zu und sind mit ihren substantivischen Bezugswörtern ohne Sinnänderung in kleinere Elemente transformierbar (Tiefenstruktur). Das sei kurz am Bsp. 15: Tu są tylko dwadzieścia dwa pokoje gezeigt. Möglich (obgleich etwas seltsam) ist eine Konstruktion mit der kopulativen Konjunktion i: Tu są tylko dwadzieścia i dwa pokoje. (Vgl. auch Bsp. 36: Miał lat pięćdziesiąt i kilka,...) sowie eine Transformation in die Tiefenstruktur: ⟶ Tu jest tylko

177) Meistens werden die Zahlwörter wie dwadzieścia trzy wegen der einheitlichen Bedeutung als die sog. "zestawienia" angesehen (z.B. S.Szober, Gramatyka języka polskiego, Warszawa 1962,12.Aufl.,S.135); auch R.Laskowski behauptet: "Die Kardinalia 21 bis 29, 31 - 39... 91 bis 99 sind Zusammensetzungen aus den entsprechenden Kardinalia, die den Zehner bzw. Einer bezeichnen..." (R.Laskowski, Polnische Grammatik, Warszawa - Leipzig 1972, S.104); für Wortgruppen werden sie u.a. von Z.Saloni (Kategorie gramatyczne liczebników..., S. 147) gehalten.

dwadzieścia pokoi. Tu są tylko dwa pokoje, wobei der Sinn der beiden Kernsätze mit dem des Ausgangssatzes gleich ist. So sind also im untersuchten Satz sowohl dwadzieścia als auch dwa den Adjektiven zuzuweisen. Nicht mit zwei Adjektiven, sondern mit einem Substantiv und einem Adjektiv haben wir es im Bsp. 37 (Palto kosztuje tysiąc pięćset złotych.) zu tun. Tysiąc ist ein Substantiv, da es eine für Substantive typische Distribution aufweist. Um das zu beweisen, ziehen wir andere Beispiele heran, in denen das Wort tysiąc in anderen Umgebungen auftritt (dabei ist es semantisch als identisch mit dem vom Bsp. 37 zu betrachten):

Kilka tysięcy ludzi przyszło.

Pięć tysięcy złotych leży na stole. (Bsp. 32)

Anstelle des Wortes kilka im ersten Beispiel könnte man auch wiele, dużo einsetzen, an Stelle von tysięcy u.a. grup, tuzinów. Man sieht also, daß sich tysiąc syntaktisch genauso verhält wie grupa oder tuzin: es wird gegenüber wiele, dużo zu einem Regens und ist ihnen meistens nachgestellt. Dementsprechend sind wiele, dużo als Adjektive, tysiąc - als Substantiv auszuweisen. Ähnlich in den Syntagmen mit milion (Bsp. 39: półtora miliona mieszkańców, vgl. auch S. 95). Attributive Wortgruppen mit tysiąc oder milion halten wir demnach für Verbindungen von einem Substantiv und einem bzw. mehreren Adjektiven. Ein solcher Fall liegt im Bsp. 48 vor: A ile ludności ma obecnie Polska? 32 miliony 677 tysięcy. Das Syntagma trzydzieści dwa miliony sześćset siedemdziesiąt siedem tysięcy besteht u.E. aus zwei Substantiven (miliony und tysięcy) sowie fünf Adjektiven (trzydzieści, dwa, sześćset, siedemdziesiąt, siedem).

Es sei am Rande noch folgendes bemerkt:

Wortgruppen im Bereich der Kardinalzahlen in nicht-attributiver Funktion verhalten sich etwas anders, und demzufolge sind sie anderen Wortarten zuzuweisen.

In: 21 + 35 = 56 (dwadzieścia jeden i (plus) trzydzieści pięć jest pięćdziesiąt sześć) sind dwadzieścia, jeden, trzydzieści, pięć, pięćdziesiąt, sześć Pronomina. In der Gleichung 2354 + 6798 = 9152 (dwa tysiące trzysta pięćdziesiąt cztery plus sześć tysięcy siedemset dziewięćdziesiąt osiem jest dziewięć tysięcy sto pięćdziesiąt dwa) lassen sich die Zahlwörter in folgende Wortarten auflösen: Adjektive (dwa, sześć, dziewięć), Substantive (tysiące, tysięcy, tysięcy), Pronomina (trzysta, pięćdziesiąt, cztery, siedemset, dziewięćdziesiąt, osiem, sto, pięćdziesiąt, dwa).

Als Verbindungen von Adjektiven, Substantiven und der Konjunktion i gelten hier die traditionellen Bruchzahlen. So besteht die Bruchzahl im Syntagma dwa i jedna trzecia kilograma (Bsp. 8) aus zwei Adjektiven: dwa und jedna sowie einem Substantiv: trzecia und der Konjunktion i. Es wäre wohl unrichtig, hier eine elliptische Konstruktion zu sehen: dwa i jedna trzecia cześć (?) kilograma, so daß trzecia den Substantiven zugerechnet wird. Dafür spricht seine Position (an dieser Stelle können z.B. część oder ćwierć eingesetzt werden) sowie die Distribution (Voranstellung der Adjektive jedna, dwie usw.) und die Dependenzbeziehungen (es ist gegenüber dem vorangehenden Wort wie jedna, dwie übergeordnet). Dwa wird zu einem Adjektiv durch seinen Bezug (Unterordnung) auf das Substantiv kilogram, jedna - auf das Substantiv trzecia. Im Bsp. 24 (dziesięć sto piątych) stellt dziesięć ein Adjektiv dar, das sein Regens in der Wortgruppe sto piątych hat.
Dezimalbrüche (Bsp. 20: Zwycięzca zdobył 209,400 pkt.) sind auf zweierlei Weise zu interpretieren:

1. Zwycięzca zdobył dwieście dziewięć i czterysta tysięcznych punktu. Hier besteht das Zahlwort aus drei Adjektiven (dwieście, dziewięć, czterysta), einem Substantiv (tysięcznych), und einer Konjunktion (i).
2. Zwycięzca zdobył dwieście dziewięć przecinek czterysta punktów. Das so geschriebene Zahlwort besteht aus drei Pronomina (dwieście, dziewięć, czterysta) und einem eingeschalteten Substantiv (przecinek).

Zu Adjektiven gehören auch solche Bruchzahlen wie die attributiv gebrauchten pół oder półtora (vgl. Beispiele 38 und 39).

Die traditionellen Wiederholungszahlen (Iterativa) wie

dwa razy (Bsp. 7): Adam jest dwa razy starszy od swojego brata.) sind u.E. Verbindungen von einem Adjektiv (hier: dwa) und einem Substantiv (hier: razy). Dwa gehört den Adjektiven an, denn es ist dem Substantiv (hier: razy) untergeordnet. (Vgl. dazu auch S. 99.)

Adjektive sind ebenfalls Sammelzahlen (Kollektiva): Dwoje ludzi idzie. (Bsp. 53), Gattungszahlen: Robiłem nawet dwojakim sposobem i nic. - (Bsp. 57) und Vervielfältigungszahlen (Multiplikativa): Walizka ma podwójne dno. (Bsp. 58), alle, wenn sie in attributiver Funktion auftreten. Außer der Position, der Distribution und den Dependenzbeziehungen, die für Adjektive typisch sind, unterstützen auch morphologische Merkmale unsere Behauptung: die Gattungszahlen sowie Multiplikativa haben adjektivische Flexionsendungen. Angehörige dieser beiden Gruppen (Gattungs- und Vervielfältigungszahlen) können sowohl attributiv als auch prädikativ gebraucht werden (podwójne dno - dno jest podwójne, dwojaki sposób - sposób jest dwojaki). Es gibt schließlich viele unbestimmte Zahlwörter (manche von ihnen werden auch unbestimmte Pronomina oder sogar Adverbien genannt[178]), die nach unserer Methode der Wortartermittlung den Adjektiven zuzuweisen sind (allerdings nur in attributiver Funktion). Hier werden solche Zahlwörter gemeint wie: kilka, kilkoro, parę, kilkaset, ile, dużo, wiele, mało, mnóstwo, moc, nic, sporo, szereg, wielorakie, różnorakie, tyle, wszystkie, trochę, żaden (vgl. Bsp. 75 - 116).
So nimmt z.B. das Zahlwort kilka im Satz: Mam kilka spraw do załatwienia (Bsp. 82) die für Adjektive charakteristische Position ein (vor einem Substantiv; es kann allerdings auch

---

[178] Vgl. z.B. Auffassungen über das Wort wiele in folgenden Grammatiken: unbestimmtes Zahlwort: H.Gaertner, Gramatyka współczesnego języka polskiego, Bd.II, Lwów-Warszawa 1933, S.159; Zahlpronomen: Z.Klemensiewicz, Gramatyka współczesnej polszczyzny kulturalnej w zarysie, Wrocław-Warszawa 1946,S.77; Adverb: Gramatyka opisowa języka polskiego z ćwiczeniami (hrsg.W. Doroszewski, B.Wieczorkiewicz),Bd.I, Warszawa 1961, 2.Aufl., S.133; indefinite Kardinalzahl: R.Laskowski, a.a.O., S. 108.

nach dem Substantiv stehen) und ist wie die Kardinalzahlen (vgl. S.112 f.) dem Substantiv untergeordnet. Die prädikative Verwendung von kilka ist jedoch ausgeschlossen: ^x^Sprawy są kilka. Im Syntagma Spraw jest kilka liegt eine attributive Verwendung des Zahlwortes (= Jest kilka spraw) vor. Derartige getrennte Attribute haben wir auch in den Beispielen 76 und 89. Unter den oben verzeichneten Beispielen sind lediglich wielorakie und różnorakie in den beiden für Adjektive typischen Funktionen verwendbar (wielorakie możliwości ⟶ możliwości są wielorakie). Das Syntagma One są wszystkie, das prädikativen Konstruktionen ähnelt, stellt im Grunde einen appositionellen Gebrauch von wszystkie dar (One wszystkie są. ⟶ One są. Wszystkie są.), wobei hier wszystkie für ein Substantiv gehalten wird (Te wszystkie zostały. - vor wszystkie tritt ein ihm untergeordnetes Wort ein).
Mit Grenzfällen (Substantiv - Adjektiv) haben wir es bei szereg, mnóstwo und moc zu tun. Zwar sind mit diesen Wörtern attributive Verbindungen möglich: cały szereg, wielkie mnóstwo, straszna moc; sie bilden jedoch Ausnahmen und sind als idiomatische Wendungen zu betrachten. Andere Adjektive außer cały (bei szereg), wielkie (bei mnóstwo) straszna (bei moc) können diesen Wörtern nicht vorantreten.
Für die Zugehörigkeit zu Substantiven würde ebenfalls das morphologische Verhalten dieser Wörter sprechen: vgl. Bsp. 94: Chciał o mnóstwie rzeczy pomówić z profesorem. (mnóstwo hat hier substantivische Flexionsendungen) sowie Bsp.107: W całym szeregu wypadków (...), und nicht: ^x^w całym szeregu wypadkach (wie: w wielu wypadkach).[179]
Trotzdem halten wir die Wörter: mnóstwo, szereg, moc für Adjektive (szereg und moc allerdings nur in bestimmten Syntagmen). Dafür sprechen folgende Proben:

1) Ersatzprobe: mnóstwo ludzi
dwoje
dużo

---

179) Vgl.dazu u.a.: S.Reczek, "Szereg" nie jest liczebnikiem, in: Nasz język powszedni, Wrocław 1957, S.183-185.

2) Untersuchung der Distribution: außer wielkie kann bei mnóstwo kein anderes Adjektiv auftreten: ˣcałe mnóstwo ludzi, ˣto mnóstwo ludzi. Ähnlich: ˣten szereg ludzi postanowiło zmienić pracę (vgl. aber Substantive: Ten szereg żołnierzy stoi nieruchomo. Posiadał straszną moc.).
Den Adjektiven gehört ebenfalls mnóstwo in solchen Syntagmen wie: On mnóstwo czyta (Bsp. 93). Wir stimmen der Meinung von R. Grzegorczykowa zu, daß sich hier mnóstwo auf bestimmte Objekte (hier z.B. Bücher) bezieht, also eine Art elliptischer Konstruktion darstellt: "Mnóstwo zachowuje bowiem jeszcze wyraźnie swoją funkcję określania rzeczownika i zdania typu: On mnóstwo czyta, zjada są niejako elipsą pełnych konstrukcji z rzeczownikiem: mnóstwo książek, mnóstwo jedzenia. Stąd niemożliwe jest użycie określnika mnóstwa tam, gdzie nie ma konotowanego obiektu".[180] Unmöglich wäre demnach etwa ˣMnóstwo chodzi. Demnach betrachten wir einen Satz wie On mnóstwo czyta als eine Ellipse von z.B. on czyta mnóstwo książek, so daß jetzt dem Wort mnóstwo die syntaktische Funktion eines Adjektivs zugeschrieben werden kann.
Nicht einverstanden sind wir dagegen mit R. Grzegorczykowa, die auch bestimmte Syntagmen mit wiele und dużo als elliptische Konstruktionen ansieht, z.B. Ostatnio dużo szyje (Ostatnio szyje dużo rzeczy), On dużo umie (ma dużo wiadomości). Einen eindeutigen Bezug auf die Handlung hätten nach Grzegorczykowa wiele und dużo nur nach bestimmten Verben (intransitive Verben), die meistens einen statischen Sachverhalt oder eine Bewegung in unbestimmter Richtung bezeichnen (wie z.B. Dużo siedzi w domu. On dużo biega po lesie).[181] Wir betrachten wiele und dużo in den oben angeführten Sätzen (auch mit transitiven Verben) nicht als Ellipsen, und demzufolge ordnen wir sie den Pronomina bzw. den Adverbien zu

---

180) R. Grzegorczykowa, Funkcje semantyczne i składniowe polskich przysłówków, Wrocław-Warszawa-Kraków-Gdańsk 1975, S. 62.

181) R. Grzegorczykowa, a.a.O., S. 62.

(vgl. Erklärungen dazu 3.2.3., 3.2.8., 3.2.11). Das Wort wiele im attributiven Gebrauch (Bsp. 111-113) stellt dagegen ein Adjektiv dar (analog zu attributiv verwendeten Kardinalzahlen).

Aus einem bestimmten und einem unbestimmten Quantitätswort besteht der Ausdruck dziewięćdziesiąt kilka im Syntagma: Do eliminacji o udział w finale najbliższej olimpiady zgłosiło akces dziewięćdziesiąt kilka państw! (Bsp. 78). Analog zu den traditionellen Kardinalzahlen, die aus zwei oder mehreren Wörtern bestehen (vgl. dziewięćdziesiąt pięć państw) läßt sich diese substantivische Gruppe in zwei kleinere Einheiten zergliedern: ⟶ dziewięćdziesiąt państw, kilka państw. Hier sind sowohl dziewięćdziesiąt als auch kilka von der Position und den Abhängigkeitsbeziehungen her den Adjektiven zuzuweisen.

Es ergibt sich aus dem Obigen, daß in eine syntaktisch aufgefaßte Wortklasse Adjektiv viele Quantitätswörter eingeordnet werden können. Nach unserer Auffassung gehören hierzu Vertreter aller Gruppen des polnischen Zahlworts. In manchen Fällen ist dabei die Grenze zwischen Adjektiv und Substantiv fließend und deshalb nur schwer bestimmbar.

3.2.6. A d j e k t i v - Beispiele

1. W sklepie wydali mi o czterdzieści pięć złotych za dużo.
2. Czterech najtęższych z ludu mocarzy nie ruszyłoby głazu z miejsca. (Klem, S. 121)
3. Przybyło cztery tysiące turystów.
4. Kupiłem ćwierć kilograma kiełbasy.
5. Macie już bilety? Mamy dwa. Trzeci kupimy przed seansem. (Wójt, S. 113)
6. Pierwsze dwa miejsca zajęli nasi dwaj sportowcy. (Wójt, S.58)
7. Adam jest dwa razy starszy od swojego brata. (Wójt, S.163)
8. 2 $\frac{1}{3}$ kilograma = dwa i jedna trzecia kilograma.
9. Zostaję tutaj dwa i pół miesiąca.
10. dwa i pół razy (Wójt, S. 198)
11. Dwaj chłopcy idą.
12. Dwóch chłopców idzie.
13. Chłopców jest dwóch.
14. różnica dwóch setnych grama.

15. Tu są tylko dwadzieścia dwa pokoje. (Wójt, S.14)
16. W naszej grupie jest dwadzieścia jeden kobiet.(Wójt,S.51)
17. Możliwości są dwie.
18. Za godzinę lub dwie będę z powrotem.
19. Dwie trzecie nagrody otrzymali Polacy.
20. Zwycięzca zdobył 209,400 pkt. (dwieście dziewięć i czterysta tysięcznych punktu)
21. Było już dwadzieścia pięć po siódmej, a Agnieszka ciągle nie przychodziła. (Dyg, S. 197)
22. Przeczesanie włosów było dziełem trzech sekund, a ubranie i włożenie butów - dwudziestu siedmiu. (Dyg, S. 196)
23. Było już dziesięć po siódmej. (Dyg, S. 195)
24. $\frac{10}{105}$ = dziesięć sto piątych.
25. Jeden nasz syn jest nauczycielem, a drugi - lekarzem.
26. Był to zapewne jeden ze sposobów przywiązywania mnie do siebie i uzależnienia.(Dyg, S. 172)
27. Jest tylko jedna gruszka. (Wójt, S. 13)
28. Ta jedna wycieczka była ciekawsza niż wszystkie moje późniejsze długotrwałe pobyty za granicą. (Top, S. 62)
29. Kupiłem jedną ósmą kilograma kawy.
30. Dwoje oczu widzi więcej niż jedno.
31. Obaj starsi bracia studiują.
32. Czy obydwa podręczniki są potrzebne? Tak, obydwa.
33. On ma metr osiemdziesiąt wzrostu.
34. (...); butelek gromadziło się coraz więcej, ustawiano je najpierw rzędami po pięć, potem po dziesięć,...(Böll,S.10)
35. Pięć tysięcy złotych leży na stole.
36. Miał lat pięćdziesiąt i kilka, ale nie wyglądał więcej jak na czterdzieści. (SJP III, S. 309)
37. Palto kosztuje tysiąc pięćset złotych.
38. Czekałem pół godziny.
39. półtora miliona mieszkańców.
40. Miast milionowych jest z górą sto.
41. Mogę biegać na sto i dwieście, mogę biegać osiemset, tysiąc pięćset, pięć tysięcy, dziesięć tysięcy, mogę skakać, albo rzucać dyskiem (...) (Dyg, S. 143)
42. Nasza podróż trwała sto jeden dni.

43. Tak, jutro rozdają świadectwa stu dwudziestu jeden osobom. (Wójt, S. 40)
44. Perez wygrał stosunkiem głosów 3 : 2. (TL, 25.8.1974,S.10)
45. Wypił już trzy czwarte litra wina.
46. Trzy i pół tysiąca kilometrów.
47. Masz wysoką temperaturę? 39,6.
48. A ile ludności ma obecnie Polska? 32 miliony 677 tysięcy. (Wójt, S. 169)
49. Za jabłka zapłaciłem trzydzieści osiem złotych.
50. Magnetofon kosztował trzynaście tysięcy osiemset złotych.
51. Było nas tam 300 osób. (TL, 21.8.1974, S. 1)
52. Buty kosztowały trzysta dwadzieścia złotych.
53. Dwoje ludzi idzie. (Wójt, S. 195)
54. 132 dzieci - sto trzydzieści dwoje dzieci
55. Sześcioro dzieci idzie (szło) do szkoły. (SPP, S.752)
56. Troje studentów czeka na pana profesora. (Wójt, S. 102)
57. Robiłam nawet dwojakim sposobem i nic. (Wójt, S. 84)
58. Walizka ma podwójne dno. (Wójt, S. 84)
59. Ziarna uczyniły owoc, te stokrotny, owe sześćdziesięciokrotny, a drugie trzydziestokrotny, (Klem, S. 59)
60. Dało się słyszeć trzykrotne uderzenie w drzwi. (Klem,S.59)
61. Otóż las hamuje prędkość wiatru od kilku do kilkunastu razy, zmniejsza parowanie z powierzchni gleby i roślin o około czwartą część. (TL, 3-4.6.1978, S.4)
62. Mija dwudziesty piąty dzień.
63. Był to mój pierwszy start biegowy. (Dyg, S. 173)
64. Mija sto dwudziesty piąty dzień.
65. Mija tysiąc sto dwudziesty piąty dzień.
66. Pięć tysięcy sto szesnasta publikacja Wydawnicta MON (Rep, strona tytułowa)
67. 630 850 turysta - sześćset trzydzieści tysięcy osiemset pięćdziesiąty turysta (Wójt, S. 157)
68. Jest kwadrans po dziesiątej.
69. Która jest teraz godzina? Siódma piętnaście. (Wójt,S.33)
70. Ja mam miejscówkę na miejsce szóste. (Wójt, S. 157)
71. Czekam już trzecią godzinę .
72. Jerzy wydaje trzecią część swojej pensji na znaczki. (Wójt, S. 139)

73. W trzydziestym dziewiątym ojciec zostawił go wraz z matką w Paryżu i wrócił do kraju. (Nap, S. 129)
74. Urodziła się w roku tysiąc dziewięćset dziesiątym. (Wójt, S. 108)
75. Mam dość (dosyć) czasu.
76. Takich i innych faktów jest dużo.
77. Ty w życiu będziesz miał przez kobiety dużo zmartwień. (Dyg, S. 191)
78. (...) Do eliminacji o udział w finale najbliższej olimpiady zgłosiło akces dziewięćdziesiąt kilka państw! (itd, 19.1.1975, S. 12)
79. Garść problemów pozostało do omówienia. (Schab, S.7)
80. Miał ci malowany dwór, tysiąc koni, dwieście sfor, rój hajduków, strzelców. sług, dwie kapele, gości huk. (SFJP, Bd.I, S. 281)
81. Ile posiłków jest w NRD?
82. Mam kilka spraw do załatwienia.
83. Dla kilkorga dzieci mamy pomarańcze, dla czworga zabawki, dla pięciorga coś z odzieży. (Wójt, S. 102)
84. Kilkunastu chłopców idzie. (SPP, S. 250)
85. Kilkanaścioro dzieci nie przyszło.
86. Kilkudziesięciu chłopców idzie. (SPP, S. 250)
87. Kilkaset osób przyszło na wiec.
88. Na którym piętrze mieszka pan Kowalski?
89. Dobrych przyjaciół jest mało.
90. Mam mnóstwo czasu dla siebie. (Wójt, S. 95)
91. Wielkie mnóstwo czegoś.(SPP, S. 346)
92. Mnóstwo ludzi czekało na dworcu.
93. On mnóstwo czyta. (Grzeg$_2$, S. 62)
94. Chciał o mnóstwie rzeczy pomówić z profesorem. (SJP, Bd.IV, 1962, S. 779)
95. Zjechało moc ludzi. (SPP, S. 436)
96. Straszna moc ludzi była na pogrzebie. (JP, 1948, S.114)
97. Multum ludzi to widziało.
98. Nie ma nic nowego.
99. Mówił o tym niezliczoną ilość razy.
100. Przez parę dni Agnieszka mieszkała u mnie i było nam bardzo dobrze. (Dyg, S. 158)

101. To jest o paręset metrów dalej.
102. Paru moich kolegów zachwycało się tym filmem.
103. Miał różnorakie zarzuty co do tej propozycji.
104. Jest jeszcze sporo pracy.
105. Szereg ludzi odchodziło z niczym. (SPP, S. 751)
106. Od szeregu już tygodni bębnili swoje audycje. (Wańk,S.57)
107. W całym szeregu wypadków spotykamy w rdzeniach obocznych wymianę samogłoski twardej na miękką (...), (Klem,S.43)
108. Wydaje mi się, że uda się przeprowadzić trochę rzeczy, o których rozmawialiśmy. (Dyg, S. 180)
109. Tyle czasu straciłem.
110. Możliwości są wielorakie.
111. Wiele (dużo) naczyń stało na stole. (SPP, S. 863)
112. Wielu moich kolegów zachwycało się filmem.
113. Między starszyzną zaporowską wielu było skozaczonych szlachciców. (Klem, S. 121)
114. Wszystkie sześćset domów się spaliły. (JP,1948,S.114)
115. Wszystkie pięć pociągów odjechało. (JP, 1948, S. 114)
116. Nie było żadnego wytłumaczenia dla jego postępowania.

3.2.7. A d v e r b - Erläuterungen

Für Adverbien halten wir Wörter, die etwa in den Rahmen Kolega pracuje pilnie (Substantiv-Verb-Adverb) anstelle des Wortes pilnie einsetzbar sind. Wegen der freien Wortfolge: Kolega pilnie pracuje. Pilnie pracuje kolega. usw. kann allerdings die Position allein nicht ausschlaggebend sein. So muß man auch andere syntaktische Merkmale nennen, die für das Verhalten der Adverbien charakteristisch sind.
Das Adverb ist direkt vom Verb abhängig:

```
        pracuje
       /       \
kolega          pilnie
```

und das unterscheidet es u.a. von der Partikel, die nicht dem finiten Verb, sondern einem anderen Wort untergeordnet ist:

```
    pracuje   (Adverb)                 pracuje        (Partikel)
   /       \                          /       \
kolega      trochę               kolega        wolno
                                                 |
                                               trochę
```

Das Adverb kann durch eine Partikel, mit der es zusammen ein Satzglied bildet, begleitet und bestimmt werden:
Kolega idzie bardzo szybko.
On pracował już wczoraj.
(bardzo tritt als Partikel nur bei adjektivischen Adverbien in traditionellem Sinne auf.) Auch das Adverb allein hat Satzgliedwert (Kolega idzie szybko - Adverbialbestimmung). Im Gegensatz zur deutschen Sprache, wo die Äquivalente von szybko, pilnie usw. (schnell, fleißig) manchmal für Adjektive gehalten werden (wegen der morphologischen Merkmale), sind sie im Polnischen bereits auf der morphologischen Ebene deutlich von Adjektiven zu unterscheiden:

Pociąg jest szybki. (Adjektiv)
Pociąg jedzie szybko. (Adverb)

Von den Quantitätswörtern im Polnischen werden hier den Adverbien traditionelle Gattungszahlen (wie dwojako), Multiplikativa (z.B. podwójnie), Iterativa (trzykrotnie, powtórnie usw.), Indefinitzahlen (wiele, trochę usw.) zugewiesen. Dabei wird jeweils nur die Funktion einer Adverbialbestimmung gemeint und nicht die eines Attributs oder eines Objekts. Im Satz Kilkakrotnie powtórzył to zdanie lassen sich für die Zugehörigkeit des Wortes kilkakrotnie zu den Adverbien folgende Argumente anführen:

1. Position (Ersatzprobe): Szybko powtórzył to zdanie.
   Wczoraj
   Tam
2. Abhängigkeitsbeziehungen: kilkakrotnie ist direkt vom Verb (powtórzył) abhängig:

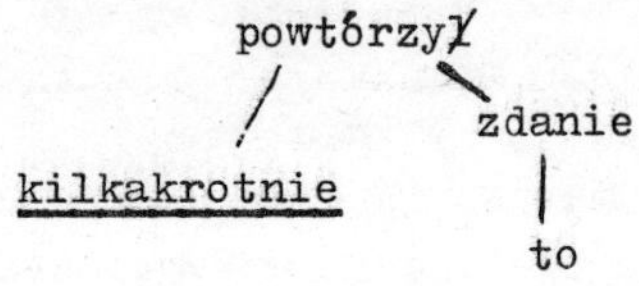

3. Distribution:
   Im Unterschied vom Substantiv, das einen analogen Platz im Abhängigkeitsbaum einnehmen kann, läßt kilkakrotnie die Wörter wie to, długie (Adjektive) nicht voranstehen.
4. Obwohl das Wort kilkakrotnie die gleiche Position, Distri-

bution und Abhängigkeitsbeziehungen wie die Pronomina in den oben angeführten Beispielen (Abschnitt 4 - 5) aufweist, ist es kein Pronomen, sondern ein Adverb aufgrund der Nektionsprobe: Können zwei Wörter in einem Syntagma nebeneinander durch solche Konjunktionen wie i, lub, lecz, czy verbunden stehen und dabei im Verhältnis der Nebenordnung bleiben, dann gehören sie derselben Wortklasse an; andernfalls sind es meistens zwei Wortarten (nicht immer, denn es kommen semantische Restriktionen in Frage).

Möglich ist zwar: Kilkakrotnie i bezbłędnie powtórzył to zdanie, aber ungrammatisch ist: ˣKilkakrotnie i on powtórzył to zdanie. Wenn auch der letztgenannte Satz unter Umständen als korrekt gelten kann (besser: I on kilkakrotnie powtórzył to zdanie), es handelt sich um andere syntaktische Beziehungen. Zwischen kilkakrotnie und on besteht das Verhältnis der Unterordnung nicht (on ist Subjekt, kilkakrotnie - Adverbialbestimmung). Da also das untersuchte Wort kilkakrotnie mit Wörtern wie on, tamten usw. (Pronomen) in demselben Syntagma im Verhältnis der Nebenordnung nicht stehen kann, ist es kein Pronomen. Andererseits kann kilkakrotnie als nebengeordnetes Glied von bezbłędnie, szybko usw. auftreten, was es eindeutig als Adverb ausweist.

Zu den Adverbien rechnen wir auch die den Substantiven nahe stehenden Wörter wie chmarą, masę in solchen Syntagmen wie:

Dzieci chmarą stały na gościńcu,...
razem
gromadnie usw.

Ostatnio masę podróżował
często
długo usw.

Daß es keine Substantive sind, bezeugt auch die Distribution: masę, chmarą in derartigen Syntagmen können keine Bestimmungen vor sich haben (ˣOstatnio całą masę podróżował); Dzieci całą chmarą stały, ... wäre schon notfalls zu akzeptieren; andere Bestimmungen von chmarą sind allerdings nicht möglich (vgl. auch Bsp. 13, 14).

Als Adverb ist schließlich wiele (im Bsp.26: Wiele podróżował.) auszuweisen: 1. Ersatzprobe: Wiele podróżował.
Długo

2. Abhängigkeitsbeziehungen: wiele weist direkte Abhängigkeit vom Verb podróżował auf.
Daß es kein Pronomen ist (dieselbe Position und dieselben Abhängigkeitsverhältnisse), läßt sich mit Hilfe der Nektionsprobe nachweisen. Nicht möglich ist: ˣWiele i on podróżował, dagegen: Wiele i wygodnie podróżował. Ähnlich bei: Mówił wiele. Pracował wiele. Dużo siedzi w domu (Bsp. 8) usw. In all diesen Beispielen liegen einwertige Verben im Sinne der Valenz vor, wo wiele bzw. dużo durch eine Adverbialbestimmung ersetzbar ist (vgl. aber wiele als Pronomen - bei mehrwertigen Verben, S. 105 f.).

Es sei abschließend bemerkt, daß die hier ausgesonderte Klasse der Adverbien große Übereinstimmungen mit den herkömmlichen Auffassungen aufweist. Die meisten Zahlwörter, die wir der Wortklasse Adverb zugeordnet haben, wurden dieser Wortart auch bisher zugerechnet, vgl. z.B. R. Sinielnikoff, die Wörter wie dwojako oder stokrotnie Zahladverbien nennt.[182] Nur im Bereich der unbestimmten Zahlwörter, wo in der traditionellen Grammatik keine Einhelligkeit herrscht, scheint unsere Auffassung etwas Neues zu bringen.

3.2.8. Adverb - Beispiele

1. On całkiem zapomniał. (Grzeg$_1$, S. 84)
2. Dzieci chmarą stały na gościńcu, rozwrzeszczane, nie wiedząc, o co chodzi. (SJP, Bd.I, 1958, S. 878)
3. Ciągle (wciąż) odrabia lekcje. (Grzeg$_1$, S. 88)
4. Jan często (rzadko, nieraz) odwiedza krewnych w Krakowie. (Grzeg$_1$, S. 89)
5. Spotykam Jana często. (Grzeg$_1$, S. 85)
6. Pracował długo. (Grzeg$_1$, S. 93)
7. On dużo biega po lesie. (Grzeg$_2$)

---

182) Gramatyka opisowa.... S. 134.

8. Dużo siedzi w domu. (Grzeg$_2$, S. 63)
9. To co mówi Janek można dwojako zrozumieć. (Wójt, S. 84)
10. Ilekroć zażądasz, (tylekroć) ci dopomogę. (Klem Skł, S.73)
11. Jan jednorazowo wpłacił składkę. (Grzeg$_1$, S. 90)
12. Kilkakrotnie (kilkakroć) powtórzył to zdanie.
13. iść kupą (SFJP, Bd.I, S. 367)
14. Jadła owoce masami. (SPP, S. 327)
15. Ostatnio masę podróżował. (SPP, S. 327)
16. On nieco schudł. (Grzeg$_2$, S. 66)
17. Niejednokrotnie to stwierdziłem.
18. Na ringu nieraz zdarza się dostać potężny cios, (...), (Dyg, S. 189)
19. Nigdy tego nie mówiłem.
20. Dochody Jana wzrosły podwójnie (dwukrotnie). (Grzeg$_1$, S.91)
21. Policzono mu za obiad podwójnie. (Grzeg$_1$, S. 89)
22. Zadzwonił powtórnie. (Grzeg$_1$, S. 91)
23. Janek stale (zawsze) jeździ do szkoły rowerem. (Grzeg$_1$, S. 88)
24. Musiałem choć trochę od niej odpocząć. (Dyg, S. 175)
25. Trzykrotnie pisał list.
26. Wiele (dużo) podróżował.
27. Wielekroć jeździł za granicę. (SPP, S. 863)
28. Wielokrotnie grywał w siatkówkę.

3.2.9. Partikel - Erläuterungen

Die Partikel als Wortart ist im Polnischen in vielen Grammatiken anzutreffen. Repräsentativ für die Auffassung der Partikeln scheint die folgende Definition zu sein: "Die Partikel ist ein Wort, dessen Hauptfunktion das Modifizieren bzw. das Verstärken der Bedeutung eines anderen Wortes, einer Wortgruppe oder eines Satzes ist" - Übersetzung von R.L.: - "Partykuła (wyrazek) to wyraz, którego główną funkcją jest modyfikowanie lub wzmacnianie znaczenia innego wyrazu, wyrażenia lub zdania".[183]
Als Beispiele für Partikeln werden hier u.a. genannt: no (Daj no!), że (Róbże!), czy (Czy Jan śpi?), [illegible] (Jan

[183] Gramatyka opisowa..., S. 137.

poszedłby do kina), niech (Niech dzieci idą na spacer!), nie (Jan nie śpi).

Unsere Auffassung der Partikeln unterscheidet sich wesentlich von dieser ; sie stützt sich auf die Auffassung von G. Helbig[184] (für das Deutsche) und sieht etwa folgendermaßen aus: Partikeln sind solche Wörter, die vor einem Bezugswort stehen, dem sie untergeordnet sind und nur zusammen mit diesem Bezugswort verschiebbar sind. Sie können kein selbständiges Satzglied bilden. Solchen Anforderungen tragen u.a. diejenigen Quantitätswörter Rechnung, die vor Adjektiven oder adjektivischen Adverbien (im traditionellen Sinne) im Komparativ stehen, z.B. Ta działka jest dwukrotnie większa niż tamta, (Bsp. 2). Vgl. auch Bsp. 1, 4, 7, 8, 9, 10. Den Partikeln rechnen wir ebenfalls z.B. das unbestimmte Zahlwort trochę im Bsp. 6: To jest trochę dużo zu. (Dagegen trochę im Satz: Kolega trochę pracuje ist ein Adverb, vgl. S. 123, trochę im Satz: Trochę rozumiem - ein Pronomen, vgl. S. 106).

So werden hier in die wenig umfangreiche Klasse der Partikeln drei Gruppen der traditionellen Zahlwörter eingeordnet:

1. unbestimmte Zahlwörter: z.B. Pracuję dużo więcej od ciebie.
2. Wiederholungszahlen: z.B. Ta działka jest dwukrotnie większa niż tamta.
3. Bruchzahlen: pół żartem, pół serio

3.2.10. P a r t i k e l - Beispiele

1. Pracuję dużo więcej od ciebie.
2. Ta działka jest dwukrotnie większa niż tamta.
3. To kosztuje minimum sto złotych.
4. Na ogół bowiem młode małżeństwo czy rodzina wkracza do nowego mieszkania niewiele bogatsza w przedmioty materialne niż wówczas, gdy stworzyła małżeńskie stadło. (IKP, 4.4.1975, S. 3)
5. pół żartem, pół serio

---

184) G.Helbig, J.Buscha, a.a.O., S. 428 ff.

6. To jest troche dużo.
7. Ale za to dała nam narzędzia tysiąckroć i milionkroć precyzyjniejsze niż zmysły. (TL, 24/25.5.1975, S. 5)
8. (...) liczba odwiedzających Akropol jest wielokrotnie wyższa, (...) (TL, 16.10.1975, S. 7)
9. On jest dzisiaj dużo (znacznie) zdrowszy niż był wczoraj. (Grzeg$_2$, S. 63)
10. Czuła do mnie żal i pretensję o to, że kochała osiłka stojącego o wiele niżej od niej pod względem intelektualnym. (Dyg, S. 168)

3.2.11. Zusammenfassung

Die traditionellen Zahlwörter des Polnischen wurden von uns in fünf Wortarten aufgelöst: Adjektiv, Substantiv, Pronomen, Adverb, Partikel. Am umfangreichsten ist die Klasse der Adjektive, zu der Vertreter aller Gruppen der herkömmlichen Zahlwörter gehören. Den geringsten Umfang zeigt die Klasse der Partikeln, die - das sei am Rande noch einmal bemerkt - anders aufgefaßt wird, als dies bisher in polnischen Grammatiken geschah. So wie im Deutschen wird im Polnischen manchmal ein Wort (Lexem) mehreren Wortarten zugeordnet. Beispielsweise erscheint bei uns eine Kardinalzahl wie pięć in drei verschiedenen Wortklassen: 1) Adjektiv (pięć osób), 2) Pronomen (pięć plus trzy jest osiem), 3) Substantiv (Zdał egzamin na pięć), während das Wort szereg entweder den Adjektiven oder den Substantiven zugeteilt wird. Das ist die Folge einer konsequenten Anwendung des syntaktischen Kriteriums, da die einzelnen Sememe innerhalb eines Lexems oft unterschiedliche syntaktische Funktionen ausüben. Die sog. unbestimmten Zahlwörter sind das beste Beispiel dafür. So wird das Wort wiele (wielu) als Pronomen in derartigen Syntagmen angesehen: 1) Widziałem wiele i wielu. 2) Pomagał wielu. Es gehört aber u.E. den Adverbien in folgenden Sätzen: 3) Podróżował wiele. 4) Pracował wiele.

Während in den Sätzen 1) und 2) die untersuchten Wörter dem syntaktischen Objekt entsprechen, übt das unbestimmte Zahlwort wiele in den Sätzen 3) und 4) die Funktion einer Adverbialbestimmung aus:es ist durch solche Ausdrücke ersetzbar wie: długo, wygodnie, pilnie (Adverbien). Bei der Nektionsprobe läßt sich wiele ohne weiteres mit anderen Adverbien vereinbaren; z.B. Podróżował wiele i wygodnie. Pracował wiele i szybko. Dabei sind solche Verbindungen mit Pronomen kaum möglich (Raz mówi wiele, raz nic. kann hier nicht maßgebend sein, da das Pronomen nic unter Umständen auch neben Adverbien stehen kann, vgl. Mówił długo lub nic).

Ersichtlich ist aus dem Obigen, daß das Lexem wiele verschiedene Bedeutungen und verschiedene syntaktische Funktionen haben kann, je nachdem bei welchem Verb es steht. Im ersten Fall gehört wiele zur Valenz der Verben (es entspricht den Mitspielern in Form eines Akkusativ - und Dativobjekts), im 2. Falle ist wiele eine freie Angabe. Steht wiele bei solchen Verben wie widzieć oder pomagać, dann ist es ein Pronomen, tritt es zu Verben wie podróżować, pracować, wird es als Adverb betrachtet.

Zusammenfassend sei in aller Kürze die Auffassung der polnischen Zahlwörter in der traditionellen Grammatik mit der von uns vorgeschlagenen verglichen.

Traditionelle Auffassung (Numerale als Wortart)	Unsere Auffassung
1. Kardinalzahlen (liczebniki główne)	1. Adjektiv (Czekam trzy godziny) 2. Pronomen (dwa plus jeden jest trzy) 3. Substantiv (Jeżdżę do pracy ósemką)
2. Ordinalzahlen (liczebniki porządkowe)	1. Adjektiv (Czekam już trzecią godzinę) 2. Substantiv (Pierwszego jest wypłata)
3. Multiplikativa (liczebniki mnożne)	1. Adjektiv (potrójny skok) 2. Adverb (Złożyła chusteczkę potrójnie.) 3. Substantiv (Ten kapelusz kosztuje trzykrotność tamtego.)

4. Iterativa
   (liczebniki wielokrotne)

   1. Adverb (Trzykrotnie czytał tę książkę.)
   2. Adjektiv + Substantiv (Dwa razy czytał tę książkę.)
   3. Adjektiv (Po dwukrotnym powtórzeniu wszystko zrozumiał.)
   4. Substantiv + Substantiv (Tysiąc razy powtórzył to zdanie.)
   5. Partikel (Ta działka jest dwukrotnie większa niż tamta.)

5. Kollektiva
   (liczebniki zbiorowe)

   1. Adjektiv (Przyszło dwoje dzieci.)
   2. Substantiv (My dwoje zostaliśmy.)

6. Gattungszahlen
   (liczebniki wielorakie)

   1. Adjektiv (Można to zrobić dwojakim sposobem.)
   2. Adverb (Można to rozumieć dwojako.)
   3. Substantiv (dwoistość rozwiązań)

7. Bruchzahlen
   (liczebniki ułamkowe)

   1. Adjektiv (pół kilograma)
   2. Substantiv (Cofnął się w połowie drogi.)
   3. Adjektiv + Substantiv (dwie trzecie kilograma.)
   4. Adjektiv + Pronomen + Substantiv (dziesięć sto piątych)
   5. Adjektiv + Konjunktion + Adjektiv + Substantiv (Kupił trzy i trzy czwarte metra materiału.)
   6. Pronomen (Jest wpół do dziesiątej.)

8. Indefinitzahlen (liczebniki nieokreślone)	1. Adjektiv (wiele naczyń)
	2. Substantiv (Wszyscy zostają.)
	3. Pronomina (Widziałem wiele i wielu.)
	4. Adverb (Wiele podróżował.)
	5. Partikel (wiele lepszy)

4. Konfrontation

4.1. Frage der Methode

Nachdem die traditionellen Zahlwörter des Deutschen und Polnischen mit Hilfe homogener Methoden klassifiziert worden sind, taucht die Frage der Konfrontation der beiden Darstellungen auf. Es seien zuerst einige allgemeine Bemerkungen zum Problem der Methode bei der zwischensprachlichen Konfrontation geäußert. Wir lehnen uns dabei in erster Linie auf die Arbeiten von J.A.Czochralski[185], G.Helbig[186] und R. Sternemann[187], mit der Einschränkung allerdings, daß manche Gedanken keinem dieser Wissenschaftler zugeschrieben werden können, sondern vom Verfasser allein stammen.

Eine konfrontative Studie kann entweder bilateral oder unilateral sein. Unter einer bilateralen Darstellung wird eine Konfrontation verstanden, bei der die beiden Sprachen als gleichwertig behandelt werden, d.h. die Erscheinungen der ersten und der zweiten Sprache in gleichem Maße berücksichtigt werden. Bei einer unilateralen Darstellung werden die Erscheinungen einer Sprache mit Bezug auf die andere

185) J.A.Czochralski, Grundsätzliches zur Theorie der kontrastiven Grammatik, in: Linguistics 1966, Nr.24, S.17-28.

186) G.Helbig, Zur Rolle des kontrastiven Sprachvergleichs für den Fremdsprachenunterricht (Möglichkeiten, Voraussetzungen, Grenzen), in: DaF 1976/1, S. 9-16.

187) R.Sternemann, Zu einigen Fragen der Komparabilität in der konfrontativen Linguistik, in: DaF 1972/4, S.222-232; Einführung in die konfrontative Linguistik, 2.Fass., Berlin 1977, S. 28-109. (Kollektiv unter Leitung von R. Sternemann).

untersucht. Die Sprachen werden hier nicht als gleichwertig betrachtet, eine von ihnen bildet das Bezugssystem für die andere. Diese Art der Konfrontation hat also eine einseitige Zielgerichtetheit.

Um zwei (oder mehr als zwei) Sprachen zu vergleichen, muß man sich darüber im klaren sein, im Hinblick worauf verglichen wird. Wir brauchen also eine übereinzelsprachliche Bezugsgröße, das sog. "tertium comparationis" ("das Dritte des Vergleichs"). Eine solche Bezugsgröße soll für die beiden Sprachen gelten, unabhängig von ihnen sein, daher auch als eine außersprachliche (begriffliche) Kategorie verstanden werden (z.B.: "Zukunft", "Vorzeitigkeit", "Zahl"). Das tertium comparationis als eine hypothetisch angenommene begriffliche Größe ist u.E. nicht mit dem Bezugssystem (der Bezugsgröße) schlechthin gleichzusetzen. Das letztere kann auch formaler Art sein; so kann als Bezugssystem die Form einer der verglichenen Sprachen gelten. Das tertium comparationis kommt besonders deutlich bei der <u>bilateralen</u> Darstellung zum Vorschein und zwar beim <u>onomasiologischen</u> Verfahren. Es kann beispielsweise beim deutsch-polnischen Vergleich als tertium comparationis "die Zukunft" dienen, für die in den beiden zu vergleichenden Sprachen formale Realisationen festgestellt und verglichen werden. Ein grobes Schema dafür sieht folgendermaßen aus:

"Zukunft"

<u>Deutsch</u>	<u>Polnisch</u>
a) Futur - Er wird lesen	a) Futur - On będzie czytał
b) Präsens - Er liest es gleich	b) Präsens - Jutro czytam (meist mit einem Temporaladverb)
c) Perfekt - Wenn er in einer Woche das Buch gelesen hat,...	

Nicht immer bildet das begriffliche tertium comparationis den Ausgangspunkt des zwischensprachlichen Vergleichs wie beim onomasiologischen Verfahren. Man kann sich etwa beim bilateralen Vergleich ein semasiologisches Verfahren vorstellen: Ausgegangen wird von den entsprechenden Formkategorien des Deutschen und Polnischen, z.B. vom Futur. In jeder Sprache werden für diese Formkategorie einzelne Begriffskategorien ermittelt, die anschließend miteinander verglichen werden:

Futur (Deutsch): Zukunft | Aufforderung | Vermutung

Futur (Polnisch): Zukunft | Aufforderung

Im Grunde genommen, tragen in diesem Schema solche Kategorien wie "Zukunft", "Aufforderung", "Vermutung" einen einzelsprachlichen Charakter, weil sie sich direkt auf die Formkategorie jeder Sprache beziehen. Und es ist Recht J.Czochralski zu geben, wenn er über das Verhältnis zwischen temporalen Begriffskategorien und der Zeit folgendes schreibt: "Denn die Zeit wird in der Sprache großenteils arbiträr geordnet und kategorialisiert. Durch die Begriffskategorien wird die Zeit nicht so wiedergegeben, wie sie an sich ist, sondern vielmehr so, wie sie von der Langue im allgemeinen und vom Sprecher im konkreten Kommunikationsakt aufgefaßt wird.(...) Deswegen sind die "Zeit"kategorien der Sprache im Grunde keine absolut objektiven Kategorien der Zeit, sondern vielmehr temporale Begriffskategorien der Sprache. Sie gehören nicht **der außersprachlichen Realität, sondern dem** sprachlichen Begriffssystem an".[188] Um solche Kategorien als tertium comparationis (also: übereinzelsprachliche Kategorien) anzuerkennen, muß noch ein weiterer Abstraktionsschritt ausgeführt werden. Wir müssen also diese infolge der sprachlichen Kategorialisierung der außersprachlichen Phänomene (wie "Zeit") entstandenen sprachlichen Begriffskategorien (wie "Zukunft") von den einzelsprachlichen Formkategorien wegdenken und sie als außersprachliche Begriffe hinstellen.

Ein erweitertes Schema würde demnach etwa wie folgt aussehen:

---

188) J.A.Czochralski, Verbalaspekt..., S. 170 f.

Formkategorie ⟶ Futur (<u>Polnisch</u>) | Futur (<u>Deutsch</u>)

sprachliche Begriffskategorien ⟶ Zukunft, Aufforderung | Zukunft, Aufforderung, Vermutung

außersprachliche Begriffskategorien ⟶ "Zeit" ("Zukunft"...) usw.

Mit einem impliziten, "verdeckten" tertium comparationis haben wir es auch bei einer unilateralen Darstellung bzw. bei einer bilateralen Konfrontation folgender Art zu tun. Zuerst werden die Erscheinungen der einen Sprache (L_1) auf die andere (L_2) als Bezugssystem (Ausgangssprache) bezogen; anschließend wird in der umgekehrten Richtung verfahren: L_1 wird zum Bezugssystem für L_2. Mit Hilfe von Übersetzung in den beiden Richtungen werden äquivalente Beziehungen zwischen Erscheinungen der zwei Sprachen festgestellt und die Ausdrucksmittel gegenübergestellt. Trotz des unilateralen Ansatzes liegt auch in diesem Falle eine bilaterale Darstellung vor, weil die beiden Sprachen in gleichem Maße behandelt werden. Es handelt sich hier um die Frage: wie werden bestimmte Strukturen der L_2 in der L_1 und umgekehrt realisiert. Z.B.:

I) Ausgangssprache (Polnisch) ⟶ Zielsprache (Deutsch)

a) Futur (in Zukunftbedeutung) ⟶ Futur
⟶ Präsens

b) Futur (in Aufforderungsbedeutung) ⟶ Futur
⟶ <u>wollen</u> + Infinitiv

II) Ausgangssprache (Deutsch) ⟶ Zielsprache (Polnisch)

a) Futur (als vermutete Gegenwart) ⟶ Verbum finitum im Präsens + <u>chyba</u>

usw.

Sowohl I) als auch II) sind unilaterale Verfahren: eine Sprache dient als Bezugsgröße für die andere; wegen der zweiseitigen Zielgerichtetheit aber nennen wir sie eine bilaterale Darstellung. Um für eine bestimmte Struktur der Ausgangssprache eine äquivalente Struktur in der anderen Sprache zu ermitteln, muß die Bedeutung der ersten Struktur aufrechterhalten bleiben. Wir sind der Meinung, daß auch hier (d.h. bei einer unilateralen bzw. bei einer bilateralen Konfrontation mit unilateralem Ansatz) das übereinzelsprachliche tertium comparationis im Spiel ist: damit die Strukturen (Texte) zweier Sprachen äquivalent sind, müssen sie über identische begriffliche Kategorien verfügen. So sind z.B. die zwei Sätze: Er wird zu Hause sein. (Dt.) - On jest chyba w domu. (Poln.) äquivalent, denn die aus dem deutschen Futur zu abstrahierende Begriffskategorie "Vermutung" bildet eine Ausgangsgröße für das Polnische, das zu deren sprachlichen Realisierung entsprechende formale Mittel stellt (Präsens von być + lexikalisches Element chyba).

Die hier angedeutete semantische Äquivalenz wollen wir gegen die kommunikative Äquivalenz abgrenzen, die außer der aktuellen sprachlichen Bedeutung eines Textes auch dessen pragmatische Bedeutungen (darunter solche extralinguistischer Art) umfaßt. Die kommunikative Äquivalenz ist in der Übersetzungstheorie relevant, bei einer zwischensprachlichen Konfrontation auf der Ebene der Langue haben wir es dagegen mit der semantischen Äquivalenz zu tun.

Es taucht nun die Frage nach den Vergleichsprinzipien in unserer Arbeit auf. Eine erste Möglichkeit würde etwa so aussehen: für die untersuchten Zahlwörter werden denotative Funktionen (Begriffskategorien) ermittelt, solche wie: a) reine Zahlen, b) Reihenfolge eines Gegenstandes, c) bestimmte Zahl der Gegenstände, d) zahlenmäßig gleiche Verteilung der Gegenstände, e) zahlenmäßige Umstände einer Handlung, f) unbestimmte Menge der Gegenstände usw. Anschließend wird untersucht, durch welche Wortarten im Deutschen und Polnischen diese begrifflichen Kategorien wiedergegeben werden. Eine solche onomasiologische und bilaterale Darstellungsart hätte den Vorteil, daß die beiden Sprachen dank der unabhängig von ihnen bestehenden Vergleichsbasis (die einzelnen Quantitätsbegriffe) als gleichwertig behandelt werden könnten. Schwierigkeiten sehen wir jedoch bei der Ermittlung der Begriffskategorien selbst; da uns dazu keine exakten Kriterien zur Verfügung stehen, muß ein solches Ermittlungsverfahren mehr oder weniger willkürlich sein. Deshalb wird hier auf diese Konfrontationsart verzichtet. Wir entscheiden uns für eine andere Darstellung, die folgendermaßen aussieht: die den Bereich der Quantität bezeichnenden Wortarten einer Sprache werden daraufhin untersucht, welchen Wortarten der anderen Sprache sie entsprechen. So wird zuerst von den einer bestimmten Wortklasse des Deutschen angehörenden Wörtern (als Gliedern bestimmter Syntagmen) ausgegangen. Diese Wörter werden mit ihren polnischen semantisch äquivalenten Gegenstücken im Hinblick auf die Wortartzugehörigkeit hin verglichen. Anschließend wird in umgekehrter Richtung verfahren: die polnischen Belege werden mit ihren deutschen Entsprechungen hinsichtlich der Wortartzugehörigkeit konfrontiert. Es wird also eine bilaterale Darstellung mit unilateralem Ansatz sein. Dieses zweiseitige Verfahren ist notwendig, da die gesammelten Beispiele für die beiden Sprachen sich nicht unbedingt entsprechen. So finden wir manchmal in einer Sprache Beispiele, die unter den verzeichneten Belegen für die andere Sprache keine Entsprechungen haben. Für viele Zahlwörter gibt es bei der Übersetzung in die andere Sprache mehrere Entsprechungen, die ungefähr gleichwertig sind: So kann z.B. das deutsche Adverb ein paarmal auf zweierlei Weise übersetzt werden: parę razy und parokrotnie. Oft ist es dabei schwer festzustellen, welche Wiedergabe die bessere ist. In derartigen Fällen haben wir uns für diejenige Übersetzung entschieden, bei der eine Übereinstimmung in der Wortartzugehörigkeit beider Sprachen feststellbar ist (im genannten Falle: parokrotnie); demnach wurden solche Beispiele im konfrontativen Teil nicht angeführt. Anders dagegen z.B. bei 302 mal, das nur als trzysta dwa razy wiedergegeben werden kann.

Nachstehend soll gezeigt werden, wie sich die im Rahmen der Quantität bleibenden Wortklassen einer Sprache gegenüber den Wortklassen der anderen Sprache verhalten.

4.2. S u b s t a n t i v (Deutsch)

Die überwiegende Mehrheit der in der Wortart Substantiv erfaßten deutschen Zahlwörter entspricht derselben Wortklasse im Polnischen (z.B. Der Schüler bekam eine Drei. - Uczeń otrzymał trójkę). Unter den 83 verzeichneten Beispielen für Substantive im Deutschen sind allerdings 19 (23 %) vorhanden, deren äquivalente Entsprechungen im Polnischen keine Substantive sind. Es sind Adjektiv + Substantiv (4 Beispiele), Substantiv + Substantiv (4 Beispiele), Adjektiv (3 Beispiele), Pronomen (4 Beispiele), Pronomen + Präposition + Pronomen (1 Beispiel). Bei drei deutschen Beispielen konnten wir im Polnischen keine Entsprechungen finden.

Wörter, die in den beiden Sprachen abweichende Wortartzugehörigkeit aufweisen, seien im folgenden genannt:

Adjektiv + Substantiv:

Bsp. 4: Das geschah in den Achtzigern. - To wydarzyło się w latach osiemdziesiątych.

Bsp. 43: (...) und hat Lotten in meiner Gegenwart noch nicht ein einzigmal geküßt. - (...) i w mojej obecności nie pocałował Lotty jeszcze ani jeden jedyny raz.

Bsp. 62: Früher fuhren die Fürsten mit vieren oder mit sechsen. - Dawniej książęta jeździli zaprzęgami cztero lub sześciokonnymi.

Bsp. 76: (...), das zweitemal in kurzer Zeit. - (...), drugi raz w krótkim czasie.

Substantiv + Substantiv:

Bsp. 41: (...) über ein dutzendmal (...) - więcej niż tuzin razy (...)

Bsp. 53: (...) die vielen Hunderttausend Klein- und Mittelbetriebe. - wiele setek tysięcy przedsiębiorstw małych i średnich.

Bsp. 59: (...) mehrere tausendmal blitzen. - wiele tysięcy razy błyskać.

Bsp. 64: Sie organisieren Zehntausende Wahlversammlungen (...) - Organizują dziesiątki tysięcy zebrań wyborczych. (...)

Adjektiv:

Bsp. 22: Eine Menge Arbeit habe ich noch zu verrichten. - Mnóstwo pracy mam jeszcze do wykonania.

Bsp. 32: Sie kommen am Achten des Monats. - Przychodzą ósmego tego miesiąca.

Bsp. 44: Der Erste, Zweite, Letzte des Monats - pierwszy, drugi, ostatni miesiąca.

Pronomen:

Bsp. 25: Wollt ihr euch um ein Nichts streiten? - Chcecie się kłócić o nic?

Bsp. 81: Viele sind berufen, aber Wenige auserwählt. - Wielu jest powołanych, ale niewielu wybranych.

Bsp. 82: Ihr seid viele. - Jest was wielu.

Bsp. 84: Er hat wenigen geschrieben . - Napisał (do) niewielu.

Pronomen + Präposition + Pronomen:

Bsp. 60: Kaum tritt unsereiner über die Schwelle. - Zaledwie ktoś z nas przestąpi próg (...)

Keine Entsprechungen (weder ein einzelnes Wort, noch eine Wortgruppe) gibt es im Polnischen für folgende Substantive aus dem obigen Verzeichnis:

Bsp. 58: Sie kamen zu Tausenden. - Przychodzili tysiącami.

Bsp. 78: Haben Sie noch ein kleines bißchen Geduld! - Proszę mieć jeszcze odrobinkę cierpliwości!

Bsp. 80: Ich muß Sie ein klein wenig korrigieren: (...) - Muszę troszeczkę pana wypowiedź skorygować: (...)

Erläuterung schwierigerer Fälle

Bsp. 44: (Der Erste, Zweite, Letzte des Monats - pierwszy, drugi, ostatni miesiąca.)

Den offensichtlichen Substantiven im Deutschen (keine Ellipsen; davon zeugt auch die Großschreibung) entsprechen im Polnischen Adjektive. Pierwszy, drugi, ostatni sind Adjektive, da hier die elliptische Konstruktion deutlich spürbar ist: pierwszy dzień miesiąca usw. (vgl. pierwszy grudnia = pierwszy dzień grudnia, dagegen: Pierwszego jest wypłata. - keine Ellipse mehr - Substantiv).

Bsp. 78: Haben Sie noch ein kleines bißchen Geduld! - Proszę mieć jeszcze odrobinkę cierpliwosci!

Das polnische Wort odrobinkę entspricht der deutschen Wortgruppe ein kleines bißchen und nicht dem einzelnen Wort bißchen, vgl. aber: Mit dem bißchen Wasser kann ich kein Geschirr spülen, wo das Substantiv bißchen seine Entsprechung im Substantiv odrobina hat.).

4.3. S u b s t a n t i v (Polnisch)

Eine recht große Übereinstimmung in der Wortartzugehörigkeit mit ihren deutschen Entsprechungen ist bei polnischen Substantiven feststellbar, die den traditionellen Zahlwörtern angehören. Von den 70 verzeichneten Beispielen wurden nur 7 Zahlwörter (10 %) gefunden, die in äquivalenten deutschen Syntagmen keine Substantive sind. Es sind: Pronomen (2 Beispiele), Artikelwort + Adjektiv + Substantiv (1 Beispiel), Präposition + Substantiv (1 Beispiel), Partikel (1 Beispiel). Es wurden ebenfalls 2 Beispiele gefunden, die im Deutschen eine Nullentsprechung aufweisen.

Pronomen:

Bsp. 70: To wszystko wyprowadziło mnie z równowagi (...) - Das alles hat mich aus der Fassung gebracht (...).

Bsp. 69: Celem nas wszystkich jest praca naukowa. - Unser aller Ziel ist die wissenschaftliche Arbeit.

Artikel + Adjektiv + Substantiv:

Bsp. 62: Proszę mieć jeszcze odrobinę cierpliwości! Haben Sie noch ein kleines bißchen Geduld!

Präposition + Substantiv:

Bsp. 26: (...) przy których dwójkami, trójkami, a nawet czwórkami siedzieli zaproszeni. - (...) an denen zu zweien, zu dreien, sogar zu vieren die Gäste saßen.

Ohne deutsche Entsprechungen bleiben Substantive in folgenden Syntagmen:

Bsp. 4: Złożył papier w ćwiartkę. - Er legte das Papier vierfach zusammen.

Bsp. 45: dziesięć sto piątych - zehn hundertfünftel (Hier entspricht der Verbindung von Pronomen und Substantiv: sto, piątych ein einziges Substantiv im Deutschen.)

Partikel:

Bsp. 28: Ty jeden rozumiesz wagę tych spraw. - Du allein verstehst die Wichtigkeit dieser Angelegenheiten.

4.4. A r t i k e l w o r t (Deutsch)

Fast alle hier verzeichneten Artikelwörter entsprechen den polnischen Adjektiven (z.B. Wir warteten einige Stunden. - Czekaliśmy kilka godzin.). In einem Fall haben wir es mit der Nullentsprechung zu tun: Wir arbeiten ein bißchen. - Pracowaliśmy trochę. Das polnische Adverb trochę entspricht der deutschen Wortgruppe ein bißchen, so daß das Artikelwort ein in diesem Kontext keine Entsprechung im Polnischen findet.

4.5. P r o n o m e n (Deutsch)

Die verzeichneten Pronomina weisen eine beträchtliche Divergenz in der Wortartzugehörigkeit gegenüber ihren polnischen Entsprechungen auf. Unter den 41 Beispielen sind 18 derartige Beispiele (45 %) festgestellt worden. Die deutschen Pronomina entsprechen hier folgenden Wortklassen im Polnischen:

Adjektiv + Substantiv (7 Beispiele), Substantiv (7 Beispiele), Adjektiv + Substantiv + Pronomen (2 Beispiele), Pronomen + Pronomen + Pronomen (1 Beispiel), Adjektiv (1 Beispiel).

Auch hier überwiegen also im Polnischen Wortgruppen, die den deutschen Einzelwörtern entsprechen.

Adjektiv (+ Adjektiv) + Substantiv (+ Substantiv)

Bsp. 1: Sie nahm zum Kuchen Butter und Eier, wobei sie mit beidem nicht sparte. - Wzięła do ciasta masło i jaja, przy czym z obydwoma rzeczami nie skąpiła.

Bsp. 2: Er hat beides verkauft, den Tisch und den Schrank. - Sprzedał obydwie rzeczy, stół i szafę.

Bsp. 16: Künstlerische Gymnastik war vor 1973 in Neugersdorf nahezu ein Fremdwort. - Gimnastyka artystyczna przed rokiem tysiąc dziewięćset siedemdziesiątym trzecim była w Neugersdorfie prawie nieznana.

Bsp. 22: Zweierlei vor allem zeigte sich(...) - Przede wszystkim wyszły na jaw dwie sprawy (...)

Bsp. 23: Schnell über den Tisch fahren und weit springen sind zweierlei. - Szybko jechać na rozbiegu a daleko skoczyć są to dwie różne sprawy.

Bsp. 31: Ich habe noch allerlei zu tun. - Mam jeszcze różne rzeczy do zrobienia.

Bsp. 32: Ich will alles dreies merken. - Chcę zapamiętać wszystkie trzy rzeczy.

Substantiv:

Bsp. 10: Es läuft alles auf eins hinaus. - Wszystko wychodzi na jedno.

Bsp. 11: Der Zirkusdirektor steckte drei schwarze Kirschen mit eins in den Mund. - Dyrektor cyrku wkładał do ust trzy czarne wiśnie na raz.

Bsp. 17: der größte Teil von tausend - największa część tysiąca

Bsp. 26: Die anwesenden Zuschauer waren alle entsetzt. - Obecni widzowie byli wszyscy przerażeni.

Bsp. 27: Sie operieren alle in der eigenen Hälfte..., Oni wszyscy operują na własnej połowie...,

Bsp. 28: Er wußte mit dem allem nichts anzufangen..., Nie wiedział, co z tym wszystkim począć...,

Bsp. 29: Unser aller Ziel sind die Europameisterschaften im September. - Celem nas wszystkich są mistrzostwa Europy we wrześniu.

Adjektiv (+ Adjektiv...) + Substantiv + Pronomen (+ Pronomen...)

Bsp. 24: zweihundertsechsundfünfzigtausenddreihundertzehn plus siebenhundertdreiundvierzigtausendsechshundertneunundachtzig ist neunhundertneunundneunzigtausendneunhundertneunundneunzig (256 310 + 743 689 = 999 999) - dwieście pięćdziesiąt sześć tysięcy trzysta dziesięć plus siedemset czterdzieści trzy tysiące sześćset osiemdziesiąt dziewięć jest dziewięćset dziewięćdziesiąt dziewięć tysięcy dziewięćset dziewięćdziesiąt dziewięć

Bsp. 25: drei Millionen zweitausendfünfhundertzweiundsechzig - trzy miliony dwa tysiące pięćset sześćdziesiąt dwa

Pronomen + Pronomen + Pronomen:

Bsp. 15: Die Zahl der FIFA-Mitglieder hat sich inzwischen übrigens auf 142 erhöht. - Liczba członków FIFA powiększyła się zresztą w miedzyczasie do stu czterdziestu dwóch.

Adjektiv:

Bsp. 34: Es liegt noch einiges an Arbeit vor uns. - Jest jeszcze trochę pracy przed nami.

4.6. P r o n o m e n (Polnisch)

Von 26 verzeichneten Beispielen sind 11 Beispiele (42 %) identifiziert worden, die in der Wortartzugehörigkeit von ihren deutschen Gegenstücken abweichen. Folgende Wiedergabemöglichkeiten haben wir festgestellt: Substantiv (4 Beispiele), Adjektiv (1 Beispiel), Adjektiv + Substantiv (1 Beispiel). Fünf polnische Beispiele weisen im Deutschen Nullentsprechungen auf.

Substantiv (mit Artikelwort):

Bsp. 18: Jest nas dużo. - Wir sind viele.

Bsp. 21: Jest masę do roboty. - Es ist eine Menge Arbeit.

Bsp. 25: Widziałem wiele i wielu. - Ich habe vieles und viele gesehen.

Bsp. 24: Wielu miało takie miny, (...) - Viele hatten solche Mienen, (...)

Adjektiv:

Bsp. 10: Z dwojga złego lepszy pan Jankowski. - Von zwei Übeln ist Herr Jankowski das kleinere.

Adjektiv + Substantiv:

Bsp. 7: Łeb rozetnę na dwoje, gdybyś mi się sprzeciwiać zamierzał. - Den Schädel werde ich dir in zwei Hälften spalten, falls du mir widersprechen möchtest!

Nullentsprechung:

Bsp. 2: Ich wzmożony wysiłek pomnoży w czwórnasób urobek węgla. - Ihre gesteigerte Anstrengung wird die Kohleförderung vierfach vermehren.

Bsp. 6: Na dwoje babka wróżyła. - Es kann so, es kann auch anders werden.

Bsp. 8: Należy to zgiąć we dwoje. - Man soll das zweifach falten.

Bsp. 11: dziesięć sto piątych - zehn hundertfünftel.

Bsp. 16: Podniosła głowę na wpół zdumiona, na wpół urażona. - Sie hob ihren Kopf, halb erstaunt, halb gekränkt.

Erläuterung schwieriger Fälle:

Bsp. 25: Im deutschen Beispiel: Ich habe vieles und viele gesehen, ist viele ein Substantiv, weil die Voranstellung eines Artikelwortes möglich ist: Die vielen, die ich gesehen habe... Kein Substantiv, sondern ein Pronomen ist dagegen vieles, da kein Artikelwort bzw. Adjektiv voranstellbar ist (in: Das Viele, das ich gesehen habe...) hat viele schon eine andere Bedeutung und ist mit vieles im ersten Satz nicht gleichzusetzen).

Das Beispiel 6 (Na dwoje babka wróżyła) läßt sich als feste phraseologische Konstruktion nicht genau übersetzen; lediglich eine Umschreibung mit mehreren Wörtern ist möglich.

Bsp. 8: Das deutsche Adverb zweifach entspricht der polnischen Wortgruppe we dwoje; so hat demnach das Wort dwoje allein in diesem Kontext keine Entsprechung (ähnlich im Bsp. 16).

4.7. A d j e k t i v (Deutsch)

Unter den 79 verzeichneten Adjektiven haben wir 26 Beispiele (33 %) festgestellt, die in der polnischen Sprache durch andere Wortarten wiedergegeben werden. Das sind: Substantiv (8 Beispiele), Substantiv (+ Substantiv) + Adjektiv (+ Adjektiv...) (8 Beispiele), Adjektiv + Konjunktion + Adjektiv + Substantiv bzw. Substantiv + Konjunktion + Adjektiv (5 Beispiele), Adjektiv + Adjektiv (2 Beispiele), Pronomen (1 Beispiel), Nullentsprechung (2 Beispiele).

Substantiv:

Bsp. 21: Das eine achtel Kilo habe ich verschenkt. - Tę jedną ósmą kilograma sprzedałem.

Bsp. 22: Das eine halbe Dutzend nehme ich, das andere du. - Jedną połowę tuzina biorę ja, drugą ty.

Bsp. 39: Tausend Menschen sind gekommen. - Tysiąc ludzi przyszło.

Bsp. 40: ein paar tausend Zuschauer - parę tysięcy widzów

Bsp. 45: auf tausendstel Millimeter genau einstellen - nastawić z dokładnością do tysięcznej milimetra

Bsp. 53: Differenz zweier hundertstel Gramm beeinflußt die Reaktion - Różnica dwóch setnych grama wpływa na reakcję.

Bsp. 60: abertausend Menschen - tysiące ludzi

Bsp. 72: auf vielen tausend Bildern! - na wielu tysiącach obrazów!

Substantiv (+ Substantiv) + Adjektiv (+ Adjektiv...):

Bsp. 16: Wie spät ist es?... Erst dreiviertel zwei? - Która godzina? Dopiero trzy kwadranse na drugą?

Bsp. 17: In dem Dome zu Cordova stehen Säulen dreizehnhundert.- W katedrze w Cordobie stoi tysiąc trzysta kolumn.

Bsp. 29: Ich habe nur Leute gesehen, die singen. Es sind Greise, Frauen, Kinder. Sie sitzen an einer langen Tafel, einundzwanzig im ganzen, und singen, ihr Brot in der Hand. - Widziałem tylko ludzi, którzy śpiewają. Są to starcy, kobiety, dzieci. Siedzą przy długiej tablicy, w sumie dwadzieścia jeden osób, śpiewają, trzymając swój chleb w dłoni.

Bsp. 31: Die angesprochene Kernfrage, ob man auch mit 45 noch jung genug ist, Direktor einer Schule zu werden, (...) - Podstawowa kwestia, jaką poruszono, czy także w wieku lat czterdziestu pięciu jest się jeszcze wystarczająco młodym, żeby zostać dyrektorem szkoły (...)

Bsp. 37: Im Jahre 1974 war ich im Ausland. - W roku tysiąc dziewięćset siedemdziesiątym czwartym byłem za granicą.

Bsp. 44: mit tausendundeinem Weizenkorn - z tysiąc jeden ziarnkami pszenicy

Bsp. 57: Das Boot hat zweitausend und eine Mark gekostet. - Łódź kosztowała dwa tysiące jeden marek.

Bsp. 59: Mit zweiundzwanzig habe ich in Rom eine Medaille erboxt. - W wieku lat dwudziestu dwóch wywalczyłem w Rzymie medal w boksie.

Adjektiv + Konjunktion + Adjektiv + Substantiv bzw.

Substantiv + Konjunktion + Adjektiv:

Bsp. 11: Dreieinhalbtausend Kilometer liegen zwischen diesen Orten. - Trzy i pół tysiąca kilometrów jest między tymi miejscowościami.

Bsp. 36: Sie ist schon neuneinhalb. - Ona ma już dziewięć i pół roku.

Bsp. 38: Er kaufte sechsdreiviertel Meter Stoff. - Kupił sześć i trzy czwarte metra materiału.

Bsp. 42: Tausendundeine Nacht - Tysiąc i jedna noc

Bsp. 43: Geschichten aus Tausendundeiner Nacht - Opowieści z tysiąca i jednej nocy

Adjektiv + Adjektiv:

Bsp. 2: (...) Seite 46 (...) - (...) Strona czterdziesta szósta (...)

Bsp. 27: Vor (ein)hundertzweiundfünfzig Jahren geschah es. - Wydarzyło się to przed stu pięćdziesięcioma dwoma laty.

Pronomen:

Bsp. 28: Wir verloren das Treffen wieder klar - mit 1 : 4. - Znowu przegraliśmy mecz zdecydowanie - 1 : 4 (jeden do czterech).

Nullentsprechung:

Bsp. 7: drei einviertel Stunden - trzy godziny i kwadrans

Bsp. 23: Für nahezu eine viertel Million junger Lehrer... - Dla niemalże ćwierć miliona młodych nauczycieli...

4.8. A d j e k t i v (Polnisch)

Unter den 116 Beispielen sind etwa die Hälfte (51 %) Adjektive, die im Deutschen anderen Wortarten entsprechen. Die größte Gruppe bilden Zahlwörter - Adjektive, die im Deutschen eine Nullentsprechung aufweisen (28 Beispiele). Das rührt daher, daß z.B. die attributiv gebrauchten Kardinalzahlen wie (...) dwadzieścia dwa pokoje - Bsp. 15) für eine Wortgruppe gehalten werden, die deutschen Entsprechungen dagegen (zweiundzwanzig usw.) - für Einzelwörter (vgl. auch S.38 f.).

Auch vielen Bruchzahlen im Polnischen, die Wortgruppen sind (z.B. Zostaję tutaj dwa i pół miesiąca. - Bsp. 9), entsprechen im Deutschen zusammengesetzte Wörter (hier: (...) zweieinhalb Monate). Ähnlich in folgenden Beispielen: 1, 3, 8, 10, 15, 16, 20, 21, 35, 37, 41-43, 46-50, 52, 54, 62, 64-67, 73, 74.

Die zweitgrößte Gruppe (14 Beispiele) bilden Adjektive, denen im Deutschen Substantive (meistens mit Artikel) entsprechen, z.B.: Mam mnóstwo czasu dla siebie. (Bsp. 90) - Ich habe eine Menge Zeit für mich. Desgleichen in Beispielen: 80, 91-97, 105-108, 112.

Weil wir im Polnischen keine Unterscheidung zwischen Adjektiv und Artikelwort vorgenommen haben (die Äquivalente der deutschen Artikelwörter fallen im Polnischen in die Adjektivklasse), so ist es offensichtlich, daß manche von den polnischen Adjektiven im Deutschen Entsprechungen in Artikelwörtern (8 Beispiele) finden. So ist es beispielsweise bei: Wszystkie pięć pociągów odjechało. (Bsp. 115) - Alle fünf Züge sind abgefahren. Im Polnischen ist die Stellung von wszystkie relativ frei: Wszystkie pięć pociągów, te wszystkie pociągi, wszystkie te pociągi, moje wszystkie pociągi usw. Vor wszystkie und te können andere Wörter stehen, so daß eine Aussonderung der besonderen Wortklasse "Artikelwörter" unangemessen ist, im Unterschied zum Deutschen, wo z.B. alle oder meine keine anderen Artikelwörter zulassen. Fälle wie: Alle meine Freunde, wo zwei Artikelwörter nebeneinander stehen, gehören zu Ausnahmen (vgl. auch die Erklärung S.62 f.).

Den deutschen Artikelwörtern entsprechen polnische Adjektive in folgenden Beispielen: 75, 81, 98, 100, 114-116.

Und nun die anderen Beispiele:

Artikelwort + Adjektiv:

Bsp. 79: Garść problemów pozostało do omówienia. - Einige wenige Probleme sind geblieben, die man besprechen soll.

Bsp. 87: Kilkuset ludzi przybyło na wiec. - Einige hundert Menschen sind zur Kundgebung gekommen.

Bsp. 101: To jest o paręset metrów dalej. - Das ist einige hundert Meter von hier.

Adjektiv + Adjektiv:

Bsp. 4: Kupiłem ćwierć kilograma kiełbasy. - Ich kaufte ein viertel Kilogramm Wurst.

Bsp. 38: Czekałem pół godziny. - Ich habe eine halbe Stunde gewartet.

Präposition + Adjektiv:

Bsp. 78: (...) dziewięćdziesiąt kilka państw! - (...) Über neunzig Länder!

Bsp. 84: Kilkunastu chłopców idzie. - Über zehn Jungen gehen.

Bsp. 85: Kilkanaścioro dzieci nie przyszło. - Über zehn Kinder sind nicht gekommen.

Partikel + Adjektiv:

Bsp.104: Jest jeszcze sporo pracy. - Es ist noch ziemlich viel Arbeit.

Erläuterung schwierigerer Fälle

Schwer lassen sich im Deutschen äquivalente Ausdrücke für solche unbestimmten Zahlwörter finden wie: kilkanaście, kilkanaścioro, kilkadziesiąt, dziewięćdziesiąt kilka. Das Deutsche hat keine entsprechenden Einzelwörter dafür. Nach Konsultationen mit Muttersprachlern haben wir uns für folgende Übersetzungsmöglichkeiten entschieden:

kilkanaście, kilkanaścioro - über zehn
kilkadziesiąt - -zig, einige Dutzend
dziewięćdziesiąt kilka - über neunzig

Demgemäß entsprechen den polnischen Adjektiven kilkunastu und kilkanaścioro in den Sätzen: Kilkunastu chłopców idzie., Kilkanaścioro dzieci nie przyszło. (Bsp. 84-85) deutsche Wortgruppen Präposition + Adjektiv (über zehn), während -zig als deutsches Gegenstück von kilkadziesiąt den Adjektiven angehört. Eine Nullentsprechung hat dagegen u.E. das Adjektiv kilka im Bsp. 78: (...) dziewięćdziesiąt kilka państw. = (...) über neunzig Länder., weil die Präposition über als eine äquivalente Übersetzung von kilka nicht gelten kann.

Die deutsche Entsprechung von parę im Bsp. 102 (Paru moich kolegów...): Einige von meinen Kollegen... halten wir wegen der Position und Distribution für ein Pronomen. Analogerweise wird in die Klasse der Substantivwörter (hier: der Substantive) das deutsche Wort viele im Satz: Viele von meinen Kollegen waren von diesem Film begeistert. = Wielu moich kolegów zachwycało się tym filmem. (Bsp. 112) eingeordnet.

4.9. A d v e r b (Deutsch)

Im Bereich der deutschen Adverbien gibt es relativ viele (41 %) Zahlwörter, die im Polnischen Entsprechungen in anderen Wortklassen haben (unter den 34 Beispielen sind 14 solche Beispiele gefunden worden). Die größte Gruppe bilden Adverbien, denen im Polnischen Verbindungen von Adjektiven und Substantiven entsprechen (6 Beispiele). Ferner folgen: Präpositon + Adjektiv + Substantiv (3 Beispiele), Präposition + Adjektiv (1 Beispiel), Substantiv + Substantiv + Substantiv (1 Beispiel), Partikel + Pronomen (1 Beispiel), Substantiv (1 Beispiel), Präposition + Substantiv (1 Beispiel). In den meisten Fällen werden hier also deutsche Adverbien im Polnischen (ähnlich wie Adjektive) durch Wortgruppen wiedergegeben.

Adjektiv (+ Adjektiv) + Substantiv (+ Substantiv):

Bsp. 3: (...) 302 mal wurde es erreicht. - (...) trzysta dwa razy został (cel) osiągnięty.

Bsp. 6: Einmal eins ist eins. (= Nimmt man einmal eins, so bekommt man eins.) - (= Jeśli weźmie się jeden raz jeden, otrzymuję się jeden.).

Bsp. 17: Bei der Übung werden die Arme je viermal seitwärts und vorwärts gehoben. - Podczas tego ćwiczenia ręce podnoszone są po cztery razy w bok i do przodu.

Bsp. 26: Unzähligemal habe ich das gesagt. - Niezliczoną ilość razy to mówiłem.

Bsp. 31: (...), hallte vieltausendfach verstärkt wider in der Elbestadt (...) - (...) wzmocniony wiele tysięcy razy odbił się echem w mieście nad Łabą (...)

Bsp. 32: x-mal hatten sie das schon verboten. - x razy już tego zabraniali.

Präposition + Substantiv (+ Substantiv) + Adjektiv (+ Adjektiv):

Bsp. 8: Der Orden "Banner der Arbeit" wird erstmalig (...) verliehen. - Order "Sztandar Pracy" wręczany jest po raz pierwszy.

Bsp. 9: Wir sind erstmals bei der WM-Endrunde dabei... - Jesteśmy po raz pierwszy w finale mistrzostw świata.

Bsp. 14: Er ist 1921 geboren. - Urodził się w roku tysiąc dziewięćset dwudziestym pierwszym.

Präposition + Substantiv:

Bsp. 7: Erstens bin ich müde, zweitens habe ich keine Zeit. - Po pierwsze jestem zmęczony, po drugie nie mam czasu.

Präposition + Adjektiv:

Bsp. 15: (...) Im Laufen nahm er die Marmortreppen paarweise und zu dritt. - Biegł przesadzając stopnie schodów po dwa i po trzy.

Partikel + Pronomen:

Bsp. 34: Das war zuviel für ihn. - To było za wiele dla niego.

Substantiv + Substantiv + Substantiv:

Bsp. 31: (...), hallte vieltausendfach verstärkt wider in der Elbestadt und viel hunderttausendfach im ganzen Land. - (...), wzmocniony (...) wiele setek tysięcy razy odbił się echem w całym kraju.

Substantiv:

Bsp. 5: Anfangs hatte ich dutzendweise Leute gefragt, ... - Z początku pytałem tuzinami ludzi, ...

4.10. A d v e r b (Polnisch)

Im Unterschied zu den deutschen Adverbien weisen die innerhalb der Adverbien bleibenden polnischen Quantitätswörter eine weitgehende Übereinstimmung mit den äquivalenten deutschen Wörtern auf. Nur zwei der verzeichneten Wörter (also etwa 7 %) haben im Deutschen ihre Gegenstücke nicht in Adverbien, sondern in anderen Wortklassen: Präposition + Adjektiv + Substantiv: To co mówi Janek, można dwojako zrozumieć. (Bsp. 9) - Das, was Janek sagt, kann man auf zweierlei Weise verstehen.

Adverb + Konjunktion: Ilekroć zażądasz, (tylekroć) ci dopomogę. (Bsp.10) - Jedesmal, wenn du es verlangst, werde ich dir helfen.

Erläuterung schwierigerer Fälle:

Bsp. 14 (Dt.): Dem deutschen Adverb 1921 (neunzehnhunderteinundzwanzig) entspricht im Polnischen eine Wortgruppe w roku tysiąc dziewięćset dwudziestym pierwszym (Präposition + Substantiv + Substantiv + Adjektiv + Adjektiv + Adjektiv). Daß 1921 hier ein Adverb ist, zeugt die Ersatzprobe:

Er ist 1921 geboren.
damals
gestern usw.

Nicht zu akzeptieren wäre u.E. die Auffassung, es handele sich um eine elliptische Konstruktion von: Er ist im Jahre 1921 geboren. Unserer Meinung nach ist die Bedeutung von 1921 in den beiden Sätzen nicht gleich, so daß wir hier von keiner Ellipse sprechen können. Die Semantik des Zahlworts 1921 im Bsp. 14 entspricht der von der ganzen Wortgruppe im Jahre 1921.

Die Abhängigkeitsverhältnisse bei der polnischen Entsprechung lassen sich folgendermaßen darstellen:

1)

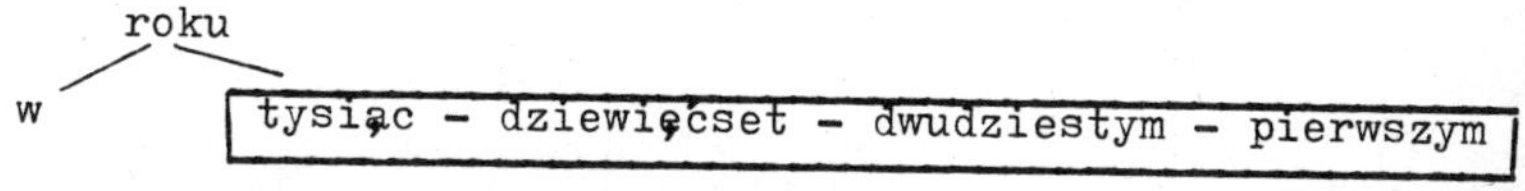

Nach der Voranstellung einer Kardinalzahl vor tysiąc dagegen:

2)

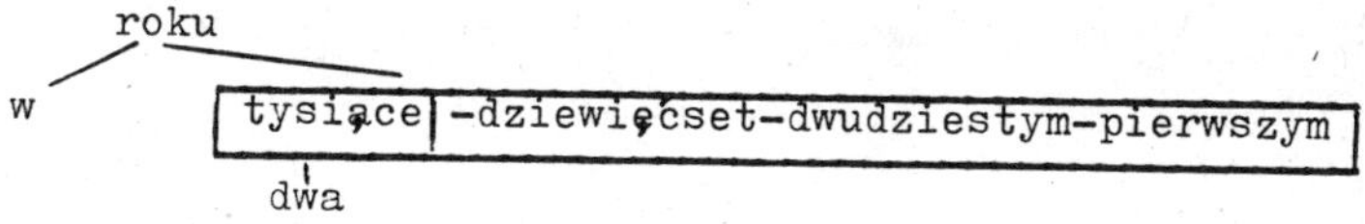

Bei 1) ist die Unterordnung von tysiąc dziewięćset dwudziesty pierwszy gegenüber roku sichtbar; die genannten Komponenten des Zahlwortes stehen dagegen im Verhältnis der Nebenordnung zueinander. Aus dem Abhängigkeitsbaum 2) ist jedoch zu ersehen, daß tysiąc als Regens gegenüber derartigen Wörtern wie dwa den Substantiven zuzurechnen ist. So haben wir es bei zusammengesetzten Kardinal- und Ordinalzahlen mit einer interessanten Erscheinung zu tun: Substantive (wie tysiąc, milion) und Adjektive (z.B. dziewięćset, dwadzieścia bzw. dwudziesty) sind nebengeordnet! Untergeordnet dem Substantiv tysiąc

(milion) sind nur diejenigen Wörter, die vorangestellt sind; z.B.:

żołnierzy
tysiące - dziewięciuset
dwadzieścia dwa

Bsp. 15 (Dt.): Die Zahlwörter im polnischen Satz halten wir für Adjektive, da hier die elliptische Konstruktion spürbar ist: Biegł przesadzając stopnie schodów po dwa i po trzy. = Biegł (...) po dwa i trzy stopnie.

Bsp. 34 (Dt.): Wiele ist im Satz To było za wiele dla niego. ein Pronomen. Um das zu beweisen, wollen wir zunächst den Status des Verbs było feststellen: ist es eine Kopula oder ein Vollverb? Die zweite Möglichkeit scheint hier die richtige zu sein: było ist keine Kopula, denn es läßt sich durch andere Verben ersetzen, z.B.: To było wiele dla niego.
stanowiło
oznaczało

Damit ist aber noch nichts entschieden. Eine weitere Probe muß durchgeführt werden (Ersatzprobe für wiele):

To oznaczało dla niego wiele.
bogactwo.
stratę.
radość. usw.

So läßt sich das Wort wiele durch typische Substantive ersetzen, allerdings nicht z.B. durch typische Adverbien:

^{x}To oznaczało dla niego długo.
sżybko.
tam.

Wegen der Distribution wird wiele nicht den Substantiven, sondern den Pronomen zugeordnet (^{x}to wiele, ^{x}małe wiele). Das Wort za stellt dagegen eine Partikel dar. Es ist lediglich mit seinem Bezugswort (Regens) verschiebbar und kann nicht ein selbständiges Satzglied bilden.

Das Wort tuzinami (im polnischen Satz: Z początku pytałem tuzinami ludzi,...) wird von uns den Substantiven zugeordnet, obwohl es dem Adverb nahe kommt. Dafür spricht die Distribution: z początku pytałem całymi tuzinami ludzi,... und noch deutlicher nach einer Umformung: Te tuziny ludzi, których pytałem...

4.11. P a r t i k e l (Deutsch)

Unter den 11 verzeichneten Beispielen haben wir nur drei deutsche Partikeln (27 %) gefunden, die im Polnischen keine Partikeln sind. Es sind die folgenden:

Bsp. 3: Eineinhalbmal soviel habe ich bekommen. - Otrzymałem półtora raza więcej. (Adjektiv + Substantiv)

Bsp. 4: Der Lärm macht mich halb krank. - Hałas sprawia, że jestem na wpół chory. (Präposition + Pronomen)

Bsp. 5: Das Glas ist halb leer. - Szklanka jest do połowy pusta. (Präposition + Substantiv)

Den anderen Partikeln entsprechen im Polnischen Wörter derselben Wortklasse z.B.: Dieses Grundstück ist doppelt so groß wie das andere. - Ta działka jest dwukrotnie większa niż tamta. (Möglich ist auch: Ta działka jest dwa razy wieksza niż tamta).

4.12. P a r t i k e l (Polnisch)

Von den 10 Beispielen für das Polnische sind sieben Zahlwörter als Partikeln ebenso Partikeln im Deutschen, z.B. Pracuję dużo więcej od ciebie. - Ich arbeite viel mehr als du. Sowohl dużo als auch sein deutsches Gegenstück viel sind von ihrem Bezugswort abhängig (więcej, mehr) und können nur mit diesem verschoben werden. Erst mit ihren Bezugswörtern bilden sie ein Satzglied. Eine Abweichung von diesem Sachverhalt ist lediglich im Bsp. 4 feststellbar: Na ogół bowiem młode małżeństwo czy rodzina wkracza do nowego mieszkania niewiele bogatsza w przedmioty materialne niż wówczas, gdy stworzyła małżeńskie stadło. - Denn im allgemeinen zieht ein junges Ehepaar oder eine Familie in die neue Wohnung nicht viel reicher (...) ein (...). Der polnischen Partikel niewiele entsprechen im Deutschen zwei Partikeln: nicht und viel.

4.13. Ergebnisse der Konfrontation (Zusammenfassung)

In diesem Abschnitt sollen die Ergebnisse der konfrontativen Analyse zusammengefaßt sowie die Möglichkeiten ihrer Anwendung kurz besprochen werden. Dabei sind wir uns dessen bewußt, daß die gewonnenen Ergebnisse nicht ohne weiteres verallgemeinert werden können, weil wir uns bei der Auswahl der zu analysierenden Beispiele für Zahlwörter keiner strengen Kriterien bedienten. Deshalb können die im vorigen Kapitel angegebenen Zahlen nicht als einzig gültig angesehen werden. Im Bereich der traditionellen Zahlwörter gibt es einerseits offene Klassen (z.B. Kardinalzahlen), andererseits geschlossene Klassen (z.B. die unbestimmten Zahlwörter). So ist es offensichtlich, daß wir uns bei offenen Klassen nur auf einige wenige Beispiele beschränkt haben, bei geschlossenen dagegen versuchten wir, möglichst viele, wenn nicht alle zu berücksichtigen. Auf diese Weise kann es vorkommen, daß eine geschlossene Klasse durch mehr Beispiele als eine offene vertreten wird, was offensichtlich die tatsächlichen Proportionen noch nicht richtig wiedergibt. Im folgenden wird es uns aber nicht darum gehen, zahlenmäßige Proportionen zwischen den die traditionellen Zahlwörter umfassenden Wortarten der beiden Sprachen darzustellen, sondern vielmehr darum, allgemeine Regelmäßigkeiten herauszubekommen, die die Wortartzugehörigkeit der Zahlwörter beider Sprachen betreffen.

Es seien zuallererst folgende Schlußfolgerungen allgemeiner Art dargestellt:

1) Die Mehrheit der analysierten Zahlwörter einer Sprache (Deutsch bzw. Polnisch) stimmt in der Wortartzugehörigkeit mit ihren semantischen Äquivalenten der anderen Sprache überein. Die größten Abweichungen von der anderen Sprache haben wir im Bereich der folgenden Wortklassen festgestellt:
   das Deutsche: Pronomen, Adverb, Artikelwort;
   das Polnische: Adjektiv, Pronomen.
2) Die meisten deutschen Zahlwörter, die Differenzen gegenüber ihren polnischen Gegenstücken zeigen, werden im Polnischen durch Wortgruppen wiedergegeben; bei Wiedergabe der polnischen Zahlwörter im Deutschen ist die Nullentsprechung recht häufig anzutreffen.

Im folgenden wollen wir die Wiedergabemöglichkeiten für die Zahlwörter beider Sprachen zeigen.

Deutsch ——> Polnisch

In den meisten Fällen werden die in der Wortartzugehörigkeit abweichenden deutschen Zahlwörter im Polnischen durch die Wortgruppe A d j e k t i v + S u b s t a n t i v wiedergegeben. Das ist bei allen für die Zahlwörter festgestellten Wortarten außer den Artikelwörtern zu beobachten. Dazu ein paar Beispiele:

Substantiv: Das geschah in den Achtzigern. (Bsp.4) - To wydarzyło się w latach osiemdziesiątych.

Pronomen: Ich habe noch allerlei zu tun. (Bsp.31) - Mam jeszcze różne rzeczy do zrobienia.

Adjektiv: Das Boot hat zweitausend und eine Mark gekostet. (Bsp.57) - Łódź kosztowała dwa tysiące jeden marek.

Adverb: Bei der Übung werden die Arme je viermal seitwärts und vorwärts gehoben (Bsp.17) - Podczas tego ćwiczenia ręce podnoszone są po cztery razy w bok i do przodu.

Partikel: Eineinhalbmal soviel habe ich bekommen. (Bsp.3) - Otrzymałem półtora raza więcej.

Außer der Wortgruppe Adjektiv + Substantiv sind folgende Wiedergabemöglichkeiten der deutschen Zahlwörter mit Hilfe der Wortgruppen registriert worden (unberücksichtigt lassen wir sporadische Wiedergabemöglichkeiten, die den Charakter einer regelmäßigen Erscheinung nicht aufweisen, z.B. Partikel + Pronomen).

A d j e k t i v + K o n j u n k t i o n + S u b s t a n t i v (verschiedene Kombinationen dieser drei Wortklassen)

Diese Übersetzungsmöglichkeit ist lediglich beim Adjektiv feststellbar, und zwar vor allem im Bereich der Bruchzahlen, z.B.: Dreieinhalbtausend Kilometer liegen zwischen diesen Orten. (Bsp.11) - Trzy i pół tysiąca kilometrów jest między tymi miejscowościami.

A d j e k t i v + S u b s t a n t i v + P r o n o m e n (und andere Kombinationen mit diesen Wortarten)

Pronomen: (Bsp.24) zweihundertsechsundfünfzigtausenddreihundertzehn plus siebenhundertdreiundvierzigtausendsechshundertneunundachtzig ist neunhundertneunundneunzigtausendneunhundertneunundneunzig (256 310 + 743 689 = 999 999) - dwieście pięćdziesiąt sześć tysięcy trzysta dziesięć plus siedemset czterdzieści trzy tysiące sześćset osiemdziesiąt dziewięć jest dziewięćset dziewięćdziesiąt dziewięć tysięcy dziewięćset dziewięćdziesiąt dziewięć

P r ä p o s i t i o n + S u b s t a n t i v (+ A d j e k t i v)

Diese Möglichkeit bezieht sich auf die deutschen Adverbien, beispielsweise: Wir sind erstmals bei der WM-Endrunde dabei.. (Bsp. 9) -Jesteśmy po raz pierwszy w finale mistrzostw świata..

(Bsp. 7): Erstens bin ich müde, zweitens habe ich keine Zeit.- Po pierwsze jestem zmęczony, po drugie nie mam czasu.

A d j e k t i v + A d j e k t i v(+ A d j e k t i v)

Adjektiv: (Bsp.2:) (...) Seite 46 (...) - (...) Strona czterdziesta szósta (...)

S u b s t a n t i v + S u b s t a n t i v (+ S u b s t a n t i v)

Substantiv: (Bsp.64:) Sie organisieren Zehntausende Wahlversammlungen (...) - Organizują dziesiątki tysięcy zebrań wyborczych (...)

Adverb: (Bsp.31:) (...) viel hunderttausendfach (...) - (...) wiele setek tysięcy razy (...)

P r o n o m e n + P r o n o m e n (+ P r o n o m e n...)

Pronomen: Die Zahl der FIFA-Mitglieder hat sich inzwischen übrigens auf 142 erhöht (Bsp. 15) - Liczba członków FIFA powiększyła się zresztą w międzyczasie do stu czterdziestu dwu.

Darüber hinaus gibt es einige wenige Wiedergabemöglichkeiten mit Hilfe einzelner Wörter. Es sind polnische Substantive und Adjektive. Einige Beispiele dazu:

Dt. Adjektiv ⟶ Pol. Substantiv

Bsp.22: Das eine halbe Dutzend nehme ich, das andere du. - Jedną połowę tuzina biorę ja, drugą ty.

Dt. Pronomen ⟶ Poln. Substantiv

der größte Teil von tausend (Bsp.17) - największa część tysiąca

Dt. Adverb ⟶ Poln. Substantiv

Anfangs hatte ich dutzendweise Leute gefragt,... (Bsp.5) - Z początku pytałem tuzinami ludzi,...

Dt. Substantiv ⟶ Poln. Adjektiv

Der Erste, Zweite, Letzte des Monats (Bsp.44) - pierwszy, drugi, ostatni miesiąca

Dt. Pronomen ⟶ Poln. Adjektiv

Es liegt noch einiges an Arbeit vor uns.(Bsp.34) - Jest jeszcze trochę pracy przed nami.

Besondere Aufmerksamkeit verdienen dabei die deutschen Adjektive, die im Polnischen durch Substantive wiedergegeben werden, weil diese Gruppe verhältnismäßig groß ist.

Polnisch ⟶ Deutsch

Von den polnischen Zahlwörtern, die in der Wortartzugehörigkeit von ihren deutschen Äquivalenten abweichen, bilden die größte Gruppe diejenigen, die im Deutschen eine Nullentsprechung haben. Das bezieht sich vor allem auf die polnischen Adjektive, von denen mehr als die Hälfte keine Entsprechungen im Deutschen haben. Dieser Sachverhalt rührt daher, daß viele polnische Zahlwörter (z.B. Bruchzahlen oder Kardinalzahlen) aus mehreren Wörtern bestehen, denen im Deutschen ein Einzelwort entspricht (vgl. dwadzieścia jeden - einundzwanzig). Ein paar Beispiele für die Nullentsprechung:

Adjektiv: Zostaję tutaj dwa i pół miesiąca. (Bsp.9) - Ich bleibe hier zweieinhalb Monate.

Substantiv: Złożył papier w ćwiartkę, (Bsp. 4) - Er legte das Papier vierfach zusammen.

Pronomen: Należy to zgiąć we dwoje. (Bsp. 8) - Man soll das zweifach falten.

Die zweitgrößte Gruppe bilden Wörter, die im Deutschen Entsprechungen im Substantiv (+ Artikel) haben.

Pronomen: Jest nas dużo. (Bsp.18) - Wir sind viele.

Adjektiv: Mam mnóstwo czasu dla siebie. (Bsp. 90) - Ich habe eine Menge Zeit für mich.

Die anderen Wiedergabemöglichkeiten sind hier in kleiner Anzahl vertreten. Sie seien aber der Vollständigkeit halber genannt.

Präpositionale Fügungen

Adverb: To co mówi Janek, można dwojako zrozumieć.(Bsp.9) - Das, was Janek sagt, kann man auf zweierlei Weise verstehen.

Adjektiv: Kilkanaścioro dzieci nie przyszło. (Bsp.85) - Über zehn Kinder sind nicht gekommen.

Artikelwort + Adjektiv

Adjektiv: Kilkaset osób przybyło na wiec. (Bsp. 87) - Einige hundert Menschen sind zur Kundgebung gekommen.

Adjektiv + Substantiv

Pronomen: Łeb rozetnę na dwoje, gdybyś mi się sprzeciwiać zamierzał. (Bsp.7) - Den Schädel werde ich dir in zwei Hälften spalten, falls du mir widersprechen möchtest!

Adjektiv + Adjektiv

Adjektiv: Kupiłem ćwierć kilograma kiełbasy. (Bsp. 4) - Ich kaufte ein viertel Kilogramm Wurst.

Partikel (+ Partikel)

Substantiv: Ty jeden rozumiesz... (Bsp.28). - Du allein verstehst...

Partikel: (...) niewiele bogatsza... (Bsp.4) - (...) nicht viel reicher...

Adverb + Konjunktion

Adverb: (Bsp.10): Ilekroć zażądasz, (tylekroć) ci dopomogę. - Jedesmal, wenn du es verlangst, werde ich dir helfen.

Aus der durchgeführten Konfrontation lassen sich mehrere Schlußfolgerungen ziehen, und zwar solche theoretischer und praktischer Art.

4.14. Einige theoretische Schlüsse

Aus dem Vergleich der verzeichneten Zahlwörter des Deutschen und Polnischen in bezug auf die Wortartzugehörigkeit ergeben sich mehr Übereinstimmungen als Unterschiede. Vom Deutschen ausgehend sind weitgehende Gemeinsamkeiten mit den polnischen Äquivalenten im Bereich der folgenden Klassen bemerkbar: Substantiv, Adjektiv, Partikel. Wesentliche Differenzen lassen sich bei den Pronomina, Adverbien und Artikelwörtern erkennen. Nimmt man die polnische Sprache als Ausgangssprache, dann ist folgendes sichtbar: Beträchtliche Gemeinsamkeiten sind bei drei Wortarten bemerkbar: Adverb, Substantiv, Partikel, wogegen die Unterschiede hauptsächlich bei Adjektiv und Pronomen zutage treten. Die wichtigsten Unterschiede beruhen darauf, daß dem deutschen Einzelwort häufig eine polnische Wortgruppe entspricht. So ist die Wiedergabe der deutschen Zahlwörter durch polnische Wortgruppen eine auffallende Erscheinung.

Unterschiede stellen wir bezüglich elliptischer Konstruktionen fest. In unserem Verzeichnis sind für das Polnische solche Ellipsen anzutreffen wie: Jeden nasz syn jest nauczycielem, drugi - lekarzem. (Adjektiv, Bsp.25) oder: Jest kwadrans po dziesiątej. (Adjektiv, Bsp.68). Für das Deutsche wurden u.a. folgende Ellipsen gefunden: Wie spät ist es?... Erst dreiviertel zwei? (Adjektiv,Bsp. 16), Kaufst du den schwarzen oder den roten Füller? Ich nehme die beiden. (Adjektiv, Bsp.4), Mit zweiundzwanzig habe ich in Rom eine Medaille erboxt. (Adjektiv, Bsp.59), Sie ist schon neuneinhalb. (Adjektiv,Bsp.36). So sind es die beiden letztgenannten Beispiele, die im Polnischen durch vollständige Konstruktionen wiedergegeben werden müssen: W wieku dwudziestu dwu lat... und: Ma już dziewięć i pół roku. Anhand des oben Gesagten scheint uns die folgende Behauptung angebracht zu sein: Deutsche Zahlwörter bilden mehr elliptische Konstruktionen als die polnischen. Diese Feststellung bedeutet noch nicht, daß sie verallgemeinert werden sollte. Abgesehen von den Zahlwörtern weist unseres Wissens das Polnische im allgemeinen eine größere Vielfalt der Ellipsen als das Deutsche auf (vgl. z.B. die Weglaßbarkeit des Subjekts: On czyta.Czyta.

dagegen ungrammatisch: ^{x} Liest.).

Eine weitere Feststellung in bezug auf die deutschen und polnischen Zahlwörter betrifft nicht so sehr die Wortartzuordnung als vielmehr deren morphologische Gestalt. Die polnischen Zahlwörter weisen eine größere Vielfalt formaler Ausdrucksmöglichkeiten als die deutschen auf. Wir meinen hier nicht nur die Kasusendungen, die z.B. allen polnischen Kardinalzahlen, allerdings nicht allen Kardinalzahlen des Deutschen zukommen. Darüber hinaus findet man im Polnischen ausgeprägte Formen für bestimmte quantitätsmäßige Inhalte, während das Deutsche solche Formen vermißt. Gemeint sind hier polnische Sammelzahlen (z.B. dwoje) sowie unbestimmte Zahlwörter wie kilkanaście, kilkadziesiąt.

4.15. Interferenzquellen im Bereich der deutschen und polnischen Zahlwörter

Die Differenzen hinsichtlich der Wortartzugehörigkeit der äquivalenten Zahlwörter im Deutschen und Polnischen können bestimmte Interferenzfehler bei Deutsch lernenden Polen sowie bei Polnisch lernenden Deutschen hervorrufen. Im folgenden wollen wir auf typische Interferenzstellen hinweisen, die vor allem im Deutschunterricht an Polen von Bedeutung sind. Dabei wird nicht nur auf die aus den Unterschieden in der Wortartzuordnung resultierenden Interferenzfälle eingegangen, sondern auch auf solche, die andere Ursachen haben.

Alle Interferenzfehler, die beim Gebrauch der deutschen Zahlwörter durch Polen in Frage kommen, teilen wir in zwei Gruppen auf: 1) Fehler, die sich direkt auf Zahlwörter beziehen, 2) Fehler, die syntagmatische Beziehungen der Zahlwörter betreffen, Beziehungen also, die ein Zahlwort in der Oberflächenstruktur mit seinen Nachbarn eingeht.

Zum ersten Typ gehört z.B. der zu erwartende Fehler: ^{x}Er faltete das Papier ins Viertel (analog dem polnischen Satz: On złożył papier w ćwiartkę (we czworo). Die richtige Übersetzung des polnischen Satzes lautet: Er faltete das Papier vierfach. Wir haben es hier mit dem fehlerhaften Gebrauch von ins Viertel anstatt vierfach zu tun.

Zu Fehlern des zweiten Typs gehört z.B. die falsche Wiedergabe der polnischen Wortgruppe te wszystkie książki - ^{x}diese alle Bücher. Die unkorrekte Verwendung betrifft nicht direkt das Quantitätswort (alle ist die richtige Entsprechung von wszystkie), sondern das syntagmatische Verhältnis von alle und wszystkie - hier: die Regeln der Wortstellung, die für das Deutsche lediglich die Reihenfolge alle diese Bücher zulassen.

Andere Interferenzquellen im Bereich der 1. Gruppe:

1) Poln. dwa tysiące lat - Dt. ^{x}zwei Tausend Jahre, richtig: zweitausend Jahre.

Die deutschlernenden Polen übertragen den substantivischen Charakter des polnischen tysiąc auf die deutsche Sprache. So entsteht die substantivische Gruppe zwei Tausend, während eine adjektivische Wiedergabe (zweitausend Jahre) angebracht ist. Die Getrennt- und Großschreibung ist in diesem Kontext nicht gestattet. Richtig wäre aber z.B. zwei Tausend Zigarren (in der Bedeutung: zwei Packungen von je 1000 Stück Zigarren). Ähnliche Fehler können ebenfalls bei zusammengesetzten Bruchzahlen auftreten, die im Polnischen fast alle getrennt sind (vgl. osiem i pół), während sie im Deutschen zusammengeschrieben werden (vgl. achteinhalb).

2) Poln. Zrewanżuję ci się stokrotnie. - Dt. ^{x}Das vergelte ich dir hundertmal, richtig: Das vergelte ich dir hundertfach. Dieser Fehler resultiert nicht aus einer anderen Wortartzugehörigkeit (wie im vorigen Beispiel), denn sowohl stokrotnie als auch hundertfach sind Adverbien. Die Ursache liegt diesmal darin, daß zwei deutschen Wörtern: hundertmal (Wiederholungszahl) und hundertfach (Vervielfältigungszahl), die unterschiedliche Bedeutungen haben, im Polnischen dieselbe Form stokrotnie entspricht. Und da die Zahlwörter mit -krotnie primär den deutschen Bildungen mit -mal entsprechen, werden zuweilen die letzteren anstatt der Zahlwörter mit -fach verwendet.

3) Poln. lata pięćdziesiąte - Dt. ^{x}die fünfzigsten Jahre, richtig: die fünfziger Jahre.

Interferenzfördernd kann in diesem Fall die morphologische

Form des polnischen Zahlworts sein. Pięćdziesiąte hat die Form einer Ordinalzahl (wie dziesiąte, osiemdziesiąte usw.), daher die Form einer Ordinalzahl im Deutschen: ˣdie fünfzigsten Jahre, während das deutsche Äquivalent das eigenartige Suffix -er aufweist.

4) Dem Einfluß der polnischen Sprache sind solche Konstruktionen zuzuschreiben wie die dreiundzwanzigste Seite (im Polnischen: strona dwudziesta trzecia). Und wenn auch derartige Formen im Deutschen nicht als falsch gelten, so sind doch häufiger anstatt der Ordinalia die nachgestellten Kardinalzahlen anzutreffen. (Seite dreiundzwanzig, Raum zwei, Lektion drei usw.). Es ist allerdings nicht zu leugnen, daß manchmal die beiden Formen gleichberechtigt nebeneinander bestehen, z.B. Wir haben in der elften Reihe gesessen. Wir haben in Reihe elf gesessen.

5) Es gibt bekanntlich Schwierigkeiten, im Deutschen die Begriffe auszudrücken, die durch polnische Wörter kilkanaście (eine Zahl zwischen 11 und 19), kilkadziesiąt (eine Zahl zwischen 20 und 99) oder dziewięćdziesiąt parę (eine Zahl zwischen 91 und 99) bezeichnet werden. Wir haben es hier mit der Situation zu tun, daß die erste Sprache für bestimmte Begriffe sprachliche Formen hat, die in der zweiten Sprache fehlen. So kommt es dazu, daß die deutschen Bezeichnungen nach Muster der polnischen gebildet werden, z.B. einige zehn (nach Analogie zu kilkadziesiąt oder kilkanaście). Dabei wird einige zehn von Muttersprachlern kaum verwendet; anstatt dessen werden vielmehr solche Ausdrücke gebraucht wie: über zehn, mehr als zehn (für kilkanaście), einige Dutzend, -zig (für kilkadziesiąt), über neunzig (für dziewięćdziesiąt parę)[189]

Recht gefährlich scheinen diejenigen Interferenzfehler zu sein, die der zweiten Gruppe angehören, d.h. die mit Zahlwörtern kombinierbaren Wörter betreffen. Erwähnt wurde bereits die falsche Wortfolge bei der Wiedergabe von te wszystkie

---

189) vgl. dazu: R.Lipczuk, Zur Wiedergabe einiger unbestimmter Zahlwörter des Polnischen im Deutschen, in: Germanistisches Jahrbuch DDR - VRP 1977/1978, Warszawa 1978, S.82-88.

książki - ˣdiese alle Bücher anstatt: alle diese Bücher. Ein Fehler dieses Typs wäre auch z.B. ˣdiese einigen Bücher, analog zu: te kilka książek (richtig: die paar Bücher, diese wenigen Bücher).

Weitere Beispiele für die Interferenz des zweiten Typs:

1) Poln. dwie szklanki herbaty - Dt. ˣzwei Gläser Tee (richtig: zwei Glas Tee), dwanaście sztuk bydła - ˣzwölf Stücke Vieh (richtig: zwölf Stück Vieh).

Manche substantivischen Maß- und Mengenangaben (Glas, Stück, Kilo, Dutzend usw.) behalten nach einer Kardinalzahl und vor einer substantivischen Stoffbezeichnung die singularische Form: zwei Glas Tee, zwölf Stück Vieh, während das Polnische die Pluralform dafür hat (dwie szklanki herbaty, dwanaście sztuk bydła). Unter dem Einfluß der polnischen Sprache übertragen die deutschlernenden Polen die Pluralform auf das Deutsche (richtig ist aber z.B. zwei Teegläser). Der Singular ist nach deutschen Kardinalzahlen auch bei Substantiven anzutreffen, die keine Maß- und Mengenangaben darstellen, z.B. Drei Mann aus unserer Abteilung sind hin zu dem Betrieb.[190] Die singularische Form tritt nur bei neutralen, z.T. auch maskulinen Substantiven auf (vgl. auch zwei Sack Bohnen), aber nicht bei femininen Maßangaben (drei Kisten Äpfel, zwei Flaschen Bier).

2) Poln. Przy stole siedzi pięć osób. - Dt. ˣAm Tisch sitzt fünf Personen, richtig: Am Tisch sitzen fünf Personen. Der Fehler (die falsche Form des Prädikats) rührt daher, daß im Polnischen bestimmten Verbindungen von Zahlwort und Substantiv als Subjekt das Prädikat im Singular folgt. Das betrifft vor allem die Kardinalzahlen ab pięć (fünf) aufwärts sowie unbestimmte Zahlwörter wie dużo, wiele, kilka, beispielsweise: Dużo ludzi przyszło na zebranie. - Viele Menschen kamen zur Versammlung. Die singularische Form des polnischen Verbum Finitum wirkt interferierend auf die deutsche Sprache.

3) Poln. W 1920 powrócił do kraju. - Dt. ˣIm 1920 kehrte er in die Heimat zurück.

Bei Datumsangaben kann im Polnischen das das Jahr kennzeich-

---

190) AZ, 13.3.1974, S. 4.

nende Zahlwort (Ordinalzahl) in Verbindung mit der Präposition w gebraucht werden (etwa w 1920), während diese Möglichkeit im Deutschen ausbleibt. Zulässig ist lediglich eine Verbindung Präposition + Substantiv + Kardinalzahl (im Jahre 1920) bzw. das Zahlwort allein (1920 kehrte er in die Heimat zurück.).

Nach dieser Übersicht der wichtigsten Interferenzquellen im Bereich der deutschen Zahlwörter seien unsere Prognosen mit Ergebnissen einer Fehleranalyse konfrontiert, die bei Germanistikstudenten der Mikołaj-Kopernik-Universität in Toruń (1. und 2. Studienjahr) durchgeführt wurde. Die Studenten (insgesamt 39 Personen) hatten polnische Sätze mit Zahlwörtern ins Deutsche zu übersetzen.

Die größten Schwierigkeiten bereitete die Verwendung der adverbialen Zahlwörter vom Typ hundertfach. Der Satz: Zrewanżuję ci się stokrotnie wurde fast immer mit Hilfe des Zahlworts hundertmal übersetzt. Da aber derartige Strukturen im kommunikativen Gebrauch eher marginal sind, wollen wir dabei nicht länger stehenbleiben.

Von den vorausgesehenen Interferenzfehlern von größerem Gewicht haben sich bei der Fehleranalyse die folgenden bestätigt:

1) Eine überraschend große Zahl der Fehler gab es bei der Wiedergabe des polnischen Zahlworts pięćdziesiąty im Satz: Żył w latach pięćdziesiątych . - Er lebte in den fünfziger Jahren. Die richtige Form haben lediglich 6,5 % der Testierten gebraucht, die meisten verwendeten fälschlicherweise die Formen ˣfünfzige Jahre oder ˣfünfzigste Jahre. Während die Form ˣfünfzigste auf die Analogie zur Bildung der polnischen Ordinalzahl pięćdziesiąte zurückzuführen ist, läßt sich die Form ˣfünfzige durch die falsche Zuordnung der Pluralkategorie erklären. Die Ordinalzahl pięćdziesiąte (pięćdziesiątych usw.) unterscheidet sich von der ihr entsprechenden Kardinalzahl lediglich durch das Element -e (-ych usw.), was eine falsche Assoziation mit der nicht existierenden Pluralform der Kardinalzahl nahelegt (vgl. die gleichen Pluralendungen der Adjektive: lata ubiegłe, w latach ubiegłych); die unzulässige Umformung des deutschen Zahlworts in die Pluralform führte zur Mißbildung: ˣin den fünfzigen Jahren. Es ist zu vermuten, daß diese Art der Interferenz (Identifizierung mit der Plural-

form der Kardinalzahl) bei pięćdziesiąte nicht bei allen Zahlwörtern auftritt, denn die anderen Zahlwörter (z.B. dwudzieste, w latach dwudziestych) eine Analogie mit dem Plural der Kardinalzahl nicht nahelegen.

2) Die Wiedergabe der polnischen Indefinitzahlen wie: kilkanaście, kilkadziesiąt, dziewięćdziesiąt parę: Nur 8,5 % der Wiedergaben sind als richtig ausgewertet worden (etwa solche Ausdrücke wie: über zehn für kilkanaście oder einige Dutzend für kilkadziesiąt). Viele Studenten wußten einfach keine Entsprechung anzugeben.

3) Die falsche Wortfolge bei unbestimmten Zahlwörtern wie ˣdiese einigen Bücher, ˣdiese alle Hefte (13 % der richtigen Übersetzungen). Kennzeichnend ist, daß bei den Studenten des 1. Studienjahres keine einzige korrekte Wiedergabe festgestellt wurde.

4) Die falsche Getrennt- und Großschreibung der zusammengesetzten Kardinalia vom Typ zweitausend. Die Zahl der richtigen Formen betrug hier 23 %.

Nur teilweise wurden durch den Test derartige Fehler bestätigt wie: ˣzwei Gläser Tee oder ˣAm Tisch sitzt fünf Personen. Im ersten Falle (die falsche Flexionsform der substantivischen Maßangabe) machten die fehlerhaften Übersetzungen 44 % aller Belege aus, im zweiten Falle (die Numerusform des finiten Verbs) waren 19 % der Antworten falsch.

Keine Interferenz wurde bei Datumsangaben festgestellt. Bei Übersetzung des Satzes: W 1920 powrócił do kraju hat niemand die falsche Form ˣim 1920 verwendet.

Schlußfolgerungen

Die Fehleranalyse hat im allgemeinen die aufgrund der zwischensprachlichen Unterschiede vorausgesehenen Fehler im Bereich der Zahlwörter bestätigt. Relativ gute Leistungen der Testierten bei Strukturen wie: zwei Glas Tee oder im Jahre 1920 sind wohl darauf zurückzuführen, daß solche Strukturen den meisten Studenten, die ja übrigens in der deutschen Sprache weit fortgeschritten sind, bereits geläufig waren. Mit Recht wird in Deutschlehrbüchern die Struktur vom Typ zwei Glas Tee vorgeführt und für die Übung empfohlen. Es scheint aber, daß die hier genannten Interferenzstellen im Unterricht zu wenig Beachtung finden. Man kann eine recht schwache Orientierung der Germanistikstudenten in deutschen Zahlwörtern bemerken. Den Zahlwörtern ist u.E. im Deutschunterricht mehr Platz als bis jetzt einzuräumen, wobei die konfrontativen Aspekte stark ins Auge gefaßt werden sollen. Man müßte z.B. den polnischen Deutsch Lernenden bewußt machen, daß vor den deutschen Artikelwörtern wie einige oder mehrere keine anderen Artikelwörter stehen können; auch bei Ausnahmen wie alle diese Bücher, alle meine Bücher gilt, im Unterschied zum Polnischen, eine feste Wortfolge; das Wort alle kann nicht nachgestellt werden, es muß immer die Spitzenposition einnehmen. Im Polnischen dagegen existieren nebeneinander te wszystkie książki und wszystkie te książki.

Kennzeichnend ist im Test die große Fehlerquote bei zusammengesetzten Kardinalzahlen (etwa: dwa tysiące lat - ˣzwei Tausend Jahre). Wenn auch die Interferenz hier vor allem die schriftliche Gestalt der Zahlwörter anbelangt, sie darf nicht unterschätzt werden. Fehler dieses Typs gehören im Bereich der Zahlwörter zu den häufigsten Fehlern bei Deutsch lernenden Polen, auch den Fortgeschrittenen. Zumal die Schreibweise bestimmte Bedeutungsnuancen impliziert.

Abschließend wollen wir noch auf ein paar interferenzempfindliche Stellen im Bereich der deutschen Zahlwörter hinweisen, die für Polnisch lernende Deutsche von Bedeutung sein können.

So hat das Polnische eine besondere Gruppe der Zahlwörter, die es im Deutschen nicht gibt: die Kollektiva (Sammelzahlwörter). Sie werden gebraucht: a) bei Pluraliatantum, z.B. dwoje drzwi (zwei Türen), czworo sań (vier Schlitten); b) bei Substantiven, die paarweise vorkommende Gegenstände bezeichnen, z.B. dwoje rąk (zwei Hände), dwoje oczu (zwei Augen); c) bei Substantiven im Plural, wenn sie eine Gruppe von Personen beiderlei Geschlechts bezeichnen, z.B. dwoje rodziców (beide Eltern), pięcioro kolegów (fünf Kollegen), kilkoro dzieci (einige Kinder).[191] Den polnischen Sammel-

---

191) nach R.Laskowski, Polnische Grammatik, Warszawa 1972, S. 108f.

zahlen entsprechen im Deutschen die Kardinalzahlen. Deshalb muß beachtet werden, daß bei bestimmten Substantiven die deutschen Kardinalzahlen im Polnischen richtig wiedergegeben werden. So wäre es falsch, zwei Türen als ˣdwa drzwi und einige Kinder als ˣkilka dzieci zu übersetzen (dwoje drzwi, kilkoro dzieci).

Man kann ebenfalls vermuten, daß die Polnisch lernenden Deutschen bei substantivischen Fügungen anstatt einer Ordinalzahl eine nachgestellte Kardinalzahl gebrauchen werden, etwa: ˣtom pięć (analog zu Band fünf), anstatt: tom piąty.

Nicht auszuschließen ist der falsche Gebrauch eines adverbialen Kardinalzahlworts bei Jahresangaben, z.B.: ˣ1976 był za granicą (analog zu: 1976 war er im Ausland). Im Polnischen kommen hier zwei Möglichkeiten in Frage: W roku 1976 (Ordinalzahl!) był za granicą. W 1976 był za granicą.

Anzutreffen ist bei den Deutschen ein Fehler vom Typ: ˣdwadzieścia jedna kobieta (einundzwanzig Frauen), anstatt: dwadzieścia jeden kobiet. Die falsche Kasusform des Substantivs kobieta resultiert u.E. aus einer falschen Analogie zu deutschen Sätzen folgender Art: Das Boot hat zweitausend und eine Mark gekostet. Der polnische Ausdruck dwadzieścia jeden fordert aber als Ganzes ein Substantiv im Plural; das Wort jeden allein tritt nicht in eine direkte Beziehung zum Substantiv (abgesehen wird hier von der idiomatisierten Wendung: tysiąc i jedna noc).[192]

Die verschiedene Semantik der deutschen und polnischen Indefinitzahlen kann ebenfalls zu Fehlern führen, solcher wie: ˣpo kilku czasie (nach einiger Zeit), richtig: po pewnym czasie. Zwar sind einige und kilka in den meisten Fällen Äquivalente, nichtsdestoweniger weist das einige auch solche Bedeutungen auf, die im Polnischen durch andere Wörter wiedergegeben werden müssen.

Es sind nur einige interferenzfördernde Stellen genannt worden, die im Polnischunterricht an Deutsche relevant sein

---

[192] vgl. dazu Z.Klemensiewicz, Odmiana i składnia liczebnika 21, JP 1932, 2, S. 33-39, 3, S. 71-75.

könnten. Eingehendere Untersuchungen zu diesem Problemkreis wurden vom Verfasser nicht durchgeführt.

5. ZUSAMMENFASSUNG

Die Hauptaufgabe dieser Arbeit bestand darin, den Status der traditionellen Zahlwörter im Deutschen und Polnischen neu zu bestimmen und anschließend eine deutsch-polnische Konfrontation durchzuführen. Die deutschen Zahlwörter werden bald als eine selbständige Wortart ausgesondert, bald als eine semantische Klasse von Wörtern angesehen, die mehreren Wortarten angehören. Die Zahlwörter im Polnischen werden von fast allen Forschern als eine Wortart betrachtet. Dafür gibt es gewisse Gründe: den polnischen Zahlwörtern liegt nicht nur eine gemeinsame Semantik zugrunde, sondern auch bestimmte Eigenarten morphologischer Art.

Um dem Problem der Wortartzugehörigkeit der Zahlwörter beizukommen, war es unumgänglich, sich in der Arbeit mit der Problematik der Wortarteinteilung auseinanderzusetzen. Wir sind der Meinung, daß eine Wortartklassifizierung nach einem einheitlichen Kriterium durchgeführt werden soll und haben uns für das syntaktische Kriterium entschieden. Das syntaktische Kriterium kann alle Wörter einer Sprache erfassen, weil jedes Wort bestimmte syntaktische Funktionen aufweist. Diese syntaktischen Funktionen (Position und Distribution der Wörter in der Oberflächen- und Tiefenstruktur, Abhängigkeitsbeziehungen) bemühten wir uns aus den verzeichneten Syntagmen mit Hilfe operationellen Verfahrens (Ersatzprobe, Weglaßprobe, Transformationen usw.) zu ermitteln. Durch Anwendung eines einheitlichen Einteilungsprinzips und exakter formaler Prozeduren sollte eine möglichst widerspruchsfreie und nachvollziehbare Wortartklassifikation erreicht werden. Infolge dieses Vorgehens wurde die traditionelle Wortart "Numerale" sowohl im Deutschen als auch im Polnischen in mehrere Wortarten (Wortklassen) aufgelöst. Die Zahlwörter bilden nach unserer Auffassung eine semantische Klasse von Wörtern, die durch eine gemeinsame Semantik (Quantität) verbunden sind; dagegen weisen die einzelnen Gruppen der herkömmlichen Zahlwörter weitgehende Differenzen in grammatischer (also auch syntaktischer) Hinsicht auf. Demgemäß ist hier die Wortart "Numerale" ("Zahlwort") der traditionellen Grammatik unter dem syntaktischen Aspekt in mehrere Wortarten aufgelöst worden, und zwar: im Deutschen in sechs Wortklassen (Substantiv, Artikelwort, Pronomen, Adjektiv, Adverb, Partikel), im Polnischen in fünf Wortklassen (Substantiv, Pronomen, Adjektiv, Adverb, Partikel).

Bei der Konfrontation bemühten wir uns, die neu klassifizierten Zahlwörter beider Sprachen auf ihre Wortartzugehörigkeit hin zu vergleichen. Die Konfrontation verlief in zwei Richtungen: die im Rahmen einer bestimmten Wortklasse des Deutschen bestehenden Zahlwörter wurden zunächst mit ihren semantisch äquivalenten Gegenstücken des Polnischen im Hinblick auf die Wortartzugehörigkeit verglichen. Dann verfuhren wir in umgekehrter Richtung: die polnischen Beispiele wurden mit ihren deutschen Entsprechungen konfrontiert. Dieses zweiseitige Verfahren war notwendig, weil nur auf diese Weise alle verzeichneten Beispiele beider Sprachen beim Vergleich berücksichtigt werden konnten. Die Konfrontation erwies etwa folgendes Bild: Gemeinsamkeiten zwischen den beiden Sprachen in bezug auf die Wortartzugehörigkeit sind größer als Unterschiede. Wesentliche Differenzen wurden lediglich im Rahmen folgender Wortklassen festgestellt: Pronomen, Adverb, Artikelwort (Deutsch ⟶ Polnisch); Pronomen, Adjektiv (Polnisch ⟶ Deutsch). **Bezüglich** der in der Wortartzugehörigkeit abweichenden Zahlwörter der beiden Sprachen haben wir folgendes festgestellt: die häufigste Wiedergabe der deutschen Zahlwörter im Polnischen ist die Wortgruppe Adjektiv + Substantiv; bei der Übersetzung der polnischen Zahlwörter ins Deutsche erscheint die Nullentsprechung auf dem ersten Plan.

Die Ergebnisse der vollzogenen Konfrontation, unterstützt durch eine bescheidene Fehleranalyse, führten uns zu mehreren Schlußfolgerungen in bezug auf Interferenzstellen, die im Deutschunterricht an Polen und im Polnischunterricht an Deutsche von Bedeutung sein können. Es wurde auch versucht, einige theoretische Schlüsse allgemeiner Art zu ziehen.

Diese kurze Übersicht über die in der vorliegenden Arbeit behandelten Probleme will der Verfasser mit einer vorsichtigen Vermutung abschließen, daß die hier gewonnenen Ergebnisse sowie das zuweilen eigenartige Verfahren bei der Analyse des sprachlichen Materials der Erforschung der Zahlwort- und Wortartproblematik etwas Neues einbringen werden.

Quellenverzeichnis zu den deutschen Belegen - Abkürzungen

Zeitungen und Zeitschriften:

AZ	-	Abendzeitung (Leipzig)
DSE	-	Deutsches Sportecho
FF	-	FF dabei
Fuwo	-	Fußballwoche
ND	-	Neues Deutschland
Sprachpraxis	-	Sprachpraxis. Beilage der Zeitschrift "Deutsch als Fremdsprache", 1974,1
WP	-	Wochenpost

Bücher:

Agricola	-	Wörter und Wendungen (hrsg. von E. Agricola), 7.Aufl., Leipzig 1975.
Blatz	-	F. Blatz, Neuhochdeutsche Grammatik mit Berücksichtigung der historischen Entwicklung der deutschen Sprache, 3.unb.Aufl., Bd.I, Karlsruhe 1895.
Böll	-	H.Böll, Das Brot der frühen Jahre, Köln-Berlin 1955 (nach: T.Hansen, Zum Gebrauch der flektierten und unflektierten Pronomina in der deutschen Literatursprache nach 1945, in: Deutschunterricht für Ausländer, München 1962, H.5-6, S.131-145).
Brinkmann	-	H.Brinkmann, Die deutsche Sprache, Düsseldorf 1962, 2. Aufl.
Buscha	-	J.Buscha, G.Helbig, Deutsche Grammatik. Ein Handbuch für den Ausländerunterricht, Leipzig 1972.
Curme	-	G.O.Curme, A grammar of the german language, New York 1922.

Dam - J.van Dam, Handbuch der deutschen Sprache, 2.Bd., 2.Aufl., Groningen - Djakarta 1951.

Duden L - Der Große Duden. Wörterbuch und Leitfaden der deutschen Rechtschreibung, 15.Aufl., Leipzig 1965.

Duden M - Der Große Duden. Bd.1. Rechtschreibung der deutschen Sprache und der Fremdwörter, 16.Aufl., Mannheim 1967.

Duden M Gr - Der Große Duden. Bd.4. Grammatik der deutschen Gegenwartssprache, Mannheim 1966.

Duden M Zw - Der Große Duden, Bd.9. Sprachliche Zweifelsfälle. Wörterbuch der Hauptschwierigkeiten, Mannheim-Wien-Zürich 1965.

Frisch - M.Frisch, Biedermann und die Brandstifter, in:M.Frisch, Neue Stücke, Leipzig 1973.

Glinz - H.Glinz, Deutsche Grammatik, Bd.2, Frankfurt/M. 1971.

Haack - Haack-Hausatlas, Gotha-Leipzig 1973, 3.Aufl.

Heremans - T.Heremans, G.Royers, Deutsche Grammatik, Plantyn-Antwerpen 1969.

Heyse - J.Ch.A.Heyse, Theoretisch-praktische deutsche Grammatik, Bd.2, Hannover-Hildesheim, New York 1972 (Nachdruck 1838, 5.Aufl.)

Jude - W.K.Jude, Deutsche Grammatik, Braunschweig 1955, 4.Aufl.

Jung - W.Jung, Grammatik der deutschen Sprache, Leipzig 1966.

Jung Kl - W.Jung, Kleine Grammatik der deutschen Sprache, Leipzig 1961, 4. Nachdruck.

Kienast - W.Kienast, Todesurteil für einen Dieb, Berlin 1973.

Langenscheidt - Langenscheidts Grammatiktafel Deutsch, Berlin und München 1968.

Loest - E.Loest, Sportgeschichten, Halle (Saale) 1953.

Moskalskaja - O.I.Moskalskaja, Grammatik der deutschen Gegenwartssprache, Moskau 1971.

Nicolau - Th.Nicolau, Nachts kamen die Barbaren, Halle (Saale) 1969.

Plenzdorf - U.Plenzdorf, Die neuen Leiden des jungen W., Rostock 1973.

Sch - Gr - D.Schulz, H.Griesbach, Grammatik der deutschen Sprache, 9.Aufl., München 1972.

Strittmatter - E.Strittmatter, 3/4 hundert Kleingeschichten, Berlin und Weimar 1971.

Tucholsky - K.Tucholsky, Schloss Gripsholm und Anderswo, Berlin 1956.

Vater S - H.Vater, Das System der Artikelformen im gegenwärtigen Deutsch, Tübingen 1963.

Vater T - H.Vater, Zur Tiefenstruktur deutscher Nominalphrasen, in: Vorschläge für eine strukturale Grammatik des Deutschen, Darmstadt 1970.

Voranmeldung - Voranmeldung. Erzählungen, Halle (Saale) 1973.

Wahrig - G.Wahrig, Deutsches Wörterbuch, Gütersloh 1968.

Quellenverzeichnis zu den polnischen Belegen - Abkürzungen

Zeitschriften und Zeitungen:

DŚ	-	Dookoła Świata
IKP	-	Ilustrowany Kurier Polski (Bydgoszcz)
JP	-	Język Polski (Kraków)
itd	-	itd
PS	-	Przegląd Sportowy
Sz L	-	Sztandar Ludu (Lublin)
TL	-	Trybuna Ludu

Bücher:

Böll	-	H.Böll, Bilard o wpół do dziesiątej, Warszawa 1973, 2.Aufl. (Übers. T.Jętkiewicz).
Camus	-	A.Camus, Obcy. Dżuma. Upadek (Übers. M.Zenowicz und J.Guze), Kraków 1972.
Dyg	-	S.Dygat, Disneyland, Warszawa 1965.
$Grzeg_1$	-	R.Grzegorczykowa, Problemy kwantyfikacji w grupie werbalnej, in: Liczba, ilość, miara, Materiały konferencji naukowej, Wrocław, Warszawa, Kraków, Gdańsk 1973.
$Grzeg_2$	-	R.Grzegorczykowa, Funkcje semantyczne i syntaktyczne przysłówków w języku polskim = Prace Językoznawcze 77, Wrocław, Warszawa, Kraków, Gdańsk 1975.
Klem	-	Z.Klemensiewicz, Podstawowe wiadomości z gramatyki języka polskiego, Warszawa 1973, 8.Aufl.
Klem Skł	-	Z.Klemensiewicz, Zarys składni polskiej, Warszawa 1969, 6.Aufl.
Kon	-	H.Koneczna, Tysiące gwiazd świeciło, Poradnik Językowy 1949, 6, S.14-18.

Misz - H.Misz, Opis grup syntaktycznych dzisiejszej polszczyzny pisanej, Bydgoszcz 1967.

Nap - R.Napiórkowski, Kuszenie św.Antoniego. Opowiadania, Warszawa 1973.

Rep - Reperowicz, Między Łabą a Renem, Warszawa 1972.

Schab - Schabowska, Rzeczowniki ilościowe w języku polskim, Prace Komisji Językoznawstwa nr 14, Wrocław 1967.

SFJP - S.Skorupka, Słownik Frazeologiczny Języka Polskiego, Warszawa, 1.Bd.1967, 2.Bd. 1968.

SJP - Słownik Języka Polskiego (hrsg.W.Doroszewski), Warszawa 1958-68, Bd.1-10.

SPP - Słownik Poprawnej Polszczyzny (hrsg. W.Doroszewski), Warszawa 1973.

Top - Z.Topolińska, Wyznaczoność grupy imiennej w tekście polskim, (in:) Polonica III 1977, Wrocław-Warszawa-Kraków-Gdańsk 1977.

Voyn - E.L.Voynich, Szerszeń, Warszawa 1966, VII. Aufl. (Übers.M.Kreczkowska).

Wańk - M.Wańkowicz, Szkice spod Monte Cassino, Warszawa 1974.

Wójt - J.Wójtowicz, Die polnischen Zahlen in Dialogen, Warszawa, Leipzig 1972.

Abkürzungen zu den Anmerkungen und zum Literaturverzeichnis

B Fon	- Biuletyn Fonograficzny (Poznań)
BKW	- Beiträge zur Klassifizierung der Wortarten (hrsg. G.Helbig), Leipzig 1977.
BPTJ	- Biuletyn Polskiego Towarzystwa Językoznawczego (Wrocław - Kraków)
DaF	- Deutsch als Fremdsprache (Leipzig)
DU	- Der Deutschunterricht (Stuttgart)
FBIDS	- Forschungsberichte des Instituts für deutsche Sprache (Mannheim)
FBIKF	- Forschungsberichte des Instituts für Kommunikationsforschung (Bonn)
GNN	- Grammars for number names (ed. by H.Brandt) (Corstius) = Foundation of Language, supplementary series, vol.7, Dordrecht-Holland 1968.
JBIDS	- Jahrbuch des Instituts für deutsche Sprache (Düsseldorf)
JP	- Język Polski (Kraków)
KGIF	- Konfrontative Grammatik und Interferenzforschung = Wissenschaftliche Zeitschrift der Humboldt-Universität zu Berlin, Gesellschafts- und Sprachwissenschaftliche Reihe, Jg.XXII, 1973, H.3
LIM	- Liczba, ilość, miara, Materiały konferencji naukowej, Wrocław,Warszawa,Kraków,Gdańsk 1973
NJB	- Niederdeutsches Jahrbuch. Jahrbuch des Vereins für niederdeutsche Sprachforschung, Jg.1958, (Neumünster)
PAU	- Polska Akademia Umiejętności
RKJ ŁTN	- Rozprawy Komisji Językowej Łódzkiego Towarzystwa Naukowego

PKG	- Probleme der kontrastiven Grammatik, Jb.1969 = Sprache der Gegenwart. Schriften des Instituts für deutsche Sprache in Mannheim, Bd.VIII, Düsseldorf 1970
PJ	- Poradnik Językowy (Warszawa)
PKJ	- Prace Komisji Językoznawstwa
RKL	- Reader zur kontrastiven Linguistik (hrsg. G.Nickel), Frankfurt/M. 1972
RNDG	- Das Ringen um eine neue deutsche Grammatik (Aufsätze aus drei Jahrzehnten 1929-1959), Hrsg. H.Moser =Wege der Forschung, Bd.XXV, 3.Aufl., Darmstadt 1973
SB	- Sitzungsberichte
SIfDS	- Schriften des Instituts für deutsche Sprache in Mannheim
SL	- Studia Linguistica, Lund-Copenhague
TCLP	- Travaux du cercle linguistique de Prague
WW	- Wirkendes Wort (Düsseldorf)
WZdHUB	- Wissenschaftliche Zeitschrift der Humboldt-Universität zu Berlin
ZfDL	- Zeitschrift für Dialektologie und Linguistik (Wiesbaden)
ZfPhSuK	- Zeitschrift für Phonetik, Sprachwissenschaft und Kommunikationsforschung (Berlin)
ZfPhAS	- Zeitschrift für Phonetik und Allgemeine Sprachwissenschaft (Berlin)
ZfSI	- Zeitschrift für Slawistik (Berlin)
ZN	- Zeszyty Naukowe
ZN UMK	- Zeszyty Naukowe Uniwersytetu M. Kopernika w Toruniu

LITERATURVERZEICHNIS

W. ADMONI, Der deutsche Sprachbau, Leningrad 1960.

W. ADMONI, Polevaja priroda častej reči (na materiale čislitelnych), in: Voprosy teorii častej reči, S. 98-106, Leningrad 1968.

H. AUFENANGER, Etwas über Zählen und Zahl bei den Gende im Bismarckgebirge Neuguineas, in: Anthropos, Bd.33, S. 273-277, Wien 1938.

M. BASAJ, Morfologia i składnia liczebnika w języku czeskim do końca XVI wieku, Wrocław-Warszawa-Kraków-Gdańsk 1974 = PAN Komitet Słowianoznawstwa, Monografie slawistyczne 26.

M. BASAJ, Syntaktyczne tendencje rozwojowe liczebników słowiańskich, Studia z filologii polskiej i słowiańskiej, Warszawa, 10, 1971, S. 155-162.

F. BAUER, Vollständige Grammatik der neuhochdeutschen Sprache, Bd. I - V, Berlin 1967.

K. BAUMGÄRTNER, Konstituenz und Dependenz. Zur Integration der beiden grammatischen Prinzipien, in: Vorschläge für eine strukturale Grammatik des Deutschen (= Wege der Forschung CXLVI), Darmstadt 1970, S. 52-77.

K. BAUMGÄRTNER, Spracherklärung mit den Mitteln der Abhängigkeitsstruktur, in: Beiträge zur Sprachkunde und Informationsverarbeitung, München und Wien 1963, 5, S. 31-53.

P. BĄK, Gramatyka języka polskiego, Warszawa 1977.

P. BĄK, Liczebnik "siedem" w polskich gwarach, in: Rozprawy Komisji Językowej, III, Wrocław 1961, S. 127-137.

H. BECKER, Deutsche Sprachkunde, Bd.I, Sprachlehre, Leipzig 1941.

O. BEHAGHEL, Deutsche Syntax, I - II. Die Wortklassen und Wortformen, Heidelberg 1923 - 32.

BEITRÄGE zur Klassifizierung der Wortarten (hrsg. G.Helbig) = Linguistische Studien, Leipzig 1977.

T. BENNI, J. ŁOŚ, K. NITSCH, J. ROZWADOWSKI, H. UŁASZYN, Gramatyka języka polskiego, Kraków 1923.

J. BIERNACKI, Theoretisch-praktische Grammatik der polnischen Sprache, Breslau 1837.

F. BLATZ, Neuhochdeutsche Grammatik mit Berücksichtigung der historischen Entwicklung der deutschen Sprache, Bd.1, 3.Aufl., Karlsruhe 1895, Nachdruck: New York 1970.

M. BOBRAN, Ze studiów nad metodą dystrybucyjną w badaniach systemu syntaktycznego, in: JP, 1974/3, S.184-194.

J.M. BOCHEŃSKI, Die zeitgenössischen Denkmethoden, Bern 1959, 2. übers. Aufl.

A. BOGUSŁAWSKI, O typach zależności syntagmatycznej, in: BPTJ, 1961, XX, S.27-38.

A. BOGUSŁAWSKI, Semantyczne pojęcie liczebnika i jego morfologia w języku rosyjskim, Warszawa 1966.

P. BORISSEWITSCH, Zur syntaktischen Klassifizierung der Wortarten in einer deutschen Grammatik für Ausländer (Diskussionsbeitrag zu G. Helbig: Zum Problem der Wortarten in einer deutschen Grammatik für Ausländer, Da F 1968/1), Da F 1970/6, S. 439-442.

B. BRAINERD, On the syntax of certain classes of numerical expressions = GNN, S. 9-40.

B. BRAINERD, A transformational - generative grammar for rumanian numerical expressions = GNN, S. 41-58.

H. BRINKMANN, Die Wortarten im Deutschen, in: RNDG, S.101-127.

V. BRØNDAL, Les parties du discours (Resumé d'un ouvrage danois intitule ORDKLASSERNE), Copenhagen 1928.

V. BRØNDAL, L'autonomie de la syntaxe, Psychologie du langage, in: Essais de linguistique générale, S.8-14, Copenhague 1943.

K. BRUGMANN, Grundriss der vergleichenden Grammatik der indogermanischen Sprachen, II.Bd. Wortbildungslehre (Stammbildungs- und Flexionslehre), 2. Hälfte, Teil 1, Zahlwortbildung, Casusbildung der Nomina, Pronomina, Verbale Stammbildung und Flexion (Conjugation), Strassburg 1892.

K. BRUGMANN, Die distributiven und die kollektiven Numeralia der indogermanischen Sprachen, in: Abhandlungen der philologisch-historischen Klasse der Königlichen Sächsischen Gesellschaft der Wissenschaft, Leipzig 1907, XV, 5.

J. BUSCHA, Die Modalverben im System der infiniten Verbformen. Ein Beitrag zur Wortklassenbestimmung im Deutschen, Leipzig 1973 (Diss.-Masch.).

K. BUTTKE, Zur Kongruenz des Prädikats mit der Numeralfügung als Subjekt im modernen Ukrainischen, in: ZfSl, Bd.XVII, H.5, 1972, S.626-635.

J. CARNOCHAN, Word classes, Amsterdam 1966.

D. CHERUBIN, Zur kontrastiven Grammatik, in: Zf Du L 1971, 38.Jg., Wiesbaden, S. 206-216.

N. CHOMSKY, Aspekte der Syntax - Theorie, Berlin 1970.

E. COSERIU, Über Leistung und Grenzen der kontrastiven Grammatik, in: PKG, S. 9-30.

E. COSERIU, Zusammenfassung der Ergebnisse, PKG, S. 175-177.

G.O. CURME, A Grammar of the German Language, New York 1922.

W. CYRAN, O częściach mowy w języku polskim, RKJ ŁTN XVI,1970.

J.A. CZOCHRALSKI, Verbalaspekt und Tempussystem im Deutschen und Polnischen. Eine konfrontative Darstellung, Warszawa 1972.

J.A. CZOCHRALSKI, Wyraz a grupa syntaktyczna, in: Zeszyty Naukowe Uniwersytetu im. A. Mickiewicza w Poznaniu, Filologia nr 6, 1964, S. 23-56.

J. A. CZOCHRALSKI, Grundsätzliches zur Theorie der kontrastiven Grammatik, in: Linguistics 1966, Nr. 24, S. 17-28.

I. DAL, Über Kongruenz und Rektion im Deutschen, in: Festschrift für H.Moser zum 60. Geburtstag am 19. Juni 1969, Düsseldorf 1969, S. 9-18.

J. van DAM, Handbuch der deutschen Sprache, Groningen, Djakarta 1950 - 1951.

A. DEBRUNNER, Von der Eigenart und den Tücken der Zahlwörter, in: Schulpraxis 39, 1950, S. 229-244.

DIE DEUTSCHE SPRACHE = KLEINE ENZYKLOPÄDIE, Leipzig 1969 (I.Bd.), 1970 (II. Bd.).

W. DOROSZEWSKI, Podstawy gramatyki polskiej, Teil I, Warszawa 1952.

EINFÜHRUNG IN DIE KONFRONTATIVE LINGUISTIK (Kollektiv unter Leitung von R.Sternemann), 2.Fass., Berlin 1977.

F.C. ENDERS, Die Zahl in Mystik und Glauben der Kulturvölker, Zürich und Leipzig 1935.

U. ENGEL, Die deutschen Satzbaupläne, in: WW 20, 1970, 6, S. 361-392.

U. ENGEL, Thesen zur Syntax, in: B Fon XII, Poznań 1971/12, S. 85-107.

U. ENGEL, Umriß einer deutschen Grammatik (Vervielfält. Papier), Mannheim 1972.

U. ENGEL, Regeln zur Wortstellung, in: FBIDS 5, S.9-148.

J. ERBEN, Zur Morphologie der Wortarten im Deutschen, in: JBIDS 1965/66, S. 128-136.

J. ERBEN, Abriß der beschreibenden deutschen Grammatik, Berlin 1963, 6. Aufl.

J. ERBEN, Deutsche Grammatik. Ein Leitfaden, Frankfurt (Main), Hamburg 1968.

J. ERBEN, Zum Neuaufbau der deutschen Grammatik, in: Der Deutschunterricht, Stuttgart 1964, 4, S.55-66.

J. ERDÖDI, Ein Berührungspunkt des indogermanischen und des finnisch-ungarischen Zahlsystems, Indogermanische Forschungen 48, Strassburg 1930.

V. FALKENHAHN, W. ZIELKE, Grammatik der polnischen Sprache, Berlin 1964.

E. FETTWEIS, Das Rechnen der Naturvölker, Leipzig-Bern 1927.

J. FILIPEC, Probleme des Sprachzentrums und der Sprachperipherie im System des Wortschatzes, in: TCLP, 1966, S. 257-275.

W. FLÄMIG, Probleme und Tendenzen der Schulgrammatik, in: Deutschunterricht 1966, H.6, S. 335 ff.

W. FLÄMIG, Zur grammatischen Klassifizierung des Wortbestandes im Deutschen, in: Beiträge zur Klassifizierung der Wortarten, Leipzig 1977, S. 39-52.

W. FLEISCHER, Wortbildung der deutschen Gegenwartssprache, 3. überarb. Aufl., Leipzig 1974.

J. FOURQUET, Aufbau der Mitteilung und Gliederung der gesprochenen Kette, in: Zf Ph Su K 1965, Bd.18, H.2, S.173-179.

J. FOURQUET, Grammaire de l'allemand, Hachettes 1952.

J. FOURQUET, Prolegomena zu einer deutschen Grammatik (= Sprache der Gegenwart, SIfDS, Bd.VII), Düsseldorf 1973, 4. Aufl.

J. FOURQUET, Studien zur Syntax des heutigen Deutsch, (=SJfDS, Bd.VI, 1970).

FRAGEN der strukturellen Syntax und der kontrastiven Grammatik (= Sprache der Gegenwart 17), Düsseldorf 1971.

H. FREI, Matrices syntaxiques, in: Linguistic studies, I, S.180-186.

H. FREI, L'unité linguistique complexe, in: Lingua 11/1962 (= Studia Gratulatoria dedicated to Albert Willem de Groot),S. 128-140.

Ch.C. FRIES, The structure of English. An introduction to the construction of English sentences, London 1971.

O. FUNKE, Die Frühzeit der englischen Grammatik, Bern 1941.

H. GAERTNER, Gramatyka współczesnego języka polskiego, Teil II (Semantyczne właściwości morfematów, kategorie wyrazów), Lwów - Warszawa 1933.

H. GAERTNER, O tzw. wyrazach samodzielnych i niesamodzielnych, in: JP XVI, 2, 1931, S.33-42, XVI, 3, S. 77-78.

H. GLINZ, Deutsche Grammatik, Bd.I-II, 2.Aufl., Frankfurt/M. 1971.

H. GLINZ, Der deutsche Satz. Wortarten und Satzglieder wissenschaftlich gefaßt und dichterisch gedeutet, Düsseldorf 1957.

H. GLINZ, Geschichte und Kritik der Lehre von den Satzgliedern in der deutschen Grammatik, Bern 1947.

H. GLINZ, Die innere Form des Deutschen. Eine neue deutsche Grammatik, 6. durchges. Aufl.,Bern u. München 1973.

H. GLINZ, Wortarten und Satzglieder im Deutschen, Französischen und Lateinischen, in: Der Deutschunterricht, Stuttgart 1967, H.3, S. 16 ff.

H. GLINZ, Worttheorie auf strukturalistischer und inhaltbezogener Grundlage, in: Proceeding of the 9. international congress of linguistics, Mouton 1964, S.1053-1065.

Z. GOŁĄB, Próba klasyfikacji syntaktycznej czasowników polskich (na zasadzie konotacji), BPTJ 25, 1967,S.3-43.

GRAMATYKA opisowa języka polskiego z ćwiczeniami (red. W. Doroszewski i B. Wieczorkiewicz), Bd.I, Warszawa 1961, II.Aufl., Bd.II, V. Aufl., Warszawa 1972.

GRAMMATIK der deutschen Gegenwartssprache, Bd.4, Der Große Duden, bearb. P. Grebe, Mannheim 1966.

GRAMMATIK der deutschen Sprache. Eine Anleitung zum Verständnis des Aufbaus unserer Muttersprache (bearb. von O.Basler) = Der Große Duden, Leipzig 1937.

H. GRAPPIN, Les noms de nombre en polonais, Kraków 1950.

H. GRAPPIN, Grammaire de la langue polonaise,Paris 1942.

B. GRESZCZUK, Liczebniki zbiorowe - Kategoria fleksyjna czy słowotwórcza?, in: JP 1978, 1, S. 21-29.

H.-J. GRIMM, Der Artikel im modernen Deutsch, in: Sprachpflege 1970, H.1, S. 5-11, 1970, H.4, S. 82-89.

H.-J. GRIMM, Zum Problem der Satzglieder in der deutschen Grammatik, in: DaF 1972, H.9, S. 42 - 49.

B.M. GRINŠPUN, O sintaktičeskoj roli imen čislitelnych v sočetaniach s imenami suščistvitelnymi, in: Russkij jazyk v škole 1960, 2, S. 14-16.

Z. GRODSKI, Z problemów maszynowego przetwarzania tekstów polskich, Fleksja liczebników, PJ 1972, Nr. 1.

A.W. de GROOT, Classification of Word-Groups, in: Lingua, Amsterdam 1957, Volume VI, 2, S. 113-157.

G.F. GROTEFELD, Die deutschen Zahlwörter, in: Abhandlungen des franfurtischen Gelehrtenvereins für deutsche Sprache, Frankfurt/M. 1821, 3. Stück, S. 123-291.

R. GRZEGORCZYKOWA, Problemy kwantyfikacji w grupie werbalnej, in: LIM, S. 83-99.

R. GRZEGORCZYKOWA, Funkcje semantyczne i syntaktyczne przysłówków w języku polskim = Prace Językoznawcze 77, Wrocław-Warszawa-Kraków-Gdańsk 1975.

W. HACKEL, Fakultativer Wechsel zwischen Kardinalzahl und Ordinalzahl, in: Sprachpflege 1969/4, S.78-81.

L. HAMMERICH, Zahlwörter und Zahlbegriff = Duden - Beiträge zu Fragen der Rechtschreibung, der Grammatik und des Stils, H.28, Mannheim 1966.

Z. HARRIS, Co - occurence and Transformation in Linguistic Structure, in: Language 3/1957, S. 334 ff.

R. HARWEG, Grundzahlwort und unbestimmter Artikel, in: Zf Ph SuK, 1973, Bd.26, H.3/4, S. 312-327.

D.D. HAYS, Dependency Theory: A formalism and some observations, in: Language, Baltimore 1964, Vol.40, Nr.4, S.511-525.

A. HEINZ, Kategorie przejściowe (pośrednie) w języku, in: BPTJ 1967, XXV, Teil 2, S. 45-61.

A. HEINZ, Pozycja części mowy w systemie językowym, in: Symbolae Polonicae in honorem Stanislai Jodłowski, Wrocław-Warszawa-Kraków-Gdańsk 1972 = Prace Komisji Językoznawstwa nr 32, S.47-60.

A. HEINZ, System przypadkowy języka polskiego, Kraków 1965.

G. HELBIG, Der Begriff der Valenz als Mittel der strukturellen Sprachbeschreibung und des Fremdsprachenunterrichts, in: DaF, 1965, 1, S. 10-23.

G. HELBIG, Die Funktionen der substantivischen Kasus in der deutschen Gegenwartssprache, Halle (Saale) 1973 = Linguistische Studien.

G. HELBIG, Die methodische Konzeption der Sprachbeschreibung bei Ch.C. Fries, in: DaF 1965, 4, S. 3 ff.

G. HELBIG, Probleme der deutschen Grammatik für Ausländer, Leipzig 1972.

G. HELBIG, Die Transformationslehre bei Harris und Chomsky, in: DaF 1966, H.1, S. 2 ff.

G. HELBIG, Zum Funktionsbegriff in der modernen Linguistik, in: DaF 1968, H.5, S. 274-287.

G. HELBIG, Zum Problem der Wortarten, Satzglieder und Formklassen in der deutschen Grammatik, in: Probleme der strukturellen Grammatik und Semantik, Leipzig, 1968, S. 55-85.

G. HELBIG, Zum Problem der Wortarten in einer deutschen Grammatik für Ausländer, in: DaF 1968, H.1, S. 1-18.

G. HELBIG, Zur Klassifizierung der deutschen Wortarten, in: Sprachpflege 1969/4, S. 65-71.

G. HELBIG, Zur Rolle des kontrastiven Sprachvergleichs für den Fremdsprachenunterricht (Möglichkeiten, Voraussetzungen, Grenzen), in: DaF 1976/1, S. 9-16.

G. HELBIG, Sind Negationswörter, Modalwörter und Partikeln im Deutschen besondere Wortklassen?, in: DaF 1970, 6, S.393-401.

G. HELBIG, Zu einigen Problemen der Wortartklassifizierung im Deutschen, in: BKW, 1977, S. 90-118.

G. HELBIG, J. BUSCHA, Deutsche Grammatik. Ein Handbuch für den Ausländerunterricht, Leipzig 1972.

G. HELBIG, W. SCHENKEL, Wörterbuch zur Valenz und Distribution deutscher Verben, Leipzig 1969.

H. HEMPEL, Wortklassen und Bedeutungsweisen, in: RNDG, S.217-254.

J. HENRYCHOWSKI, Grammatik der deutschen Sprache mit vergleichender Berücksichtigung des Lateinischen und Polnischen, Gnesen 1875.

T. HEREMANS und G. ROEYERS, Deutsche Grammatik, Plantyn-Antwerpen, 1969.

H.-J. HERINGER, Einige Ergebnisse und Probleme der Dependenzgrammatik, in: Der Deutschunterricht, Stuttgart 1970, Jg.22, H.1, S. 42-98.

H.-J. HERINGER, Theorie der deutschen Syntax (= Linguistische Reihe I), München 1970.

E. HERMANN, Die Wortarten, Berlin 1928.

J.CH.A. HEYSE, Theoretisch-praktische deutsche Grammatik oder Lehrbuch der deutschen Sprache, nebst einer kurzen Geschichte derselben, Hannover, Hildesheim, New York 1972 (Nachdruck 1838, 5. Aufl.).

M.C. HILL, Graphic German Grammar, Columbus, Ohio 1959.

F. HINZE, Die Besonderheiten des pomoranischen Kardinalzahlworts gegenüber dem des Polnischen, in: ZfSl, 1972, Bd.XVII, H.3, S. 346-359.

F. HINZE, Von Wortarten, die keine sind, und von schwer bestimmbaren Satzgliedern, in: Der Deutschunterricht, Stuttgart 1958, X, Nr.1, S. 57-75.

F. HIORTH, On defining word, in: SL 1958, 12, S. 26 ff.

F. HIORTH, Zur formalen Charakterisierung des Satzes, Gravenhagen-Mouton 1962.

H. HIRT, Syntax I, Heidelberg 1934.

L. HJELMSLEV, Principes de grammaire générale, København 1928.

Ch.F. HOCKETT, A course in modern linguistics, New York 1959.

M. HUMS, Untersuchungen zur Struktur der russischen Quantitätskonstruktionen, Phil.Diss., K.-M.-Univ. Leipzig 1971.

A.V. ISAČENKO, Die russische Sprache der Gegenwart, München 1968.

C. JAMES, Zur Rechtfertigung der kontrastiven Linguistik, in: RKL, S. 21-38.

W. JASSEM, Próba funkcjonalnej definicji wyrazu, BPTJ, XIX, 1960, S. 35-49.

P. JAWOREK, Jak powstały liczebniki polskie? JP 1924, IX, 1, S.1-7.

G. JÄGER, Konfrontation und Translation, in: DaF 1972/4, S.233-244.

M.H. JELLINEK, Geschichte der neuhochdeutschen Grammatik von den Anfängen bis auf Adelung, 2. Hbband, Heidelberg 1914, S. 73-126 - Die Lehre von den Redeteilen.

O. JESPERSEN, Analytic Syntax, Copenhagen 1937.

O. JESPERSEN, A Modern English Grammar on historical principles, Part II - Syntax, First volume, III.Aufl., Heidelberg 1927.

S. JODŁOWSKI, Kryteria klasyfikacji wyrazów na części mowy, BPTJ 1960, XIX, S. 51-98.

S. JODŁOWSKI, O przysłówkach, partykułach i im pokrewnych częściach mowy, JP 1949, XXIX, S. 97-106.

S. JODŁOWSKI, O kontekstowym i słownikowym kwalifikowaniu części mowy, BPTJ 1961, XX, S. 57-65.

S. JODŁOWSKI, Podstawy polskiej składni, Warszawa 1976.

S. JODŁOWSKI, Studia nad częściami mowy, Warszawa 1971.

S. JODŁOWSKI, Substantywizacja przymiotników w języku polskim, Wrocław 1964 = Krakowskie Prace Językoznawcze 2.

S. JODŁOWSKI, Techniczne kryterium klasyfikacji wyrazów, BPTJ 1954, 2,XII, S. 169-175.

W. JUDE, Deutsche Grammatik, 4. erw. Aufl., Braunschweig 1955.

W. JUNG, Grammatik der deutschen Sprache, Leipzig 1966.

W. JUNG, Kleine Grammatik der deutschen Sprache, Leipzig 1961 (4. Nachdruck).

T. KALEPKY, Neuaufbau der Grammatik, Leipzig 1928.

A. KALINA, O liczebnikach w języku staropolskim, in: Rozprawy i sprawozdania z posiedzeń Wydziału Filologicznego Akademii Umiejętności, Bd.VI, Kraków 1878, S. 1-73.

S. KAROLAK, O kryteriach określenia hierarchii w relacji, BPTJ 1959, XVIII, Facsimile XVIII, S. 63-85.

S. KAROLAK, Pojęcie pozycji syntagmatycznej a wyodrębnianie jednostek języka, BPTJ 1963, XXII, S.131-142.

E.L. KEENAN, Quantifier Structure in English, Foundation of Language, Vol.7, Nr 2, 1971.

P.F.J. KIRSCHBAUM, Über Zahlensysteme im Zentralgebiete von Neuguinea, in: Anthropos, Bd.33, S.278-279, Wien 1938.

J. KLARE, Tesnièrs Versuch einer strukturellen Syntax auf der Basis des Französischen, in: Fremdsprachenunterricht 1968/6, S. 209-215.

Z.KLEMENSIEWICZ, Gramatyka współczesnej polszczyzny kulturalnej w zarysie, Warszawa-Wrocław 1946.

Z. KLEMENSIEWICZ, Liczebnik główny w polszczyźnie literackiej = Prace Filologiczne 1930, XV, Teil I, S.1-130.

Z. KLEMENSIEWICZ, O znaczeniu stosunkowym struktur składniowych, BPTJ 1958, XVII, S. 3-18.

Z. KLEMENSIEWICZ, Odmiana i składnia liczebnika 21, JP 1932, XVII, 2, S.33-39, 3, S.71-75.

Z. KLEMENSIEWICZ, Skupienia czyli syntaktyczne grupy wyrazowe, PAU, PKJ, Nr 34, Kraków 1948.

Z. KLEMENSIEWICZ, Podstawowe wiadomości z gramatyki języka polskiego, 8. Aufl. Warszawa 1973.

Z. KLEMENSIEWICZ, Zarys składni polskiej, Warszawa 1969.

P.J. KOLESNIKOV, Das lexikalisch-funktionelle Feld der Substitution des Substantivs und seiner Gruppe in der deutschen Sprache der Gegenwart, DaF 1976/1, S.28-39.

H. KONECZNA, Tysiące gwiazd świeciło, PJ 1949, 1, S.14-18.

H. KONECZNA, Przysłówki w funkcji przymiotnika, PJ 1933, S.33-35, 90-92.

KONFRONTATIVE Grammatik und Interferenzforschung = Wissenschaftliche Zeitschrift der Humboldt-Universität zu Berlin = Gesellschaft- und sprachwissenschaftliche Reihe, Jg.XXII, 1973, H.3.

E. KOSCHMIEDER, Zur Bestimmung der Funktionen grammatischer Kategorien, in: Abhandlungen der Bayerischen Akademie der Wissenschaften, Neue Folge, H.25, München 1945.

F. KOVACS, Ist das ungarische Zahlwort <u>húsz</u> "viginti" eine Zusammensetzung? in: Acta Linguistica - Akademiae Scientiarum Hungaricae, Budapest 1958. Bd.VIII, Fascimilum 2-4, S.343-360.

E.A. KRAŠENINNIKOVA, Novoe v nemeckoj grammatike, Obzor zarubežnych rabot po morfologii, Moskva 1960.

A. KRASNOWOLSKI, Główne zasady składni polskiej, Wyd.3, Warszawa 1921.

A.A. KRYŃSKI, Gramatyka języka polskiego, 4.Aufl., Warszawa 1907.

H. KUFNER, The grammatical structures of English and German. A contrastive sketch, Chicago and London 1969, Fifth Impression.

J. KURYŁOWICZ, Dérivation lexicale et dérivation syntaxique (Contribution a la theorie des parties du discours), Esquisses Linguistiques = Prace Językoznawcze Nr 19, Wrocław - Kraków 1960, S. 41-50.

J. KURYŁOWICZ, The inflectional categories of indoeuropean, Heidelberg 1964.

R. LASKOWSKI, Polnische Grammatik, Leipzig 1972.

W.R. LEE, Überlegungen zur kontrastiven Linguistik im Bereich des Sprachunterrichts, in: RKL, S. 157-166.

T. LEHR - SPŁAWIŃSKI i R. KUBIŃSKI, Gramatyka języka polskiego, 5.Aufl., Kraków 1946.

E. LEISI, Der Wortinhalt. Seine Struktur im Deutschen und Englischen, 3. Aufl., Heidelberg 1961.

LICZBA, ilość, miara. Materiały Konferencji Naukowej w Jadwisinie 11-13 maja 1972, Wrocław-Warszawa-Kraków,Gdańsk 1973.

K.B. LINDGREN, Morphem - Wort - Wortart - Satzglied, in: WW 1967, 17, S. 217-228.

R. LIPCZUK, Zur Wiedergabe einiger unbestimmter Zahlwörter des Polnischen im Deutschen, in: Germanistisches Jahrbuch 1977/78, Warszawa 1978, S. 82-88.

J.F. LOHMANN, Das Substantivum collectivum im Slawischen, in: Jahrbuch der Dissertationen der Philosophischen Fakultät der Friedrich Wilhelm-Universität zu Berlin 1923, S.326-331.

W. LUDEWIG, Lexikon der deutschen Sprachlehre, Gütersloh 1969 (= G.Wahrig, Deutsches Wörterbuch, S. 50-248).

J. ŁOŚ, Gramatyka polska, II, Słowotwórstwo, Lwów-Warszawa-Kraków 1925.

J. ŁOŚ, Podział na części mowy (Z powodu "Gramatyki języka polskiego" St. Szobera), JP 1919, IV, 1, S.7-15.

R. MAGNUSSON, Studies in the theory of the parts of speech, Lund 1954.

W. MAŃCZAK, Próba definicji morfemu, wyrazu i wypowiedzenia, BPTJ 1952, XI, S. 69-74.

A. MARTY, Satz und Wort, Bern 1950.

G.F. MEIER, Kriteria für die Definition des Wortes, in: ZfPhSuK 1961, 14, S.294-297.

K. MENNINGER, Zahlwort und Ziffer. Eine Kulturgeschichte der Zahl. Bd.1: Zählreihe und Zählsprache, 2.Aufl., Göttingen 1957.

W.R. MERRIFIELD, Number Names in four languages of Mexico = GNN, S. 91-102.

T. MILEWSKI, Problem klasyfikacji gramatycznych, Sprawozdania PAU 1946, Bd.XLVII, 6, S. 191 f.

A. MIROWICZ, O partykułach, ich zakresie i funkcji, BPTJ 1948, VIII, S. 134-148.

A. MIROWICZ, Przysłówki przy liczebnikach, zaimkach i rzeczownikach, JP 1947, XXVII, 6, S. 166-168.

A. MIROWICZ, Wyrazy pomocnicze w systemie języka, BPTJ 1950, X, S.192-193.

H. MISZ, Opis grup syntaktycznych dzisiejszej polszczyzny pisanej, Bydgoszcz 1967.

H. MISZ, Rozczłonkowanie polskiego tekstu pisanego na wyrazy ze stanowiska analizy składniowej, ZN UMK, 12, Filologia Polska V, Toruń 1965 - Nauki Humanistyczno - Społeczne, S. 47-58.

H. MISZ, Syntaktycznie doniosłe cechy słownikowe, ZN UMK, Filologia Polska VII, Toruń 1967, S. 17-33.

H. MISZ, M. SZUPRYCZYŃSKA, Nad zagadnieniem deskryptorow dla niewspółrzędnych grup syntaktycznych dla dzisiejszej polszczyzny pisanej, ZN UMK, Filologia Polska IV, Toruń 1963, S. 3-21.

N. MORCINIEC, Wort, Wortzusammensetzung und Wortgruppe (Ein Beitrag zur Strukturerkenntnis der westgermanischen Sprachen), ZN Uniwersytetu Wrocławskiego, Germanica Vratislaviensia IV, Seria A, Nr 24, S.115-145, Warszawa - Wrocław 1960.

O.I. MOSKALSKAJA, Grammatik der deutschen Gegenwartssprache, 2. Aufl., Moskau 1975.

H. NAUMANN, Zahl, Ziffer, Nummer, Name, in: Sprachpflege 1977, 10, S. 196-200.

A. NEHRING, Zahlwort und Zahlbegriff im Indogermanischen, in: Wörter und Sachen. Kulturhistorische Zeitschrift für Sprach- und Sachforschung, Festband XII, H.1, S.253-288, Heidelberg 1929.

W. NEUMANN, Eine Hierarchie syntaktischer Einheiten, in: DaF 1967, H.2, S.65-74, H.3, S.147-154.

W. NEUMANN, Notizen zur Genusbestimmung der deutschen Substantive und zur Definition des Wortes, in: DaF 1967, 1, S.19 ff.

K. NITSCH, Z wahań bieżącego języka. Szereg "wiele", in: JP 1936, XXI, S. 57.

A. NOREEN, H. POLLAK, Einführung in die wissenschaftliche Betrachtung der Sprache, Halle 1923.

A. OBRĘBSKA - JABŁOŃSKA, Liczebniki nieokreślone w systemie języka polskiego, JP 1948, XXVIII, S. 111-116.

A. OBRĘBSKA - JABŁOŃSKA, Strona dowodowa rodzimości zwrotu jako pierwszy, JP 1948, XXVIII, 6, S. 177-179.

H. OESTERREICHER, O przyimkach i spójnikach w roli samodzielnych powiedzeń, JP 1931, XVI, 3, S.75-76.

E. OTTO, Sprache und Sprachbetrachtung. Eine Satzlehre unter Berücksichtigung der Wortart, Prag 1943.

E. OTTO, Die Wortarten, in: Germanisch-Romanische Monatsschrift, Heidelberg, 1928, H.7/8, S.417-424.

F. PALMER, Grammar, Aylesbury 1971.

A. PASSENDORFER, Z pobojowiska błędów językowych, JP 1930, XV, 3, S.91-92.

H. PAUL, Deutsche Grammatik, Halle (Saale) 1958, 5. Aufl.

H. PAUL, Prinzipien der Sprachgeschichte, Halle 1920, 5.Aufl.

PHILOSOPHISCHES Wörterbuch, Leipzig 1969.

K. PISARKOWA, Funkcje składniowe polskich zaimków odmiennych, Warszawa-Kraków 1969.

K. PISARKOWA, O tworzeniu pewnych skupień z zaimkiem przymiotnym, JP XLIX, 1969, 1, S.43-50.

K. PISARKOWA, Zaimek w polskim zdaniu. 2. Obserwacje przydawki zaimkowej, JP 1968, XLVIII, 1, S.12-33.

K. PISARKOWA, Odpowiedzi Redakcji, JP 1976, LVI, 1, S.78-80

K. POHL, Theoretisch-praktische Grammatik der polnischen Sprache mit polnischen und deutschen Übungsaufgaben, Gesprächen, Titulaturen und dem zum Sprechen nöthigsten Wörtern, IV. Aufl., Breslau 1844.

W. PORZEZIŃSKI, Einleitung in die Sprachwissenschaft, Leipzig und Berlin 1910.

W. PORZEZIŃSKI, Quelques mots sur les "parties du discours", BPTJ 1930, II, S. 82-103.

PROBLEME der kontrastiven Grammatik, Düsseldorf 1970, Sprache der Gegenwart VIII.

PROBLEME der strukturellen Grammatik und Semantik, Leipzig 1968.

PROBLEMY morfologičeskogo stroja germańskich jazykov, Moskva 1963.

PROBLEMY składni polskiej. Studia, dyskusje, polemiki z lat 1945 - 1970, Kraków 1971.

READER zur kontrastiven Linguistik (hrsg. G. Nickel), Frankfurt/M. 1972.

S. RECZEK, "Szereg" nie jest liczebnikiem, Nasz język powszedni, Wrocław 1957, S.183-185.

M. REGULA, Grundlegung und Grundprobleme der Syntax, Heidelberg 1951.

Das RINGEN um eine neue deutsche Grammatik (Aufsätze - aus drei Jahrzehnten (1929 - 1959), Hrsg.H. Moser = Wege der Forschung, Bd.XXV, Darmstadt 1973, 3.Aufl.

H.-F. ROSENFELD, Die Elferzählung. Ein niederdeutsches Zahlenproblem, zugleich ein Beitrag zur Volkskunde der Zahlen, in: NJB, Neumünster 1956, LXXIX, S. 115-140.

H.-F. ROSENFELD, Niederdeutsche Zahlwortstudien. 2. Bildung und Anwendung der Kardinalia, NJB 1957, LXXX, S.69-92.

H.-F. ROSENFELD, Niederdeutsche Zahlwortstudien, MJB, S.59-103.

Z. RYSIEWICZ, Kilka uwag o niektórych funkcjach składniowych, JP, XXIII, 6, S. 180-184.

Z. SALONI, Cechy składniowe polskiego czasownika = Prace Językoznawcze 76, Wrocław - Warszawa - Kraków - Gdańsk 1976.

Z. SALONI, Klasyfikacja gramatyczna leksemów polskich, JP 1974, 1, S.3-13, 1974, 2, S.93-101.

Z. SALONI, Kategoria rodzaju we współczesnym języku polskim, in: Kategorie gramatyczne grup imiennych w języku polskim, Materiały Konferencji Pracowni Gramatyki Współczesnej Polszczyzny Instytutu Języka Polskiego PaN, Zawoja 13-15 XII.1974, Wrocław-Warszawa-Kraków-Gdańsk 1976, S.43-78.

Z. SALONI, Kategorie gramatyczne liczebników we współczesnym języku polskim, in: Studia gramatyczne I, Prace Instytutu Języka Polskiego 25, Wrocław-Warszawa-Kraków-Gdańsk 1977, S. 145-173.

M. SANDMANN, Substantiv, Adjektiv - Adverb und Verb als sprachliche Formen. Bemerkungen zur Theorie der Wortarten, in: Indogermanische Forschungen 57, 1939/40, H.1, S.81 ff; auch: RNDG, S.186-216.

SATZ und Wort im heutigen Deutsch = JbIDS 1965/66, Sprache der Gegenwart I, Düsseldorf 1967.

M. SCHABOWSKA, Rzeczowniki ilościowe w języku polskim, Wrocław 1967 = PKJ, nr 14.

A.A. ŠACHMATOV, Sintaksis russkogo jazyka, 2.Aufl., Leningrad 1941.

M.M. ŠANSKIJ, Imia čislitelnoje, in: E.M. GALKINA-FEDORUK,K.V. GORŠKOVA, N.M. ŠANSKIJ, Sovremiennyj russkij jazyk, Moskva 1958, S.297-317.

M. SCHELLENBERGER, Das Zahlwort als Problem, in: Muttersprache, Lüneburg 1958, S.299-304.

W.P. SCHMID, Skizze einer allgemeinen Theorie der Wortarten. Abhandlungen der Geistes- und Sozialwissenschaftlichen Klasse, Mainz, 1970, 5.

W. SCHMIDT, Die deutschen Wortarten aus der Sicht der funktionalen Grammatik betrachtet, in: WZ der Pädagogischen Hochschule Potsdam, Sonderheft 1964: Beiträge zur deutschen Sprachwissenschaft, S. 3 ff.

W. SCHMIDT, Grundfragen der deutschen Grammatik. Eine Einführung in die funktionale Sprachlehre, 4. Aufl., Berlin 1973.

W. SCHMIDT, Zum gegenwärtigen Stand der funktionalen Grammatik, in: Deutschunterricht 1964/4, S.227-238.

A. SCHOPF, Grammatische Kategorie und Satz in traditioneller und strukturalistischer Sicht (Jespersen und Fries), in: Beiträge zur Sprachkunde und Informationsverarbeitung, München, Wien 1963, H.2, S.62-80, H.3, S.19-40.

H. SCHULZ, Abriß der deutschen Grammatik, 3.Aufl., Berlin 1947.

D. SCHULZ, H. GRIESBACH, Grammatik der deutschen Sprache (Neubearbeitung H.Griesbach), 9.neub.Aufl., München 1972.

H. SEILER, On defining the word, in: Proceedings of the ninth international congress of linguistics, Cambridge August 27 - 31, 1962, London, The Hague, Paris 1964, S.767-770.

S. SEN GUPTA, Number, Numeral and Numeral Classifier in South East Asiatic Languages (Diss.). Berlin 1966.

J. ŠERECH, Probleme der Bildung des Zahlwortes als Redeteil in den slawischen Sprachen, Lund 1952.

T. SKULINA, Słowiańskie liczebniki 11-19, Z polskich studiów slawistycznych, Warszawa 1963, Serie 2, Bd.1, Językoznawstwo, S.141-151.

F. SLOTTY, Das Problem der Wortarten, in: Forschungen und Fortschritte, Berlin 1932, VIII, S. 329 ff.

F. SLOTTY, Wortart und Wortsinn, in: TCLP 1929, 1, S.93-106.

E. SŁUSZKIEWICZ, Jako pierwszy, jako ostatni, in: JP 1947, XXVII, 5, S. 158 f.

E. SŁUSZKIEWICZ, Jeszcze raz jako pierwszy, in: JP 1948, XXVIII, 5, S.151-153.

F. SOMMER, Zum Zahlwort, in: SB der Bayerischen Akademie der Wissenschaften, Philosophisch-historische Klasse, Jg. 1950, H.7, München 1951, S.1-100.

W. SPERBER, Ist die "Zustandskategorie" eine für die Beschreibung der Grammatik slawischer Sprachen notwendige Wortart? in: ZfSL 1972, Bd.XVIII, H.3, S.401-409.

K. SROKA, Kategoria dystrybucyjna a aktualna funcja wyrazu, in: BPTJ 1968, XXVI, S. 165-178.

J. STEIN, Gramatyczne funkcje części mowy, in: JP 1953, XXXIII, 1, S.9-19.

M.D. STEPANOVA, Methoden der synchronen Wortschatzanalyse = Linguistische Studien, Halle (Saale) 1973.

R. STERNEMANN, Konfrontative Linguistik und Einzelgrammatik, DaF 1971, 3.

R. STERNEMANN, Zu einigen Fragen der Komparabilität in der konfrontativen Linguistik, in: DaF 1972/4, S.222-232.

H. STOLTE, Kurze deutsche Grammatik. Auf Grund der 5-bändigen von H. Paul, 2.Aufl., Tübingen 1951.

P.T. STRELKOV, Čislitelnoje v russkom jazyke, in: Russkij jazyk v škole, Moskva 1950, Nr 4, S. 27-35.

STUDIEN zur Syntax des heutigen Deutsch = Sprache der Gegenwart 6, Düsseldorf 1970.

O.P. SUNIK, Obščaja teorija castej reci, Moskva 1966.

A. SUPRUN, Časti reči v russkom jazyke, Moskva 1971.

L. SÜTTERLIN, Die deutsche Sprache der Gegenwart, Leipzig 1923, 5. Aufl.

L. SÜTTERLIN, Neuhochdeutsche Grammatik, München 1924.

O. SZEMERÊNYJ, Studies in the indogermanish system of numerals, Heidelberg 1960.

S. SZOBER, Formy podmiotu i orzeczenia w zdaniach z podmiotem logicznym, określanym przydawką liczebnikową. Sprawozdanie z posiedzeń Towarzystwa Naukowego Warszawskiego 1928, Bd.XXI.

S. SZOBER, Gramatyka języka polskiego, 12.Aufl. (bearb. von W. Doroszewski), Warszawa 1962.

S. SZOBER, O sposobach łączenia złożonych liczebników głównych z rzeczownikami, in: JP 1922, VII, 5, S.129-134.

S. SZOBER, Sposoby łączenia liczebników zbiorowych z rzeczownikami, JP, 1920, V, 1, S. 27-28.

S. SZOBER, Zarys językoznawstwa ogólnego, Warszawa 1924,H.1.

S. SZOBER, J. ŁOŚ, Trzy piękne córki było nas u matki, JP 1928, XIII, S. 97-112.

Z. TELEGDI, Bemerkungen zu einigen Theorien bezüglich der Wortarten, in: Acta Linguistica Academiae Scientiarum Hungaricae, Budapest 1958, Bd.VIII, S. 1-43.

R.A. TEREŠENKOVA u.a., Grammatik der deutschen Sprache, Moskau 1963, 2.Aufl.

L. TESNIÊRE, Élêments de syntaxe strukturale, Paris 1959.

W. TŁOKIŃSKI, W sprawie typologii zależności syntagmatycznej, in: Acta Universitatis Nicolai Copernici, Filologia Polska X - Nauki Humanistyczno-Społeczne, 57, Toruń 1973, S.201-207.

J. TOKARSKI, Z pogranicza metodyki i językoznawstwa, Warszawa 1967.

J. TRYPUĆKO, Czy jako pierwszy jest germanizmem?, in: JP 1948 XXVIII, 4, S.97-104.

J. TRYPUĆKO, Jeszcze o jako pierwszy, in: JP XXVIII, 1948, 6, S.179-180.

F. TSCHIRCH, Weltbild, Denkform und Sprachgestalt = Schriften der Evangelischen Forschungsakademie, 13, Berlin 1954.

UCZTA na stu szlachty braci, in: JP, XXI, S. 111-113.

H. VATER, Das System der Artikelformen im gegenwärtigen Deutsch, Tübingen 1963.

J. VENDRYES, Le langage, Paris 1950.

VOPROSY teorii častej reči. Na materiale jazykov različnych tipov, Leningrad 1968.

L. WEISGERBER, Die Erforschung der Sprach"zugriffe". Grundlinien einer inhaltbezogenen Grammatik, in: RNDG, S.21-35.

L. WEISGERBER, Grundzüge der inhaltbezogenen Grammatik, 3.Aufl., Düsseldorf 1962.

L. WEISGERBER, Vom Weltbild der deutschen Sprache, 2. Halbband, Düsseldorf 1954, 2. Aufl.

H.-F. WENDT, Langenscheidts Grammatiktafel Deutsch, Berlin, München 1968.

J. WĘPSIĘC, Rozwój form dwiema, dwoma w języku polskim, in: JP 1938, XXIII, 1, S.6-13.

B.L. WHORF, Sprache, Denken, Wirklichkeit. Beiträge zur Metalinguistik und Sprachphilosophie, Reinbek bei Hamburg 1963.

L. WIERZBOWSKI, Gramatyka języka polskiego dla klas VIII-IX, Warszawa 1961.

J. WIERZCHOWSKI, Jednostka struktury języka - wyraz, in: BPTJ 1968, XXVI, S. 197-206.

W. WILKOSZ, Liczę i myślę (Jak powstała liczba), Kraków 1938.

W. WILLMANNS, Deutsche Grammatik, Berlin 1967.

D.S. WORTH, Grammatical and Lexical Quantification in the Syntax of the Russian Numeral, International Journal of Slavic Linguistics and Poetics I/II, 1959, S.117-132.

J. WÓJTOWICZ, Policz to po polsku. Odmiana polskiego liczebnika w dialogach, Warszawa 1969.

J. WÓJTOWICZ, Die polnischen Zahlen in Dialogen, Leipzig 1972.

W. WUNDT, Völkerpsychologie. Eine Untersuchung der Entwicklungsgesetze von Sprache, Mythus und Sitte, Bd.1, Die Sprache, 1. Teil, 3. Aufl., Leipzig 1911, Bd.2, Tl.2., Leipzig 1912.

L. ZABROCKI, Grundfragen der konfrontativen Grammatik, in: PKG, S. 31-52.

M. ZARĘBINA, Elipsa a konotacja,in: BPTJ 1967, XXV, S.103-121.

P. ZWOLIŃSKI, Liczebniki zespołowe typu samotrzeć w języku polskim na tle słowiańskim i indoeuropejskim, Prace Językoznawcze nr 2, Wrocław 1954.

P. ZWOLIŃSKI, Z. KLEMENSIEWICZ, Oboczność raz - jeden w języku polskim, in: JP 1946, XXVI, 4, S.109-114.

V.M. ŽIRMUNSKIJ, O prirode častej reči i ich klassifikacji, in: Voprosy teorii častej reči, Leningrad 1968, S.7-32.

F. ŻOCHOWSKI, Części mowy odmieniające się przez przypadki, Warszawa 1838.

GÖPPINGER ARBEITEN ZUR GERMANISTIK

herausgegeben von

ULRICH MÜLLER, FRANZ HUNDSNURSCHER, CORNELIUS SOMMER

GAG 216: Mittellateinische Kreuzzugslieder. Hsg. von **G. Spreckelmeyer.**

GAG 217: **M. Pfeil,** Zur sprachlichen Struktur des politischen Leitartikels in deutschen Tageszeitungen. Eine quantitative Untersuchung. (1977).

GAG 218: **J. Lütten,** Untersuchungen zur Leistung der Partikeln in der gesprochenen deutschen Sprache. (1977).

GAG 219: **F. Caroli,** Pragmatische Aspekte syntaktischer Variation in der gesprochenen Sprache. (1977).

GAG 221: **M. Armstrong,** Rolle und Charakter. Studien zur Menschendarstellung im Nibelungenlied. (1979).

GAG 222: FRÜHNEUHOCHDEUTSCHE RECHTSTEXTE I: Die Salzburger Stadt- und Polizeiordnung von 1524. Mit Einleitung, Register und Sacherklärungen hsg. von **F. V. Spechtler** und **R. Uminsky.** Rechtshistorische Einführung von P. Putzer. (1978).

GAG 223: **B. Kosak,** Reimpaarfabel im Spätmittelalter. (1977).

GAG 224: **D. Wittmann-Klemm,** Studien zum Rappoltsteiner Parzival. (1977).

GAG 225: **H. Kech,** Hagiographie als christliche Unterhaltungsliteratur. Studien zum Phänomen des Erbaulichen anhand der Mönchsviten des hl. Hieronymus. (1977).

GAG 226: **H.-A. Klein,** Erzählabsicht im Heldenepos und im höfischen Epos. Studien zum Ethos im Nibelungenlied und in Konrad Flecks Flore und Branscheflur. (1978).

GAG 227: **R. Schwenk,** Vorarbeiten zu einer Biographie des Niklas von Wyle und zu einer kritischen Ausgabe seiner ersten Translatze. (1978).

GAG 228: **M. Beck,** Untersuchungen zur geistlichen Literatur im Kölner Druck des frühen 16. Jahrhunderts. (1977).

GAG 229: **G. Schmidt-Wilpert,** Wahlflugblätter aus der Weimarer Zeit. Untersuchungen zur historischen Ausprägung eines Texttypes. (1978).

GAG 230 / 231: VERSKONKORDANZ ZUR WEINGARTNER—STUTTGARTER LIEDERHANDSCHRIFT (Hs. B.). Aufgrund der Transkription von O. Ehrismann hsg. von **G.F. Jones, Heike** und **H.D. Mück, F.V. Spechtler** und **U. Müller.** (1978).

GAG 232: **E. Ockel,** Die künstlerische Gestaltung des Umgangs mit Herrscherpersönlichkeiten in der Lyrik Oswalds von Wolkenstein. (1977).

GAG 233: DES STRICKERS 'PFAFFE AMIS', Hsg. von **K. Kamihara.** (1978).

GAG 234: FESTGRUSS HELLMUT ROSENFELD zum 70. Geburtstag 24. VII. 1977, herausgegeben von **F. Brévart.** (1977).

GAG 235: **R. Natt,** Der 'ackerman aus Böhmen' des Johannes von Tepl. Ein Beitrag zur Interpretation. (1977).

GAG 236: **A. Mißfeld,** Die Abschnittsgliederung und ihre Funktion in mittelhochdeutscher Epik. Erzähltechnische Untersuchungen zum "König Rother", Vorauer und Straßburger "Alexander", "Herzog Ernst" (B) und zu Wolframs "Willehalm" unter Einbeziehung altfranzösischer Laissentechnik. (1977).

GAG 237: **K. Hilgemann,** Semantik der Eigennamen. Untersuchungen zu Struktur der Eigennamenbedeutung anhand von norwegischen Beispielen. (1978).

GAG 238: **B. Jäger,** "Durch reimen gute lêre geben". Untersuchungen zu Überlieferung und Rezeption Freidanks im Mittelalter. (1978).

GAG 239: **K.P. Pilz,** Phraseologie. Versuch einer interdisziplinären Abgrenzung, Begriffsbestimmung und Systematisierung. (1978).

GAG 240: OSWALD VON WOLKENSTEIN-LIEDERBUCH. Eine Auswahl von Melodien. Hsg. von **H. Ganser** und **R. Herpichböhm.** (1978).

GAG 241: **J. E. Tailby,** Der Reimpaardichter Peter Schmieher: Texte und Untersuchungen. (1978).

GAG 242: **J. Schneider,** Mittelhochdeutsche Liebeslyrik im Schulunterricht. Erfahrungsbericht über die praktische Durchführung einer Unterrichtseinheit in einer Oberstufenklasse. (1978).

GAG 243: **G. Schmeisky,** Die Lyrikhandschriften m (Berlin mgq 795) und n (Leipzig, Rep.II fol. 70a). Abbildung, Transkription, Beschreibung. (1978).

GAG 244: **H. Finger,** Untersuchungen zum "Muspilli". (1978).

GAG 245: **F. Simmler,** Die politische Rede im deutschen Bundestag. (1978).

GAG 246: **R. Küster,** Militärmetaphorik im Zeitungskommentar. (1978).

GAG 247: **G. Hindelang,** Auffordern. Die Untertypen des Aufforderns und ihre sprachlichen Realisierungsformen. (1978).

GAG 248: **A. Edelmann-Ginkel,** Das Loblied auf Maria im Meistersang. (1978).

GAG 249: **C. Gray,** Topoi of the Minnesang.

GAG 250: WOLFRAM VON ESCHENBACH, TITUREL, LIEDER. Mittelhochdeutscher Text und Übersetzung. Hsg. von **Wolfgang Mohr.** (1978).

GAG 251: **F. Schubert.** Sprachstruktur und Rechtsfunktion. Untersuchung zur deutschsprachigen Urkunde des 13. Jahrhunderts. (1978).

GAG 252: **J. Strippel,** Schondochs "Königin von Frankreich". Untersuchungen zur handschriftlichen Überlieferung und kritischer Text. (1978).

GAG 253: LORENGEL. Hsg. von **D. Buschinger.** (1979).

GAG 254: **J. Belitz,** Studien zur Parodie in Heinrich Wittenwilers "Ring". (1978).

GAG 255: **H. Becker,** Die "Neidharte". Studien zur Überlieferung, Binnentypisierung und Geschichte der Neidharte der Berliner Handschrift germ. fol. 779 (c). (1979).

GAG 256: **H. Hoven,** Studien zur Erotik in der Deutschen Märendichten. (1979).

GAG 257: **W. Diercks,** Empirische Untersuchungen zur Stilkompetenz von Grundschulkindern. (1979).

GAG 258: **L. Jillings,** "Diu Crône" of Heinrich von dem Türlein: The Attempted Emancipation of Secular Narrative. (1979).

GAG 259: **D. Baumgartner,** Studien zu Individuum und Mystik im "Tristan" Gottfrieds von Straßburg. (1979).

GAG 260: **D.K. Rosenberg,** The "Schleiertüchlein" of Hermann von Sachsenheim: A Critical Edition with Introduction and Notes.

GAG 261: **H. Kuntz,** Zur textsortenmäßigen Binnendifferenzierung des Fachs Kraftfahrzeugtechnik. (1979).

GAG 262: **G. Ehrmann,** Georg von Ehingen "Reisen nach der Ritterschaft". Edition, Untersuchung, Kommentar. (1979).

GAG 263: **H.D. Mück,** Untersuchungen zur Überlieferung und Rezeption spätmittelalterlicher Lieder und Spruchgedichte im 15. und 16. Jahrhundert: Die "Streu-Überlieferung" von Liedern und Reimpaarrede Oswalds von Wolkenstein in den Handschriften a, B, D, G, G1, K, o, r, t, u, v. Mit einer synoptischen Edition der gesamten Streuüberlieferungstexte. (1979).

GAG 264: **A. Faugère,** Les origines orientales du Graal chez Wolfram von Eschenbach. Etat des recherches. (1979).

GAG 265: **I. Wild,** Zur Überlieferung und Rezeption des "Kudrun"-Epos. Eine Untersuchung von drei europäischen Liedbereichen des "Typs Südeli". (1979).

GAG 266: **W. Schmidt,** Untersuchungen zu Aufbauformen und Erzählstil im "Daniel von dem blühenden Tal" des Stricker. (1979).

GAG 267: **I. v. Tippelskirch,** Die Weltchronik des Rudolf von Ems. Studien zur Geschichtsauffassung und politischen Intention. (1979).

GAG 268: **J. Splett,** Samanunga-Studien, Erläuterung und lexikalische Erschließung eines althochdeutschen Wörterbuches. (1979).

GAG 269: **F. Zajadacz,** Motivgeschichtliche Untersuchungen zur Artusepik: Szenen an und auf dem Meer. (1979).

GAG 270: **Heinrich von Freiberg, Tristan.** Hsg. von D. Buschinger.

GAG 271: **K. Kossuth,** A Case Grammar of old Icelandic. (1979).

GAG 272: **E. Schäufele,** Normabweichendes Rollenverhalten. Die kämpfende Frau in der deutschen Literatur des 12. und 13. Jahrhunderts. (1979).

GAG 273: **D. Duckworth,** The influence of biblical Terminology and Thought on Wolframs Parzival. With special Reference to the Epistle of St. James and the Concept of "Zwivel". (1980).

GAG 274: **B. Niles,** Pragmatische Interpretationen zu den Sprüchtönen Walthers von der Vogelweide. Ein Beitrag zu einer kommunikationsorientierten Literaturwissenschaft. (1979).

GAG 275: **Wolfgang Mohr,** Wolfram von Eschenbach-Aufsätze. (1979).

GAG 276: **D. Buschinger,** Eberhard von Cersne, Der Minne Regel. Edition.

GAG 277: **J. Putmans,** Verskonkordanz zum "Herzog Ernst". (1980).

GAG 278: **P. Hölzle,** Die Kreuzzüge in der okzitanischen und deutschen Lyrik des 12. Jahrhunderts. Das Gattungsproblem "Kreuzlied" im historischen Kontext. (1980).

GAG 279: **N. Perrin,** Reification and the Development of Realism in Late Minnesang.

GAG 280: **I. Cannon-Geary,** "The Bourgoisie Looks at Itself": The Sixteenth Century in German Literary Histories of the Nineteenth Century. (1980).

GAG 281: **H. Janssen,** Zum Problem mittelalterlicher literarischer Gattungen. Das sogenannte "genre objectif".

GAG 282: **S. Wetekamp,** Petrus Dasypodius "Dictionarium latino germanicum et vice versa. Untersuchungen zum Wortschatz. (1980).

GAG 283: **Jean Fourquet,** Parzival. Cours d·Agrégation de 1963-1964. Edité par **J.-P. Vernon** (1979).

GAG 284: Choix de poésies lyriques du moyen âge allemand (Minnesang). Traduction francaise de **Jean Fourquet**. Editée par **D. Buschinger** à l·occasion de son quatre-vingtième anniversaire. (1979).

GAG 285: **H. Tervooren,** MINIMALMETRIK zur Arbeit mit mittelhochdeutschen Texten. (1979).

GAG 286: MITTELALTER-REZEPTION. Gesammelte Vorträge des Salzburger Symposions "Die Rezeption mittelalterlicher Dichter und ihrer Werke in Literatur, Bildender Kunst und Musik des 19. und 20. Jahrhunderts". Hsg. von **J. Kühnel, H.-D. Mück** und **U. Müller**. (1979).

GAG 287: **P. Stein,** Literaturgeschichte-Rezeptionsforschung-"Produktive Rezeption": Ein Versuch unter mediävistischem Aspekt anhand von Beobachtungen zu Günter de Bruyns Nachdichtung von Gottfried von Straßburgs Tristan im Kontext der wissenschaftlichen und kulturpolitischen Situation der DDR. (1979)

GAG 288: **S. Hartmann,** Altersdichtung und Selbstdarstellung bei Oswald von Wolkenstein: Die Lieder Kl. 1-7 im spätmittelalterlichen Kontext. (1980).

GAG 289: **R. Walker,** Peter von Staufenberg. (1980).

GAG 290: GOTTFRIED VON STRASSBURG, TRISTAN UND ISOLD. Nach der Übertragung von H. Kurtz, bearbeitet von **Wolfgang Mohr**. (1979).

GAG 292 - 294: Verkehrskonkordanz zur Kleinen Heidelberger Liederhandschrift (Hs.A). Hsg. von **I. Bennewitz, G.F. Jones, U. Müller** und **F.V. Spechtler** unter Mitwirkung von **R. Schaden-Turba**. (1979).

GAG 295: **I. Singendonk-Heublein,** Die Auffassung der Zeit in sprachlicher Darstellung. (1980).

GAG 296 **K. Jürgens-Lochthove,** Heinrich Wittenweilers "Ring" im Kontext hochhöfischer Ekpik. (1980).

GAG 297 **I. Hänsch,** Heinrich Steinhöwels Übersetzungskommentar in "De claris mulieribus" und "Äsop". Ein Beitrag zur Geschichte der Übersetzung.

GAG 298: **R. Lipczuk,** Die Stellung der Zahlwörter im Rahmen der Wortarten. Eine deutsch-polnische Konfrontation

GAG 299: **P.H. Arndt,** Der Erzähler bei Hartmann von Aue. Formen und Funktionen seines Hervortretens und seiner Äußerungen. (1980).

GAG 300: **Wolfgang Mohr,** Mittelhochdeutsche Lyrik. Gesammelte Aufsätze. (1980).

GAG 301: **Ch. Schmid,** Die Lieder der Kürenberger-Sammlung. Einzelstrophen oder zyklische Einheiten? (1980).